数智化供应链 ③

通达端模式

中国快递物流的创新与探索

中通快递　中通研究院◎著

中国经济出版社
CHINA ECONOMIC PUBLISHING HOUSE
·北京·

图书在版编目（CIP）数据

通达C端模式：中国快递物流的创新与探索 / 中通快递，中通研究院著．--北京：中国经济出版社，2023.10

ISBN 978-7-5136-7449-2

Ⅰ.①通… Ⅱ.①中… ②中… Ⅲ.①快递-物流管理-研究-中国 Ⅳ.①F259.22

中国国家版本馆CIP数据核字（2023）第171723号

责任编辑　夏军城
责任印制　马小宾
封面设计　任燕飞工作室

出版发行　中国经济出版社
印 刷 者　河北宝昌佳彩印刷有限公司
经 销 者　各地新华书店
开　　本　710mm×1000mm　1/16
印　　张　15.75
字　　数　218千字
版　　次　2023年10月第1版
印　　次　2023年10月第1次
定　　价　68.00元
广告经营许可证　京西工商广字第8179号

中国经济出版社　**网址** www.economyph.com　**社址** 北京市东城区安定门外大街58号　**邮编** 100011
本版图书如存在印装质量问题，请与本社销售中心联系调换（联系电话：010-57512564）

前言 Preface

物流一端连着生产，与产业结构、产业布局高度相关，主要提供综合性合同物流、一体化供应链服务；一端连着消费，与消费者行为习惯高度相关，提供快递、即时配送等服务。

自古以来就存在的物流，直到19世纪初才被正式称为“物流”(logistics)，logistics一词首次出现在1810年1月出版的*Scots Magazine and Edinburgh Literary Miscellany*中。

Logistics一词来源于logistikas，本义为“军队后勤人员”，负责调用一切资源保障战士及时从一个哨所转移到另一个哨所或者进入战斗状态。这一概念随着罗马帝国的不断对外征战而传到其他地区。

现代物流则始于第二次世界大战。在第二次世界大战期间，美国的工业和军事专家开发出了新的后勤保障方法与能力，帮助输送战争物资，而所用的主要工具就是集装箱。战后，马尔科姆·麦克莱恩（Malcolm McLean）和他的海陆公司（Sea-Land Corporation）对集装箱进行了改造，以供民用。与任何一项创新一样，集装箱运输彻底改变了全球货运和物流。

第二次世界大战后，美国军方继续使用后勤（物流）系统为其在本土及世界各地的军事基地输送补给。与此同时，物流科学开始在商界中被广泛应用。越来越多的企业意识到物流的重要性，尤其是20世纪90年代以来全球化程度不断提高，越来越多的企业开始从事进出口贸易，物流逐渐从生产中独立出来，并发展为现代物流业。出于永葆竞争力的企业使命，“物流管理”在管理领域开始崭露头角。物流服务商以合适的方式、成本，在合适的时间、地点，将用户所需的商品交付至其手中，物流服务成为企业在成本和时效上的重要竞争因素。物流同时成为供应链协作的关键推动因素，良好的物流服务使供应链效率显著提高，并有助于企业更好地创造“客户价值”。

从国家的角度来看，物流贯穿供应链多个环节，是支撑国民经济发展的基础性、战略性产业，是畅通国民经济循环的重要一环。物流业的发展既关乎生产、流通、消费、民生、国际贸易，又关乎综合国力、国家竞争力、军事能力和地缘政治。物流业的发展，在一定程度上影响和改变着地区、国家与世界的格局。

中国在全球价值链分工中的新角色、新定位正在凸显，中国兼具生产大国和消费大国属性，不仅是世界工厂，也是世界市场。在此背景下，中国物流业已进入一个崭新的时代。全面改善物流绩效、推动物流业由大变强、加快建设物流强国，不仅对于提高经济运行效率和国家竞争力、调整经济结构和转变发展方式、扩大内需和繁荣市场、推进国际化、保障民生，具有重大而深远的影响，而且是建设制造强国、贸易强国、科技强国、质量强国、航天强国、网络强国、交通强国、军事强国和全面建成社会主义现代化强国的重要战略保障。

物流企业作为利益相关者与变革参与者，在憧憬“物流强国”蓝图的同时，除了需要思考通往“物流强国”的路径外，更应思考物流企业在工业4.0、供应链数智化时代应有的作为，应为实现“物流强国”贡献自己的一份力量。

中通快递集团作为快递物流行业的领军型企业，不断开拓与创新，以“同建共享”理念为引导，打造了全球首家业务量超过200亿件的快递企业，并逐步开发建设了包含中通快递、中通快运、中通国际、中通冷链、中通云仓、中通兔喜、中通金融等业务在内的生态圈版图；同时，中通快递集团不断强化科技应用与探索，以自身物流体系为基础和切入点，重点探索机械臂、视觉识别、新能源车辆、数字孪生系统、区块链五类科技应用，连接和优化社会生产、流通、服务的各个环节，降低了社会成本，提高了社会效率。

中通快递集团在构建新增长曲线过程中的探索与创新，为快递物流行业积累了不可多得的经验与案例。中通研究院的金任群、付倩、朱逸、罗辉林、王琪、沈彬彬、杭迟毅、张旭、蓝夏雯等，以中通快递集团30年的发展模式与经验为基础，结合研究团队对行业的深度理解与洞察，共同撰写了此书，以期为推动整个行业的高质量发展和建设物流强国贡献一份力量。

由于时间有限，书中难免存有疏漏，敬请读者朋友批评指正。

目录
Contents

第一章

战略：迈向物流强国

第一节　中国物流业面临的形势、机遇与挑战

中国物流业发展大致可以分为四个阶段。

（1）中国物流业发展的第一阶段（1949—1978 年）。

在改革开放之前，物流在中国的发展是一片“黑大陆”。

新中国成立之后，实行计划经济体制，所有的物资流动靠政府的计划分配，物流活动只能根据各地区的计划，按时按量依规运作。这是中国物流最初的形态。

这个阶段主要运输工具是货车、火车和货船，物流设施极度匮乏。物流过程主要通过汽车、火车或者是船舶运输至货运站场进行简单分拣，再运输至仓库进行仓储，根据各地的计划需求进行配送。仓库类型主要有单层仓库和敞篷；仓库内的装卸、搬运活动通过人力和机械共同完成；主要的工具为早期叉车、地牛等。

这个阶段在物流信息记录方面主要是五联单据，通过三级手工记账对物流中的商流进行记录；主要计算工具是算盘，以及早期的计算机。存货场所以国有仓库居多，从事物流活动的企业也以国有企业居多，物流业的发展处于萌芽阶段。

（2）中国物流业发展的第二阶段（1978—2001 年）。

1978 年，由原国家计划委员会、财政部、国家物资总局等相关人员组成的“中国物资考察团”出访日本，通过在日本的学习和考察，将“物

流”的概念引入国内，国内对物流的理论研究从此正式开始。

引进“物流”概念后，国内相关学者开始学习并研究物流这个经济形态，并在全国相关领域进行科学普及，选择适合我国国情的运作方式。

这一阶段的物流发展是从 0 到 1 的过程，很多关于物流的名词都是在这个时期被引进或创造出来，多层仓库和立体仓库在这一时期开始在国内运用，极大地提高了仓储能力。

电力叉车、堆垛机、传送带等机械动力的大量使用提升了分拣效率和装卸效率。互联网技术的应用带动了物流信息技术的蓬勃发展，仓储管理系统（WMS）、运输管理系统（TMS）、条码技术、GPS 以及射频识别（RFID）技术等物流信息技术相继运用，促进了国内物流业的快速发展。物流领域不断出现新模式，促进了物流业各领域的发展。

末端配送中心的出现、专业化第三方物流企业的诞生、国际物流的保税仓库、供应链金融领域的仓库质押等促使物流向多领域综合性产业转变。物流思想不断进化，精益物流（JIT）深入人心。

一大批民营物流企业涌入物流市场，快递物流业态开始萌芽。1978—2001 年，物流业得到了政府、社会和企业的高度重视，各物流企业积极探索适合我国国情的发展模式，国内物流业发展处于探索阶段。

（3）中国物流业发展的第三阶段（2001—2012 年）。

信息技术的不断变革，推动了各行业的快速发展，尤其是电子商务的发展使民营物流企业的规模得以不断壮大。2003 年和 2004 年，中国最大的电子商务公司淘宝和京东相继成立，催生了电子商务的物流模式和快递企业的发展，顺丰、“四通一达”等快递企业纷纷成立，并与中国的电子商务行业相互成就、共同发展。

在此背景下，电子商务物流园区、跨境电商物流园区等新型物流园区在各地政府的扶持下遍地开花。传统的物流作业和物流设施在新的物流发展环境中慢慢被淘汰，直拨作业（cross docking）、自动化作业、电子面单、自动化立体仓库、保税园区等新的物流作业形式和设施不断衍生，进一步促进了中国物流业的发展。

同时，大批学校开设物流管理专业，物流教育处于井喷的状态。物流工作者不再一味地强调成本意识，整合和集约的思想从国外引进国内，供应链管理、供应链金融受到了一大批学者和企业家的热捧，业界开始从整个产品供给方面寻求资源的整合。从此，物流业受到越来越多人的关注。

（4）中国物流业发展的第四阶段（2012 年至今）。

中国物流业发展的第四阶段是技术驱动阶段，旧动能不足以支撑物流产业的发展，新动能逐渐替代旧动能。理念创新引领物流发展，智慧物流的提出、多式联运的熟练运用、无车承运人的合法化等创新理念逐步渗透物流的各个环节。

海尔集团提出“人单合一”概念，推动内部“自组织、自驱动”小微创业。菜鸟网络推动“新物流”革命，提出大数据、智能、协同，服务“新”零售战略。京东物流提出“下一代物流”解决方案，主要呈现短链、智慧、共生三大特征。

构建物流枢纽、优化“最后一公里”配送、无人港口的大胆设想等设计方案不断创新。2017 年，国务院印发《新一代人工智能发展规划》（国发〔2017〕35 号），强调大力发展智能物流，人工智能助力智慧物流。无人仓、无人车、无人机、物流机器人、云仓等各种国际领先技术的应用，都依赖于大数据和人工智能的科技驱动。

2016 年，国内快递市场已达日均过亿的快递包裹规模，成为世界上发展最快、最具活力的新兴寄递市场，包裹快递量超过美、日、欧等发达经济体总和，物流系统的处理能力处于国际领先水平。未来物流需求增长缓慢，人力逐步解放，物流业朝着质量高、技术强等标准稳步发展，向生态化发展。

强调多领域协调发展，物联网、区块链等新型技术布局整个物流链的可视化。这一阶段物流业由量向质发展，处于技术转型阶段。

中国的物流企业起初以短期利益驱动为主，缺乏长远的格局眼光，更没有考虑社会问题，不像日本的物流企业那样利用有限的资源创造更多的价值与服务，同时承载更多的社会使命和社会担当。我国改革开放 40 多年来，经济已由持续高速发展转为中高速发展，进入新常态。

如果说，“降低物流成本是企业的第三利润源”，过去还只是停留在理论上和口头上，那么到了今天，当生产要素成本不断升高、依靠规模扩充获取的利润空间逐步缩小时，降低物流成本真正成为大多数企业追求利润的重要源泉。

物流企业在降低物流成本的同时也要考虑社会效益。如何在调整产业结构、转变经济发展方式、实施供给侧结构性改革、降本增效等一系列新常态战略举措下，承担社会使命和社会责任，对物流业的转型升级和内涵式发展提出了新的要求，营造了新的空间。

一、国内形势、机遇与挑战

1. 人口、经济的地理分布

胡焕庸线是中国地理学经典理论成果之一，由著名人口地理学家胡焕庸先生在《中国人口之分布》一文中首次提出，揭示了中国人口密度的分布规律。这条线北起黑龙江省黑河，一路向着西南以接近 45 度的角度延伸，直至云南腾冲，把中国地图一分为二。结合第七次全国人口普查公报的数据，胡焕庸线的东南边，土地面积占全国总面积的 43. 24%，人口却占全国总人口 93. 5%；胡焕庸线的西北边，土地面积占全国总面积的 56. 76%，人口只占全国总人口的 6. 5%。

胡焕庸线提出 80 年来，中国经历了无数变化，人口从 4 亿多增长到 14 亿多，经济规模增长了几十倍，国家的区域发展规划和人口政策也发生了相应变化。然而，人口密度在胡焕庸线两侧的比重却没有发生根本性变化。

中国地形地貌、自然景观沿胡焕庸线或分裂或过渡。世界80%左右的人口集中在海拔500米以下的地区，而中国人口垂直分布的特点也十分明显，全国70%以上的人口，集中分布在海拔500米以下的地区，50%的人口分布在海拔200米以下的平原地带。中国的地势为东南低、西北高，以胡焕庸线为界，地势分布与人口密度分布基本一致。东南部人口稠密，民族单一；而西北部人口稀少，民族众多。

胡焕庸线也是干旱与湿润生态的分界线。从气温上看，胡焕庸线的西侧主要是低温高寒地区，东侧地形相对平缓且年均气温较高。从降雨量上看，胡焕庸线基本与400毫米年降雨量线重合，这是半干旱区与半湿润区的分界线，被视为中国生态环境界线。

同时，胡焕庸线展示了中国经济发展的分布。根据2015年官方数据进行分析，胡焕庸线的西北部省份的人均生产总值约比东南部省份的人均生产总值低15%，大学、高速公路、高铁、医院甚至便利店的数量和密度也远远低于东部，西北部贫困地区远远多于东南部。

此外，胡焕庸线是高速公路网和收费站的分界线，还是大城市分布的分界线：中国所有的一线城市和二线城市，包括西部地区的大城市成都、重庆、西安、昆明都集中在胡焕庸线的东侧；而胡焕庸线西侧的大城市仅有兰州、呼和浩特、乌鲁木齐等。

可以看出，中国人口分布不均衡，这种不均衡的人口分布格局是经过长期演化而来，人口东密西疏的分布格局短期内不会发生根本性变化。

城市群是未来经济增长和进一步城镇化的重点区域，是气候、地形及水土资源条件比较适宜和优越的区域，主要位于沿海地带和中西部地区的平原及盆地。因此，城市群主要位于胡焕庸线东南半壁的格局在较长时期内也不会发生变化。中国沿海地区的发展优势进一步凸显，长三角、珠三角及环渤海三大城市群日益成为中国融入世界的枢纽。全国城镇人口向东部地区集聚，依然是未来一定时期内中国城镇化发展的主要趋势，这不仅是沿海地区和中部地区的比较优势与综合地理条件所致，也是实现人口与经济分布相均衡、人口与经济同向集聚、缩小区域发展差距的重要途径。长三角、珠三角和京津冀三大城市群均位于东南沿海地区，三大城市群承载了全国约28%的人口，且这一比例呈逐年上升的趋势。中国沿海省份承载了全国约45%的人口，这一比例也在逐年增加。这些区域在现代化物流体系的保障下，可以建成“高效率、节约型、现代化”物流发展基地。

目前，在东部地区已经形成了以沿海大城市为中心的四大区域性物流圈格局：①以北京、天津、沈阳、大连和青岛为中心的环渤海物流圈；②以上海、南京、杭州和宁波为中心的长江三角洲物流圈；③以厦门和福州为中心的环台湾海峡物流圈；④以广州和深圳为中心的珠江三角洲物流圈。

东部沿海地区经济发达且改革开放较早，经济发展快，基础设施完善，物流需求旺盛，提供物流服务的企业和机会较多，物流发展水平高，短时间内能实现物流现代化；而中西部地区由于经济水平、区位条件、历史因素、国家经济政策等原因，物流发展水平低，发展物流业的难度较大，从而在全国范围内出现物流业发展的东、中、西部差异。这种不平衡缩小了商品流通的相对规模，给东、中、西部地区物流业的发展与合作带来了难度。

2. 经济发展展望

在过去的几十年中，中国经济有了惊人的增长，跃升为世界第二大经济体。1978年，中国的名义GDP排世界第9位，为2140亿美元；35年后，中国以9.2万亿美元的名义GDP跃升至世界第2位；2021年，我国GDP更是达17.7万亿美元，在世界经济中占比18.5%，是世界仅有的两个10万亿级经济体之一。

中国已成为世界制造业中心，第二产业（包括工业和建筑业）在GDP中所占比例很大。然而，近年来，中国式现代化推动了第三产业的发展，到2013年，第三产业成为GDP占比最大产业，所占份额为46.1%，而第二产业占全国GDP45.0%。2021年，第一产业、第二产业、第三产业在

GDP 中的占比分别为 7.3%、39.5%和 53.3%。中国拥有独立完整的现代工业体系，是世界上唯一拥有联合国产业分类名录所列全部工业门类的国家，用几十年时间走过了发达国家几百年的工业化历程。

2008 年 11 月，国务院公布了 4 万亿元（约合 5850 亿美元）的经济刺激计划，以应对金融危机的影响。大规模的经济刺激计划主要通过大规模的投资项目来推动。鉴于政府财政状况稳健，刺激措施并未使中国的公共财政脱离轨道。但是，全球经济下滑和随后的需求放缓确实影响了我国的外贸发展，金融危机之后，我国经常账户盈余一直在减少。

金融危机期间，我国 GDP 增速超过 9%，通货膨胀率低且财政状况良好。但是，危机期间实施的促进经济增长的政策加剧了宏观经济失衡。特别是，刺激计划提振了投资，而家庭消费所占的比例相对较低。为了解决这些问题，从 2012 年开始，我国出台了旨在促进经济平衡发展的政策措施。2015 年，中国经济以 0.1 个百分点之差未能实现 7.0%的全年增长目标，这是 20 年以来增长首次低于目标。随着我国经济从以投资为驱动力的增长模式向促进消费需求的增长模式转变，对制造业和基础设施的投资正在放缓。如表 1-1 所示，除 2020 年受新冠病毒感染疫情影响外，其余年份的零售额增长速度均快于投资增速。

表 1-1 2015—2021 年我国经济数据对比

指标	2015 年	2016 年	2017 年	2018 年	2019 年	2020 年	2021 年
人口（亿）	13.8	13.8	13.9	14.0	14.0	14.1	14.1
人均 GDP（美元）	7945	8134	8858	9916	10212	10504	12556
GDP（万亿美元）	10.92	11.25	12.31	13.84	14.30	14.73	17.73
GDP 增长（%）	6.9	6.8	6.9	6.7	6.1	2.3	8.1
投资增长（%）	7.0	6.8	4.4	4.8	4.5	2.7	4.9
工业生产增长（%）	6.1	6.0	6.6	6.2	5.7	2.8	9.6
零售额增长（%）	10.7	10.4	10.3	9.0	8.1	-3.9	12.5
失业率（%）	4.1	4.0	3.9	3.8	3.6	4.2	4.0

资料来源：国家统计局、世界银行。

2022 年 10 月，国际货币基金组织（IMF）预测，2023 年全球经济增长率将从 2021 年的 6.0%下降至 2.7%。美国、欧元区在 2023 年经济预计增长率分别仅为 1.0%和 0.5%，美国和欧元区是中国两大主要贸易伙伴，其经济增速下降将会对中国经济增长产生重要影响。

2022 年，世界银行报告提出：①在供给端，得益于财政激励措施，在大规模基础设施投资推动下，预计投资增长将加速；工业生产仍然是中国经济增长的主要驱动力，产业结构加快调整，投资从高污染、高能耗行业转向高端制造和绿色产业，在确保能源安全的情况下采矿业将保持高增长；但服务业的复苏将再次推迟。②在需求端，总需求将转向国内需求，然而，在新冠病毒感染疫情多点散发的影响下，中国的实际消费增长仍受限，预计核心通货膨胀将保持稳定，反映在新冠病毒感染疫情期间消费者支出减少。③在进出口方面，由于主要经济体增速放缓，中国将面临全球需求的急剧下降，中国出口增长速度将放缓。世界银行报告同时提到，中国经济可能面临来自房地产行业的持续压力，引发更广泛的宏观经济和金融影响。

不过，由于中国在防控新冠病毒感染疫情方面的成功，以及推行旨在鼓励消费转型、解决社会不平等、重振创新和生产增长的结构性改革，中国有望进入更加平衡、包容和可持续的增长轨迹。据 IMF 预计，2023 年中国 GDP 增速有望达到 4.4%，增速快于美国、欧盟。未来数年，中国经济仍是世界经济的重要引擎。

3. 中国物流绩效指数

世界银行自 2007 年发布第一期全球物流绩效指数（Logistics Performance Index，LPI）排名以来，每两年发布一次全球 160 个国家和地区的物流绩效排名；2020 年，因受新冠病毒感染疫情影响，多项数据无法客观反映行业现状，这里仍使用 2018 年公布的全球物流绩效指数。全球物流绩效指数由海关、基础设施、国际货运、物流竞争力、货物追踪、物流及时性等 6 个关键指数构成，每个指数满分为 5 分。LPI 使用标准统计技术将数据汇总成一个可进行跨国比较的单一指标，是一个互动衡量工具，旨在帮助各国明晰其在贸易物流方面所面临的挑战和机遇，为各国提高物流运作效率提供参考。

世界银行选取评价指标，以物流专业人员在国际货运领域的实践经验为基础，结合近期的理论和实证研究，选择了以下 6 个关键构成要素。

- 海关和边境管理清关的效率（The Efficiency of the Clearance process）。
- 贸易和运输基础设施的质量（Quality of Trade and Transport-related Infrastructure）。
- 有价格竞争力的运输服务（Ease of Arranging Competitively Priced Shipments）。
- 提供物流服务的能力和质量（Competence and Quality of Logistics Services）。
- 跟踪托运货物的能力（Ability to Track and Trace Consignments）。
- 在预定交货时间内送达收货人的频率（Timeliness of Shipments in Reaching the Destination within the Scheduled or Expected Delivery Time）。

从 2018 年全球各区域 LPI 得分情况（见图 1-1）来看，发达国家和地区的全球物流绩效持续居于领先地位。德国 LPI 连续三次位居全球第 1。排名第 2 的是欧洲和中亚地区，表现突出，LPI 综合得分为 3. 24 分；排名第 3 的是东亚和太平洋地区，LPI 综合得分为 3. 15 分；排名第 4 的是中东和北美地区，LPI 综合得分为 2. 78 分；拉美和加勒比地区、南亚地区和撒哈拉以南非洲地区，综合得分分别为 2. 66 分、2. 51 分、2. 45 分，分别位居第 5、第 6、第 7。

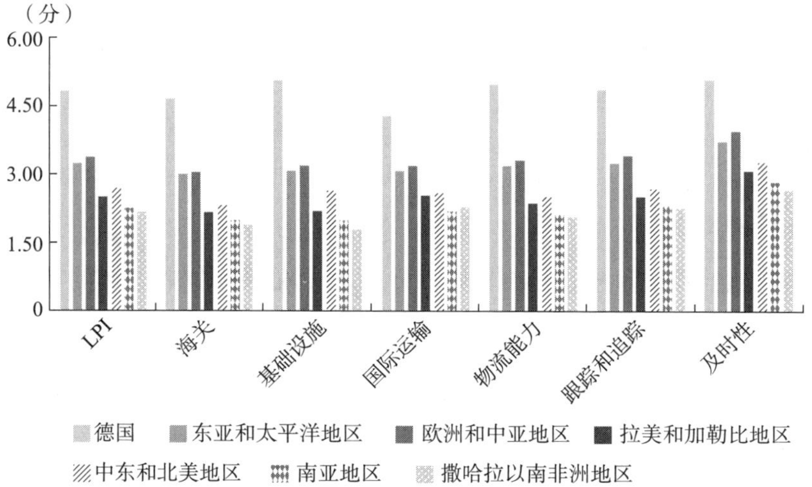

图 1-1　2018 年全球各区域 LPI 得分情况

资料来源：世界银行。

2018 年中国 LPI 综合得分为 3. 61 分，全球排名第 26 位，介于韩国和中国台湾之间。

从分项得分情况来看，中国单项得分较高的是交付及时性（3. 84 分），以及贸易和运输基础设施的质量（3. 75 分）；单项得分最低的是海关和边境管理清关的效率，得分为 3. 29 分（见表 1-2）。这反映出中国物流业需要完善管理体制、提高管理效率。

表 1-2　2018 年中国 LPI 各单项得分及排名

LPI 排名	LPI 分数	海关	基础设施	国际运输	物流能力	跟踪和追踪	及时性
26	3. 61	3. 29	3. 75	3. 54	3. 59	3. 65	3. 84

资料来源：世界银行。

与周边以及同等收入水平的国家和地区相比，中国已处于相对领先的地位。东亚和太平洋地区的 LPI 得分为 3. 15 分，从数据上来看，中国在这一区域各指标全面领先；2018 年中国物流绩效表现更是远远超过中等收入以上国家和地区 LPI 2. 76 分，连续四年居中等收入以上国家的第 1 位。

自2007年起，中国LPI总体保持增长态势，LPI得分上涨了10.24%，这主要得益于近年来国内交通和物流基础设施建设。但2018年中国LPI得分下降至3.61分，从单项得分情况来看，除物流基础设施建设得分持平以外，其他5项关键评价指标全线小幅回调（见表1-3）。基础设施建设得益于政府的大力推动，成为推动中国LPI提升的关键因素，但未能给物流运输服务的整体提升带来持续动力，也未能推动物流运输服务质量的提升。

表1-3　2007—2018年中国LPI得分及排名

年份	LPI排名	LPI得分	海关	基础设施	国际运输	物流能力	跟踪和追踪	及时性
2007	30	3.32	2.99	3.20	3.31	3.40	3.37	3.68
2010	27	3.49	3.16	3.54	3.31	3.49	3.55	3.91
2012	26	3.52	3.25	3.61	3.46	3.47	3.52	3.80
2014	28	3.53	3.21	3.67	3.50	3.46	3.50	3.87
2016	27	3.66	3.32	3.75	3.70	3.62	3.68	3.90
2018	26	3.61	3.29	3.75	3.54	3.59	3.65	3.84

资料来源：世界银行。

中国物流绩效表现与发达经济体之间仍有较大差距。中国在物流服务及时性和物流基础设施得分方面与排名前30位国家和地区的平均得分相比分别低0.27分、0.11分。与领先的德国相比，得分相差最为悬殊的是海关和边境管理清关的效率，达0.8分；提供物流服务的能力和质量的分差也达到了0.72分。这表明我国在跨部门、跨区域、跨方式的政策协同、标准匹配、信息互联、业务联动等方面仍存在短板，拉低了我国物流运输时效性的分值。

4. 中央政府和地方政府的政策支持与引导

在全球经济一体化背景下，现代物流的发展水平，是一个国家或地区综合实力的标志。现代物流业的发展促进了产业升级和结构优化，促进物流活动及资源在区域和国家层面的优化配置，有助于国家或区域经济发展的质量、效率和竞争力目标的实现。对于这一浩大系统工程，国家的政策调控不可或缺。

物流产业对国民经济的重要性日益凸显，物流行业越来越得到相关部门和社会公众的重视，国务院及各部委陆续出台物流行业政策，支持和引导物流行业发展。

2004 年，国家发展改革委等九部委下发了《关于促进我国现代物流业发展的意见》，对制定物流产业政策起到了指导性作用。

2009 年，国务院发布《物流业调整和振兴规划》，这是第一个国家级物流规划，随后配套出台了一系列专业物流发展规划和政策，为物流业快速发展营造了良好环境。

2014 年，国务院发布《物流业发展中长期规划（2014—2020 年）》，系统提出物流业的发展重点、主要任务和重点工程，明确了一段时期内物流业的发展方向和目标。按照中共中央、国务院关于深化供给侧结构性改革、推进“三去一降一补”的决策部署，国家发展改革委等相关部门围绕推进物流降本增效促进实体经济发展，出台了物流业降本增效实施方案，启动了物流降本增效综合改革试点等。

党的十九大提出加强“物流等基础设施网络建设”，进一步明确了物流业的基础性和准公益性地位，为新时代物流业发展指明了方向。国务院常务会议审议通过《国家物流枢纽布局和建设规划》，在 127 个城市布局建设 212 个国家物流枢纽，打造“通道+枢纽+网络”物流运行体系。

2019 年全国两会前夕，国务院 24 个部门和单位联合出台《关于推动物流高质量发展促进形成强大国内市场的意见》，明确将物流高质量发展作为当前和今后一段时期物流工作的总目标。这一时期，我国物流业发展环境显著改善，物流基础设施体系更加完善，大数据、云计算等先进信息技术广泛应用，物流新模式、新业态加快发展，物流业转型升级步伐明显加快，发展质量和效率显著提升。

支持性政策

2018 年 12 月 29 日，国家发展改革委、市场监管总局发布《关于进一步清理规范铁路货物运输相关收费的通知》，促进运输结构调整，有效降低实体经济物流成本。

2020 年 6 月 28 日，国家发展改革委、财政部等部委下发《关于支持民营企业参与交通基础设施建设发展的实施意见》，旨在破除市场准入壁垒，维护公平竞争秩序；创新完善体制机制，营造良好政策环境；塑造新型商业模式，拓展企业参与领域；减轻企业实际负担，保障企业合法收入；强化资源要素支持，解决企业实际困难；畅通信息获取渠道，强化有效沟通交流；切实转变思想观念，加强宣传推广评估。

2020 年 7 月 18 日，国家发展改革委、财政部、工业和信息化部、人民银行发布《关于做好 2020 年降成本重点工作的通知》，通过降低物流税费、推进运输结构调整、提高物流运行效率等措施进一步推进物流降本增效。

引导性政策

2018 年 1 月 23 日，国务院办公厅发布《国务院办公厅关于推进电子商务与快递物流协同发展的意见》，推进了快递物流转型升级、提质增效，促进了电子商务快速发展。

2018 年 4 月 10 日，商务部等部委根据《国务院办公厅关于积极推进供应链创新与应用的指导意见》发布《关于开展供应链创新与应用试点的通知》，在全国范围内开展供应链创新与应用试点。

2018 年 5 月 11 日，中国民航局发布《民航局关于促进航空物流业发展的指导意见》，促进航空物流业“提质增效”发展；打破民航边界，从全方位、全物流链视角审视航空物流业发展方向；强调融合发展，推动航空物流与军事、制造、贸易、交通、金融等行业深度融合。

2020 年 8 月 22 日，国家发展改革委、工业和信息化部等部委发布《推动物流业制造业深度融合创新发展实施方案》，旨在推动物流业制造业深度融合、创新发展，推进物流降本增效，促进制造业转型升级。

发展性政策

2017 年 1 月 19 日，商务部、国家发展改革委、国土资源部、交通运输部和国家邮政局根据《中华人民共和国国民经济和社会发展第十三个五年规划纲要》《物流业发展中长期规划（2014—2020 年）》发布《商贸物流发展“十三五”规划》，提出了七大重点工程，包括城乡物流网络建设工程、商贸物流标准化工程、商贸物流平台建设工程、商贸物流园区功能提升工程、电子商务物流工程、商贸物流创新发展工程、商贸物流绿色发展工程。

2017 年 9 月 19 日，交通运输部、国家发展改革委等部委发布《促进道路货运行业健康稳定发展行动计划（2017—2020 年）》，促进道路货运行业稳定和谐、健康有序发展。

2018 年 12 月 21 日，国家发展改革委、交通运输部发布《国家物流枢纽布局和建设规划》，通过统筹相关国家战略实施、区域经济发展情况，从全国层面做出统一布局，确定了 127 个承载城市和 212 个国家物流枢纽。

2019 年 2 月 26 日，国家发展改革委等部委发布《关于推动物流高质量发展促进形成强大国内市场的意见》，针对推动物流高质量发展的基础设施网络优化、服务实体经济能力提升、行业发展内生动力强化、营商环境完善、配套支撑体系构建、政策保障体系健全等六个方面提出了 25 项具体工作，旨在巩固物流降本增效成果，增强物流企业活力，提升行业效率、效益水平，畅通物流全链条运行。

除了中央层面的大力支持，地方政府也积极跟进，从地方规划到物流园区建设计划等方面积极响应中央的政策号召（见表 1-4）。

表 1-4　各地方推动物流高质量发展的举措

省市	具体规划内容
北京	(1) 优化物流配送网络，合理布局“物流基地+物流配送中心+末端配送网点”三级配送节点。 (2) 建立环京津 1 小时鲜活农产品物流圈建设协调联动机制，支持企业在津冀地区建设蔬菜、肉蛋等农副产品生产、加工和分拨基地
天津	(1) 规划布局国际性物流园区、区域性物流园区，分别发挥不同服务辐射功能的物流作用，适应天津北方国际航运核心区和国际航空物流中心的发展要求。 (2) 规划形成“一环七节点”城市配送点布局，服务于城区和城市近郊区以及农村地区，提供小批量、多频次、时效性强的物流配送服务
江苏	(1) 结合“一带一路”与长江经济带战略实施，围绕三大中转联运走廊，重点推进“五大通道、四大枢纽、九大节点”建设。 (2) 围绕物流园区的科学规划、合理布局、功能提升、企业聚焦、模式创新，大力推进示范物流园区建设
广东	(1) 重点推进“两横、六纵”物流节点建设，加强港口和铁路跨省通道粮食中转能力、省内粮食物流通道、大型粮食物流园区等重大基础设施建设。 (2) 加快完善全省冷链物流发展布局，构建全辐射、多层次的冷链物流网络，在全省范围内积极培育和认定冷链物流示范园区 25 个
浙江	规划培育 20 个省级示范物流园区，争取 5 个以上列入国家级示范物流园区，物流园区、物流基地等平台总计开发面积达到 20 平方千米
上海	(1) 着重对五大重点物流园区功能布局进行优化，以自贸试验区、保税区为引领，强化临港、临空产业与现代物流联动效应。 (2) 进一步拓展并丰富专业物流基地布局，聚焦农产品流通、快递、先进制造业、公路货物运输四个专业领域，将其打造成促发展、保民生的有效载体

随着经济进入新常态，中国物流行业发展步入新的阶段，面临新的机遇，预期在未来几年，物流园区的发展政策将从促进园区智慧化转型，推进专业性物流园区提升，建设平台化型物流园区，促进“一带一路”物流园区发展，推行绿色、低碳的可持续发展物流园区等五个方面，为物流相关企业带来利好，推动中国物流行业进入黄金发展时期。

5. 进出口货物贸易与服务贸易发展趋势

据海关总署的数据，2022 年 1—10 月，我国外贸进出口总值为 34.62 万亿元，同比增长 9.5%，外贸继续保持平稳运行。在此期间，中国对东盟、欧盟、美国、韩国等主要贸易伙伴的贸易额均实现了不同程度的增长；其中，东盟作为中国第一大贸易伙伴，双边贸易额同比增长 15.8%，占中国外贸总值的 15.2%；欧盟是中国的第二大贸易伙伴，贸易总值为 4.68 万亿元，增长 8.1%，占中国外贸总值的 13.5%；美国是中国的第三大贸易伙伴，贸易总值为 4.21 万亿元，增长 6.8%，占中国外贸总值的 12.2%。另外，我国与“一带一路”沿线国家的贸易保持高速增长，2022 年 1—10 月的进出口总额达到 11.23 万亿元，增长 20.9%。

东盟由 10 个国家组成，单看都算不上经济大国，但加在一起，就是一股不容忽视的力量。6.4 亿的人口、不断壮大的中产阶层、旺盛的消费力，这是中国制造的一个巨大消费市场。反过来，中国又是东南亚的棕榈油、橡胶、零配件等商品的消费市场。

中国东盟双边贸易处于不断增长中，产业结构互补性较强，区域间的物流成本较低。《中国—东盟自贸区升级议定书》的正式生效，进一步为中国东盟双边贸易自由便利化增加了新的动力空间。而且，中国东盟双边贸易存量巨大，这种贸易增长具有惯性。2002 年，在中国—东盟自贸区刚刚启动时，双边贸易额为 548 亿美元；到 2021 年，双边贸易额已高达 8782 亿美元，19 年间增长了约 15 倍。

除了欧美经济受新冠病毒感染疫情影响外，中国—东盟双边贸易的增长也部分归因于中美贸易摩擦。为了规避美国加征关税，一些制造业上游公司将生产基地转移至亚洲其他地方，如东盟，制造完毕后再出口到中国进行包装。就东盟各国而言，中国和越南之间的双边贸易增速最快。自 2020 年以来，中国从越南进口同比增长了 25.5%，从印度尼西亚进口同比增长了 5.7%。在中美贸易摩擦形势下，受到当地人工成本较低及基建和法律环境获得改善的吸引，日本、韩国的一些制造业将产业链转移至东盟，在越南、马来西亚等地设立集成电路工厂，以此满足中国市场的需求。但这并不意味着产业链整体迁至东盟，更多的是一种中国产业链的外延，许多制造基地仍然需要从中国进口原材料、设备仪器、技术等。另外，它们都依赖于中国这个消费市场。

非盟大有后来居上之势。2021 年，中国与非洲进出口总额达 2540 亿美元，同比增长 35.3%，创历史新高，约占中国外贸总额的 4%。照此势头，未来，中国前三大贸易伙伴可能还会出现较大的变化。

从历史上看，发达经济体一直是服务出口贸易的领先者。美国、英国和德国在相当长的时间内占据前三名，约占全球服务出口额的 1/4。但是，这种情况自 2005 年开始改变，发达经济体占世界服务出口市场份额在不断下降。G7 集团的份额从 2005 年的 45%逐步下降至 2018 年的 38%，而以中国为代表的新兴经济体的份额从 9%上升到 12%。

自 2005 年以来，日本、荷兰和西班牙等先进经济体全球服务出口商的排名下降，而较大的新兴经济体排名则上升。中国自 2018 年以来已超过荷兰、西班牙和意大利，成为 2018 年全球第五大服务出口国（见图 1-2）。自 2010 年以来，中国的服务出口额年均增长率为 8%。

排名	国家或地区（2005年）	占全球服务出口额比例	国家或地区（2018年）	占全球服务出口额比例
1	美国	14%	美国	14%
2	英国	9%	英国	6%
3	德国	6%	德国	6%
4	法国	6%	法国	5%
5	荷兰	5%	中国	5%
6	日本	4%	荷兰	4%
7	西班牙	3%	爱尔兰	4%
8	意大利	3%	印度	4%
9	中国	3%	日本	3%
10	瑞士	2%	新加坡	3%
11	加拿大	2%	西班牙	3%
12	比利时	2%	瑞士	2%
13	爱尔兰	2%	比利时	2%
14	印度	2%	意大利	2%
15	韩国	2%	中国香港	2%
16	中国香港	2%	卢森堡	2%
17	新加坡	2%	韩国	2%
18	丹麦	2%	加拿大	2%
19	奥地利	2%	泰国	1%
20	卢森堡	2%	奥地利	1%

图 1-2　全球服务贸易出口排名（以美元计价）

资料来源：世界贸易组织（WTO）。

据商务部公布的数据，2021 年中国服务进出口总额达 52982.7 亿元，同比增长 16.1%，其中服务出口额达 25435.0 亿元，增长 31.4%；服务进口额达 27547.7 亿元，增长 4.8%。

在服务出口方面，中国服务出口延续快速增长势头，出口增速高于进口增速 26.6 个百分点。其中，服务出口增速排名前三的领域是运输服务、个人文化和娱乐服务、知识产权使用费，分别增长 110.2%、35.0%、26.9%。

6. 物流费用与效率

自 2015 年以来，中国社会物流总费用增长率连续 5 年低于当年 GDP 的增长率，显示出当前中国经济增长方式已从物化劳动为主向服务化劳动为主转变，在一定程度上体现了物流活动整体效率的提高。但是，中国物流费用结构与日、美等发达国家相比，仍有较大的差距。

物流总费用由运输费用、保管费用和管理费用构成，三者比重反映了物流链不同环节的成本开支比例。运输费用发生在“动态”环节，最能体现物流活动的效率；保管费用由利息、仓储、保险、货物损耗、信息等费用构成；管理费用由管理人员报酬、办公费用、教育培训、劳动保险等涉及物流活动的费用构成。

如图 1-3 所示，与美国、日本相比，在中国物流总费用结构中，保管费用、管理费用等货物处于“静止”状态下的费用占比偏高，而运输费用占比明显偏低，反映了经济活动中存在库存高企、流通不畅、管理不优、运输市场恶性价格竞争等问题。

在物流费率和周转量经济贡献率方面，中国、美国、日本差距不大；在平均运输距离方面，因为中国产业相对集中进而供应链效率较高而在三者中最小；与此同时，因为产业聚集，大部分物流运输多依靠公路短途运输、少用成本较低的铁路和水路运输，继而推高了整个运输成本。中国单位 GDP 货运量几乎 4 倍于美国、日本，既契合第一产业和第二产业对 GDP

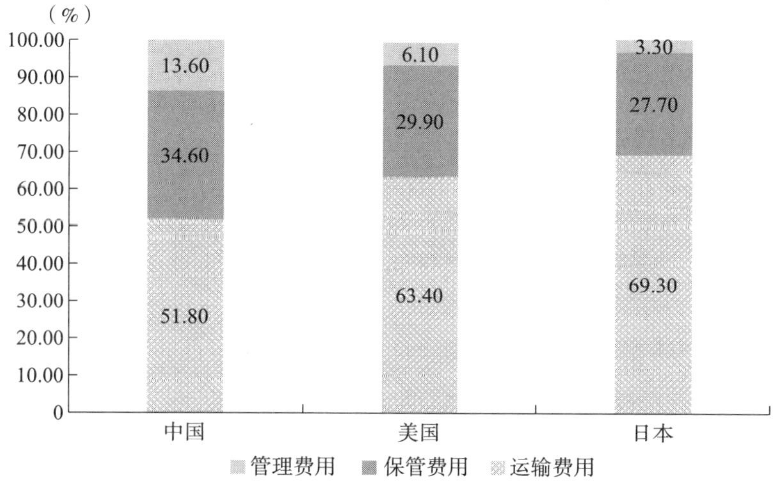

图 1-3　中国、美国、日本物流总费用结构对比

资料来源：中物联。

贡献率远高于美国、日本的事实，也从产业链角度说明了中国供应链环节众多、整个制造体系专业化分工协作有待提升，从整个供应链角度说明我国仍有较大的优化和提升空间。

影响我国物流成本降低的因素，主要包括产业体系、运输体系、政策体系等三个方面。

（1）产业体系

产业结构偏重、产品附加值不高从根本上决定了我国物流成本偏高。虽然中国第三产业占比 2021 年已达 53.3%，但从国际比较来看，仍远低于美国 81%、日本 70%的水平。根据中物联的测算，我国第三产业占比每上升 1%，物流总费用占 GDP 比重就下降 0.5%。同时，与美国相比，中国在全球产业链分工中处于弱势地位，工业产品的附加值较低，工业增加值率为 20%左右，而美国约为 33%。这意味着创造相同的 GDP，我国需要支付更多的物流成本。

生产力布局不均衡客观造成我国物流成本偏高。煤炭、矿石等重要资源位于内陆腹地，而生产与消费则主要集中在东部沿海等发达地区，资源与消费在地理空间上呈现逆向分布，西煤东运、北粮南运、南菜北运等大规模、长距离的运输占比较高。创造同样的 GDP，物流量更大，物流费用更高。

制造业与物流业联动不足间接推高了物流管理成本。一方面物流企业高端服务供给不足；另一方面制造业物流需求社会化水平偏低，导致物流集约不足、效率偏低。

（2）运输体系

运输结构不合理，铁路、水运的优势没有充分发挥。综合运输体系尚不完善，铁路服务效率和质量难以满足日益多元化的物流需求，公路承担了过多的大宗货物长距离运输，“宜公则公、宜铁则铁、宜水则水”的运输格局尚未真正形成。经测算，我国公路单位运价是铁路的 3 倍、内河运输的 5 倍，公路承担了大量长距离、大宗货物运输，结构性地抬高了物流成本。

物流组织效率有待提升。物流市场供需两端都存在散、小的特征，物流集约化程度低。与美国等发达国家相比，道路货运无车承运人、多式联运经营人发展滞后，规模化经营的组织创新水平差距较大。同时，跨运输方式转运衔接成本较高，客观上制约了不同运输方式比较优势和组合效率的发挥，多式联运、甩挂运输、共同配送等组织模式仍有待推广。

物流的标准化和信息化发展缓慢。集装箱、交换箱体、标准托盘等应用不足，铁路集装箱化水平较低。信息互联互通不够，信息孤岛和重复建设的现象普遍存在。由于各种运输方式信息化水平不一、标准不同，企业需要逐个开发接口、重复改造，获取信息成本高、时效性差、综合利用率低，实时信息交换水平不高，不仅影响了物流效率和服务水平的提升，而且在客观上制约了多式联运等运输组织模式的发展。

（3）政策体系

税费负担重。“营改增”后，实际承担公路货物运输服务的个体运输业户因没有开具专票权利，异地经营开票受限，无法给下游货运企业提供增值税专用发票，导致增值税抵扣链条断裂，存在大量进项税额“应抵未抵”的情况，造成货运物流企业进项抵扣不足，税负“不降反升”。

交易成本较高。物流领域的证照资质管理成本整体偏高；存在多头管理、重复审批现象；行政审批面临“放得下”却“接不住”的问题，基层专业支撑能力不够，增加了审批时间和成本。

信用体系建设不完善。公路货物运输仍采用“熟人”交易模式，一般要倒 4~5 手，无形中提高了货运交易成本。此外，由于信用缺失，缺乏有效充足的抵押和担保，物流企业融资难问题长期存在。

市场监管方式相对粗放。在公路超载治理方面，存在监管手段单一和“以罚代管”“罚款月票”等问题；城市配送管理“一刀切”，货车进城难、停靠难、装卸难的老问题仍然没有解决，企业被迫“以大代小”“以客代货”；公路收费管理缺乏科学性和灵活性，价格杠杆对交通量的调节作用没有充分发挥，路网的整体运行效率有待提升。

7. 人才短缺是物流行业发展的巨大障碍

物流行业需要三种类型人才：战略型物流人才、管理型物流人才和技术型物流人才。

战略型物流人才主要适用于企业物流应用、物流项目开发、物流管理、物流教学科研等领域，需要从事企业发展方向研究、企业管理体制研究、企业管理软件开发和企业设备研究与开发等方面的管理及研究。这类人才的特点是通晓物流活动全局，具有前瞻性思维，熟知至少一个行业或一种模式的物流理论与应用，能从战略上分析和把握其发展特点与趋势。

管理型物流人才适用于系统化的物流管理、进出口贸易业务的专业操作、电子商务物流管理，需要掌握商品配送和资金周转、成本核算等相关知识与操作方法，精通现代物流商务活动，同时具备足够的物流技术知识，善于提出满足物流活动需求的方案。

技术型物流人才适用于物流企业的设备操作与维护、物流信息收集加工与整理、企业配送中心管理和经济核算、储存、运输、配送、货运代理、报关等具体工作，需要掌握现代经济贸易、运输、物流理论和技能。

我国物流行业的现状是高素质技术型物流人才的需求缺口巨大，不仅供给总量不足，而且人员结构不合理，严重制约了现代物流业的快速发展。国内物流教育起步较晚，现代管理教育未普及，我国物流人才供需矛盾主要体现在行业需求范围扩大，物流人才数量供给不足，不能满足日益高涨的行业需求，在很大程度上制约了物流行业的升级换代。

根据《物流业发展中长期规划（2014—2020 年）》，我国物流从业人员以年均 6. 2%的速度增长，同时每年新增 180 万人左右的物流岗位需求。

尽管我国有多所院校开设物流专业，每年为社会培养 15 万人左右的物流人才，加上第三方培训机构每年约 17 万人和公共实训基地每年约 14 万人的人才供给，仍然不能满足社会对物流人才的需求，从高端的物流规划设计人员，到中层物流管理人员及基层的管理人员和作业人员，物流业高、中、低端人才全面紧缺。从人才需求的角度来看，物流企业对初级岗位（一线技术人才）的需求量最大，占到总需求的 69%。但是院校的人才培养结构相反，高职培养人数最多，其次为中职。

同时，由于各地经济发展水平不平衡、产业结构不同，引起物流发展水平的地区差别，而且不同地区地域优势和特点不同，对物流人才的需求类型和岗位差异显著，进一步加剧了物流人才的供需失衡。东部沿海地带如华东、华南地区是中国经济最发达区域，同时也是中国物流发展最快的区域，公路、水路运输发达，港口货物吞吐量大，高新技术企业集中，物流运作效益最好；其次是华北、西南地区，铁路、公路发达，企业集中度居中，物流运作效益居中。这些地区对物流人才的需求和要求较高，吸引了大量的物流人员，相应提升了物流人才市场的发展水平。相比而言，中西部地区受地理条件的限制，物流企业以从事运输和仓储居多，国际物流和港口物流企业很少。西部地区是中国的煤炭、木材等资源的储备地，物流网络不发达，主要依赖铁路运输，企业集中度低、物流运作效益低，是制约经济发展的瓶颈，物流整体发展水平落后于东南沿海地带。从事物流职业的人员绝大多数都从事着低技能、劳动强度大的工作。而且由于这些工作不需要专门的技能培训，入行的门槛低，对物流从业人员的素质要求相对较低，人才市场的水平提高得慢。

总体而言，我国物流人才供需矛盾主要体现为行业需求范围扩大、物流人才数量供给不足。

二、国际形势、机遇与挑战

1. 中美贸易摩擦给行业供应链带来的影响

中美贸易摩擦的不利影响因关税措施和“抢出口”空间缩小的叠加效应在2019年有了集中体现。中国与美国、日本、韩国之间的进出口贸易受到冲击，中国与欧盟、东盟等经济体的进出口贸易规模则有所扩大。在产品结构方面，中国对美国出口的具有劳动力成本优势的产品（如玩具、游戏、运动用品、服装鞋靴）受到明显冲击，而中国自美国进口的车辆、植物饲料、贵金属等也明显下滑，且到2019年，贸易摩擦波及的产品范围扩大。

贸易摩擦的成因，表面可以归结为中美双边贸易失衡和深层次的结构性因素。

美国前总统特朗普在对中国出口美国产品加征关税之前，曾多次在社交网络强调美国对中国的贸易逆差问题。中美两国之间的贸易失衡成了中美贸易摩擦的直接导火索。实际上，美国的贸易逆差有多方面的现实原因。

首先，美国的国民储蓄过低使美国出现贸易逆差成为必然。从经济学视角来看，经常项目逆差就是储蓄与投资的缺口。

其次，美国对华高科技出口限制扩大了两国贸易逆差。2001年，美国对华技术产品出口占中国同类产品进口的16.7%，2018年降至6.0%左右，这在一定程度上使得中国对美国的逆差额有所扩大。

事实上，如果将中美两国贸易结构扩大到服务业，则会有不同结果。从过去 20 年的发展历程来看，中国经济以一般制造业为主导，在劳动密集型产业上有比较优势；而美国则在服务业方面有较大的比较优势。因此，在中美货物贸易中，美国是逆差国；而在服务贸易中，美国则是顺差国。

贸易摩擦的深层因素则是游戏规则重建和技术竞争。除了单纯的贸易失衡，美国更看重经贸的“游戏规则”，认为中国还存在结构性问题有待解决。例如，美国认为中国未充分履行“入世”承诺，在国企补贴、知识产权保护等方面尚需改进；在市场开放问题上，中国的“互惠”并不能满足美国所强调的“对等”（reciprocity），并且，随着中国经济规模的扩大，中国产业政策的外溢性、中国模式的影响力让美国顾虑重重。

遏制中国取得科技领先地位是更深层的原因。在 2017 年特朗普上台后发布的首份国家安全战略报告中，美国就将中国视为“战略竞争对手”。近年来，中美两国在人工智能、通信技术、新能源和高端制造等领域的技术差距逐渐缩小，竞争局面开始形成。在中美贸易摩擦中，美国公布的多轮上调关税产品清单中，大范围地涉及航空、铁路、新能源汽车等战略性新兴产业，反映了美国对中国技术崛起的担忧。

在针对贸易摩擦的应对措施方面，只有 20%左右的中国企业尚未采取任何措施。50%的中国企业开始“调整供应链、进行成本控制和优化运营”，供应链的调整以小规模调整为主，或通过国内产品替代，或转向东南亚等其他低成本地区。另外，还有很多企业进行长远规划，选择积极拓展国内外市场或增加新的产品线或业务领域，寻求新的发展机会。越来越多的中国企业到海外设厂，以避开关税战。

以纺织品、家具、玩具产品为代表的劳动密集型行业受关税加征的冲击较大。面对这样的情况，大部分企业选择调整供应链，或者是将工厂转移到东南亚等劳动力成本相对低廉的地区。由于现阶段东南亚地区的劳动力质量不如国内高，很多企业表示目前只是把一些低端的产品生产转移到东南亚地区，并派驻中国工人前往当地，进行现场技术指导。很多劳动密集型行业的企业有计划将供应链转移到欧洲，或者积极开拓欧洲市场。这间接说明行业已经充分做好了摆脱对美国市场的依赖，转向欧洲高端市场的技术准备和产品准备。行业的转型以及对中高端价值链的融入，将为行业带来长期的积极影响。

国内的战略性新兴行业主要为资本和技术密集型行业，且对美国的出口依赖较低，因此关税的加征对企业的影响并不明显。不到5%的战略性新兴产业的负责人表示其所在行业在贸易摩擦中受到了不可逆转的影响。在应对贸易摩擦的措施方面，除了优化运营成本，更多的则是通过加大研发投入或者是在国内积极寻找合作伙伴共同开发新技术的方式加强核心技术的自主研发，同时注意积极拓展国内外市场。其所在行业在全球范围内已经具备了较高的实力水准，计划海外投资的增加比例是所有行业中最高的，同时计划投资的区域分布最广泛。由于科技禁令和其他投资限令，企业在相关原材料和零部件采购、知识产权使用和技术研发方面受到了限制。很多企业开始对采购、供应链以及研发策略进行调整，期待未来能有更多拥有100%自主知识产权产品问世，提高产品的全球竞争力。

中国自加入WTO以来，机电类产品成为中美双方各自最重要的出口品和最重要的进口品，具有非常强的产业内贸易特征。尽管被加征关税，但中国机电行业经过多年的积累，在技术、生产规模等方面的优势，让包括美国在内的众多国家非常依赖中国产品，使得竞争力较强的机电产品在加征关税冲击下逆势上升。50%的机电行业企业认为，机电行业受到中美贸易摩擦的消极影响，但处于可控区间，一旦贸易摩擦缓和，行业发展会逐渐转好。在供应链转移方面，部分机电行业企业选择从国内或者其他地区采购低成本零部件产品，而为了进一步规避关税风险，有些企业正计划将工厂转移到美国本土。

2. 新冠病毒感染疫情给全球经济及供应链带来的影响

据WTO报告，2000—2017年，全球制造业供应链发生巨大变化，中国成为全球供应链上不可或缺的辐射中心，是亚太地区最重要的供应链主导国家，在全球供应链的影响规模、辐射范围上大幅超越2000年时的日本，成为当前全球制造业供应链举足轻重的大国。

国际货币基金组织警告说，2022年或2023年全球经济将面临萎缩，美国、欧盟和中国等三大经济体复苏缓慢。国际货币基金组织调低各主要经济体和世界经济增长预期，主要是考虑疫情的持续影响和居高不下的通货膨胀对世界经济的负面影响。中国面临的国际经济局势恶化，受疫情影响，外部世界总体对中国的商品需求减少，全球产业链成本增加等问题是中国经济发展必须面对的问题。

同时，疫情可能对供应链带来更深远的影响。除了全球消费需求下降导致订单量下滑外，新冠病毒感染疫情也提醒企业决策者，在未来的供应链设计中有必要制定新的商业策略。需要考虑的因素包括成本、质量和交付等传统指标，以及弹性、响应能力和重构性等新绩效指标。因此，新冠病毒感染疫情可能催生新的商业模式，不仅重塑制造业，而且重塑物流等相关行业的商业模式。疫情还可能促使企业从离岸外包转向近岸外包，甚至回归本土生产。新冠病毒感染疫情暴发后，大型品牌商已经意识到，数量庞大的供应商群体集中在一个地区将会增加供应链风险。这可能促进境外采购商实现经营多样化，不把产业过多聚集中国。当然，短期内将产业链转移到其他国家的可能性很小。

第二节　互联网企业的物流梦想

曾有互联网企业许下宏愿：要把中国全社会物流成本GDP占比降到5%，因为他们发现“中国现有的物流成本占比远高于发达国家”。那么这个“宏愿”能否实现呢？

一、物流费用率5%的宏愿

对比中、美、日三国物流费用占各自GDP的比重，我们发现：中国的社会物流总费用GDP占比约是美国的2倍、日本的3倍，日本物流成本费率常年小于5%。当然，近年来中国的经济和产业结构有所优化调整，物流费用率指标也有所优化，如表1-5所示。

表1-5　2012—2021年中国、美国、日本物流费用率对比

年份	中国/%	美国/%	日本/%
2012	17.45	8.40	4.72
2013	17.20	8.40	4.77
2014	16.47	8.27	4.70
2015	16.00	8.12	4.63
2016	14.90	7.43	4.97
2017	14.60	7.63	4.66
2018	14.80	7.87	4.95
2019	14.70	7.61	4.91
2020	14.70	7.40	5.38
2021	14.60	7.00	5.70

注：中国、美国数据为物流成本占GDP的比重，日本数据为物流成本占销售额的比重。

从2013年开始，中国全社会物流总费用GDP占比逐年下降。巧合的是，这些年也是电商蓬勃发展的年份。那么物流费用率下降是不是互联网企业的功劳呢？互联网企业也许会这样认为。2012—2017年中国物流总费用GDP占比节节下降，很容易让人产生错觉。

二、影响最大、传播最深远的推论

“中国物流成本居高不下，物流成本占GDP的比重是美国的2倍。”

这句话的推论就是：中国的物流成本有着极大的改善和优化空间。当然，不同的人说这句话，暗含的意味也不一样。

- 专家学者引用这句话时，可能暗含理论上的优越感：中国的物流企业实操能力太弱，导致社会总物流成本太高。应该向美国、日本的物流企业学习，应用它们的理论。
- 创业者引用这句话则暗示其创业解决方案能在这个“巨大的成本洼地”挖出金子来：14.6万亿元，降低1个百分点就是多少利润啊！
- 成熟的互联网企业引用这句话，则代表企业信心满满，可以通过自己的努力为国家和人民分忧。
- 物流实操人听到这句话则五味杂陈：拿着最低的报酬，干着最苦、最累的活儿。

但是这个推论显然难以成立，因为这个推论只看比例结果不看分母结构。社会物流总成本（专业术语：社会物流总费用）GDP占比计算公式如下：

$$物流费用GDP占比=\frac{社会物流总费用}{GDP}$$

2021年中美物流费用率如表1-6所示。

表1-6　2021年中美物流费用率

国家	GDP（万亿元）	物流总费用（万亿元）	物流费用GDP占比（%）
中国	114.0	16.7	14.6
美国	146.5	10.2	7.0

注：日本因为国土面积狭小，且物流以海运为主，所以参与对比的意义不大。

中国经过多年的发展，中美物流费用GDP占比差距有所缩小，不过依然悬殊。但是对比中美两国的产业结构可以看出，美国以第三产业为主，第二产业占比仅为18.2%；而中国第一产业和第二产业的占比均远高于美国，如表1-7所示。

表 1-7　2021 年中美产业结构对比

产业类别	中国/%	美国/%
第一产业	7.3	0.8
第二产业	39.5	18.2
第二产业	53.3	81.0

第一产业指生产水生、土生等农业原始产品的行业，如农业、林业、渔业等。

第二产业指对第一产业和产业内提供的产品原料进行加工的产业，如采矿业、制造业、建筑业、工业生产等。

第三产业指第一产业、第二产业以外的其他行业，主要包括交通运输业、餐饮业、金融业、IT 信息服务、互联网、文化服务业等。

哪个产业更需要物流服务？哪个产业没有物流支持也能正常运转？答案自然是第一、第二产业更需要物流服务的支撑。第一产业、第二产业以及第三产业各自对于物流的需求完全不一样。但是，我们在计算物流成本 GDP 占比的时候没有做细分，均统计进平均数中。

为了进一步研究和对比，我们从《中国统计年鉴》中抽取了相关数据，并进行对比分析，如表 1-8 所示。

表 1-8　2015—2021 年物流总费用第一、第二产业 GDP 占比

年份	物流总费用（万亿元）	GDP（万亿元）	第一产业 GDP（万亿元）	第二产业 GDP（万亿元）	第三产业 GDP（万亿元）	物流总费用 GDP 占比（%）	物流总费用第一、第二产业 GDP 占比（%）
2015	10.8	68.88	5.78	28.13	34.97	15.7	31.9
2016	11.1	74.63	6.01	29.54	39.08	14.9	31.2
2017	12.1	83.21	6.21	33.16	43.84	14.5	30.7
2018	13.3	91.92	6.47	36.48	48.97	14.5	31.0
2019	14.6	99.09	7.05	38.62	53.42	14.7	32.0
2020	14.9	101.61	7.78	38.43	55.40	14.7	32.2
2021	16.7	114.37	8.31	45.09	60.97	14.6	31.3

为进一步深入分析，特意计算物流总费用占第一、第二产业GDP之和的比重，其均值是31.5%；与最大值之差是0.5%，与最小值之差是0.7%。考虑统计误差，0.5%~0.7%的偏差范围已非常小。2012—2021年GDP及三次产业与物流总费用的相关性分析如表1-9所示。

表1-9　2012—2021年GDP及三次产业与物流总费用的相关性分析

年份	物流总费用（万亿元）	GDP（万亿元）	第一产业GDP（万亿元）	第二产业GDP（万亿元）	第三产业GDP（万亿元）	一产GDP+二产GDP（万亿元）
2012	9.4	53.86	4.91	24.46	24.49	29.37
2013	10.2	59.30	5.30	26.20	27.80	31.50
2014	10.6	64.36	5.56	27.73	31.07	33.29
2015	10.8	68.88	5.78	28.13	34.97	33.91
2016	11.1	74.63	6.01	29.54	39.08	35.55
2017	12.1	83.21	6.21	33.16	43.84	39.37
2018	13.3	91.92	6.47	36.48	48.97	42.95
2019	14.6	99.09	7.05	38.62	53.42	45.67
2020	14.9	101.61	7.78	38.43	55.40	46.21
2021	16.7	114.37	8.31	45.09	60.97	53.40
与物流总费用的相关性		98.92	98.34	99.36	97.92	99.59

统计2012—2021年的数据，并进行了相关性分析，具体如下：

（1）物流总费用与第一、第二产业GDP之和的相关性最高，为99.59%。

（2）物流总费用与第二产业GDP的相关性为99.36%。

（3）物流总费用与GDP的相关性为98.92%。

（4）物流总费用与第一产业GDP的相关性为98.34%。

（5）物流总费用与第三产业GDP的相关性为97.92%。

由此可以看出，物流总费用与第一、第二产业GDP之和几乎完全正相关，与第二产业GDP高度正相关；而第二产业在GDP中的占比又远高于第一产业。因此，第二产业在GDP中的占比越低，社会物流总费用越低。

优化第二产业，提高服务业对于GDP的占比贡献，是降低社会物流总费用GDP占比的关键。

在美国GDP的构成中，第三产业超过80%，服务业占据了绝对优势。中国经过多年的努力，才达到53%左右。因此，在计算中美社会总物流费用与GDP的比例时，美国天然占据优势，这是产业布局带来的优势，而非互联网企业能改变的。

三、正确看待电商物流成本的降低

电商物流成本的降低对于物流成本GDP占比贡献有多大？

国家统计局的数据显示，2021年，我国社会消费品零售总额为44.08万亿元，全国网上零售额为13.1万亿元，其中实物商品网上零售额为10.8万亿元，同比增长12.0%。根据国家邮政局的数据，2021年邮政行业业务总量达13698亿元。

而2021年我国GDP总值约为114.37万亿元，由此可计算出：

- 2021年，社会总零售全国GDP占比为38.5%；
- 线上零售社会总零售占比为29.7%；
- 线上零售全国GDP占比为11.5%；
- 结合邮政数据，电商行业物流费用线上实物零售额占比为12.7%。

必须承认，自2000年初电子商务兴起以来，互联网电商取得长足的进步。其占比已超过整体零售的1/4，但对于整体GDP占比只有11.5%，而线上实物零售额仅仅占GDP的9.4%。在9.4%的空间所取得的物流成本改善无法对整体情况产生质的改变。况且，其行业本身存在12.7%的物流费用比。互联网电商企业能优化的其实就是9.4%的GDP（10.8万亿元）中的12.7%空间。在这么小的空间里，做任何优化对于整体物流费用率的影响都是微乎其微的。

其实，单从物流来看，互联网电商反而会增加物流成本。因为原本在实体渠道模式下的2C交易，商品从生产到销售终端是批进批出，而从销售终端到消费者是由消费者自提完成，这个环节在传统模式下并未发生物流成本。但在电商下的快递物流则不是，不仅要将批量物流拆解成离散物流，还需要增加每票业务末端的配送服务成本。另外，为了减少寄递过程中的货损，需要增加适合快递运输的物流包装，也增加了物流运作成本。

那么互联网电商优化的是什么呢？供应链的组织结构环节。在传统渠道模式下，从生产到销售终端要经过多层经销和代理商；而在互联网模式下，互联网电商就是零售终端商。这种组织结构的精简大大降低了社会的组织成本和交易成本，这是互联网电商带给社会的真正价值，而不是为社会优化物流体系，降低物流运作成本。

四、降低物流费用率的三条建议

如何降低物流成本GDP占比？这里总结了三条建议。

首先，最有效的方式是调整产业结构。大力发展第三产业，即不需要物流或者少物流交付就能创造巨大社会财富的高端产业，如创意设计、IT、生物医药、航空航天、金融服务等产业。

其次，优化制造业的产业集群。通过优化制造业的产业集群，以及合理化布局，降低原材料、半成品以及产成品的物理空间周转流动率，从而降低制造业的物流成本。这种方法显然没有上述方法有效，但是在保留制造业的前提下，可有效降低物流成本。

最后，充分利用信息技术优化物流体系，降低物流成本。通过社会信息的互联互通降低商品的“折返跑”，优化社会商品的供应链体系，从而降低因“牛鞭效应”带来的社会物流损失；另外，通过互联网还可以提高车辆使用效率和装载率，在一定程度上能降低物流成本。但是这种方式并不能对物流成本的降低产生“质”的改变。

第三节　中国物流业发展战略

过去的20年，中国经济和科学技术迅猛发展，物流业也随之发生巨大变化。

中国消费市场潜力巨大，城市和农村地区都在经历不同水平的“消费升级”。中国的消费市场正越来越深刻地影响着全球经济。经历过爆发式增长之后，电商市场开启了线上、线下相结合的“新”零售模式，新业态不断涌现，为物流行业的发展和迭代开辟了新天地。

与此同时，数字科技为中国物流行业创造了新机遇。中国是世界最大的孵化器之一，也是全球最大的颠覆性科技投资者。在新一轮数字化转型中，各业务板块将紧握“尖端数字科技之笔”，浓墨改写产业结构，提升全价值链的生产力。

中国既是全球化的最大受益者之一，也是全球化最有力的推动者之一，在全球贸易和供应链中不可或缺。中国是世界上最大的集装箱进出口贸易国，集装箱贸易总额占全球的30%。

这些强劲趋势将成为未来数年中国物流行业转型的基石。

同时，我们要清醒地看到，我国物流行业仍存在如下问题。

物流绩效低，提升空间大。具体表现为物流系统性差、网络化程度低，运输结构不合理、组织化程度较低、行业集中度低，分散、缺少协同，基础设施结构性短缺、现代化设施占比低，配套性、兼容性较差。“干、支、末”与“物流枢纽、物流园区、配送中心、终端网点”等构成的物流服务网络不合理、不完善，衔接性差。第三方物流和供应链服务发展不足，不能满足多方位服务需求。物流信息化、智能化发展滞后，无论是行业层面还是企业层面都尚未形成发展体系，整体规划能力低，没有发挥信息的主导作用，导致库存、运力浪费。物流行业与其他产业联动不够，落后于经济和社会发展的需求与速度。

物流行业整体创新能力弱。无论是技术创新、商业模式创新，还是组织创新、管理创新，相比于制造业、商贸流通业，物流行业创新整体滞后，缺乏创新动力和创新能力，研发投入低，阻碍了物流行业的发展，尚未进入“创新驱动”的发展阶段。

物流国际化水平低。全球连接能力不强，缺乏整合国际资源的能力和全球物流治理能力，国际竞争力弱，尚未找到国际战略通道和战略支点，滞后于制造业、商贸流通业全球化进程，尚未形成与高速增长的国际贸易相匹配的全球物流和供应链体系。

规范有序的物流市场尚未形成。物流企业经营不规范，服务意识淡薄，法律法规意识弱，诚信体系严重缺失。地域割裂、地方保护主义严重，尚未形成统一开放、公平竞争、规范有序的物流市场。进入和退出机制、竞争规则尚无统一法律法规可循，对社会性物流服务缺乏有效的外部约束，不正当竞争难以避免。

物流不可持续和安全问题突出。各运输方式与仓储、配送等作业环节的资源、能源、土地等消耗和排放问题突出，无效运输、不合理运输、过度包装等问题严重。超载、超速、操作不当等引发的事故不断，从业人员法律意识淡薄，用户信息和个人隐私泄露等信息安全形势不容乐观。由于起步晚，食品、药品等民生物流问题突出，食品物流技术研究及冷冻冷藏保鲜等应用技术水平落后。

物流应急能力薄弱。现有应急物流保障系统的抗风险能力较差，在应对各类重大突发事件时，难以“第一时间”提供应急物资的保障。由于传统物流经营相互封闭，割裂了物流各方面的联系导致衔接不畅，难以及时满足应急保障的需要。

物流人才资源不足。物流人力资源总量和层次不高，在学历结构、职称结构和技术等级结构等方面与发达国家存在较大差距。行业层面缺乏科学合理的战略性规划，企业层面缺少员工职业生涯规划，造成行业和企业整体管理水平不高、发展后劲不足，严重制约了物流行业的发展。

物流体制机制和法律政策尚不完善。行业管理体制和治理能力弱，国家层面尚没有统一的物流发展主管部门，缺乏全国性的交通运输、仓储管理、信息网络等总体规划，也未能实现对物流网络的统一布局，对物流业的管理和治理呈多元化的分散方式，这种自成一统、地区封锁与市场割裂的模式极大地削弱了对行业的管理和治理能力。物流法律法规和政策相对滞后，难以适应物流国际化发展的需要，难以适应市场经济环境下现代物流发展的需要。相关法律法规体系在技术上缺乏对物流实践的调整作用和具体指导，各职能管理部门之间的法律法规自成一体，让企业无所适从，增加了经营成本，抬高了整体物流成本、降低了物流效率。

我国物流业的中长期战略目标：到 2030 年，成为世界物流强国。物流基础设施的总量和人均水平达到并超过先进国家水平；全面完善物流服务体系，实现物流网络省际互通、市县互达、城乡兼顾，物流服务延伸到乡、村；物流产业结构全面优化，物流服务水平和资源协同能力全面提高；物流与制造业、商贸流通业和农业全面联动，物流业与互联网、物联网全面融合；物流创新实现突破，物流行业内实现数字化、智能化；具备较强的物流国际连接能力和跨国市场竞争力，具备较强的物流可持续发展能力；随着整个国民经济结构调整和第三产业比重的不断提高，全社会物流费用占 GDP 的比重优化为 8%~10%，尤其是通过提高企业和政府职能机构、监管机构的管理水平与管理效率，有效降低管理费用在物流费用中的占比；涌现 5~10 家具有较强国际竞争力的跨国物流企业和全球供应链服务企业，涌现一大批专业的、具有行业特色的中小物流企业；物流企业、行业管理机构以及政府职能的管理水平和效率显著提高。

到 2050 年，成为领先的物流强国。引领物流行业的技术创新、管理创新、模式创新；具有全球高效供应链服务能力，为各行各业的全球化提供全方位物流服务。

为实现这一战略目标，需要实施以下战略。

网络建设：继续加强物流基础设施建设，从规模数量向效率提升转变，注重综合运输能力的提升。推动物流园区、配送中心、末端网点等多级物流网络与综合运输体系的互联互通。统筹国际和国内、经济发达地区和欠发达地区、城市和农村等不同层次的短期与长期需求，完善和优化物流基础设施网络，提升物流组织网络和物流服务运行网络的效率，积极推动信息网络在物流行业各环节的发展与落实，以“信息流”带动“商流”“物流”。

精细化管理：基于不断分层化、分散化、细分化的市场，对服务产品进行精细化定位、精细化运作、精细化管理，满足用户体验、产业升级和消费升级的需求。行业管理、政府职能和企业个人要加强服务意识、法律法规意识和管理意识，提高技术水平和管理水平，创建和谐、公平、公正、开放的有序竞争环境。

全球化布局：顺应全球化趋势，把握国际经济政治格局的变化，深化国际合作，步步为营、稳扎稳打地实施“出海”战略，打造全球物流和供应链体系，提升中国物流行业在全球价值链中的地位，提高全球连接、全球服务能力。

可持续发展：秉承“人与自然和谐共生发展”的理念，立足于生态文明、环境友好、资源节约、生产安全，发展绿色低碳物流，实现土地、能源等各类资源的集约和节约，减少污染、降低排放，创建绿色物流大循环。

创新与开放：营造物流行业的创新大环境，鼓励理念、战略、制度、模式、组织、技术等方面的创新，解放思想，打破物流行业存在的束缚和桎梏，进一步开放改革，通过市场的有序竞争激发行业、企业和个人的活力，为经济发展创造更多价值。

跨行业联动：加强与上下游制造业、商贸流通业、农业的联动和深度融合，推动物流行业与地区经济协同互动，发挥物流业在国民经济中的桥梁纽带和助推器作用，延伸产业链，优化供应链，提升价值链。

人才战略：化解人才需求与供给之间的矛盾，建立以高校、职业培训、职称认证培训等为基础的系列人才培养机制，大力推动基层作业和基层管理人才的教育输送体系建设。

一、铁路货运业发展战略

铁路货运系统在中国经济发展中一直发挥着重要作用，这是因为中国幅员辽阔，西北、西南地区地势险峻、气候条件差，铁路系统在这些地区依然是最可靠的运输方式。

中国铁路营业里程占世界铁路的16%，换算成运输周转量占到世界的68%，体现了中国铁路的周转调度与线路资源利用精准高效。从铁路货车数量来看，2015—2021年，我国铁路货车拥有量呈现出逐年递增的趋势。截至2021年末，全国铁路货车拥有量达到了96.6万辆，同比增长5.9%。

中国大陆地区的铁路90%以上的货运运力用于保障民生的重点物资运输，主要包括煤、焦炭、木材、矿产、粮食、水泥、化肥等大宗商品。另外，行包运输（包裹）、行邮运输（邮政）也占有一席之地。

煤炭是推动中国经济增长的主要能源，对快速发展的电力行业至关重要，煤炭发电占总发电量的60%，中国煤炭发电量占全球煤炭发电量50%以上。自1990年以来，大宗商品和原材料（尤其是煤炭）占中国货运总量的75%。

由于历史原因，在铁路货运体系方面，国有企业占绝大多数，市场化程度低、服务意识差，很长时间内政企不分，网运合一、客货一体，“最初一公里”和“最后一公里”的末端服务网络匮乏，需要大量公路运输接驳。

目前，我国多式联运运量规模仅占全社会货运量的7%左右，尤其是铁路集装箱运输比例不足13%，既低于发达国家30%~40%的水平，也显著低于铁路适箱货物比例。铁路成本优势和全天候优势未能充分发挥，公路货物运输量占比过高，增加了物流成本。

为推动我国铁路货运的发展，我们提出以下建议。

深化供给侧结构性改革。借鉴国外铁路改革的经验与教训，结合中国铁路的实际情况，分阶段、有计划、有秩序地推进铁路行业重组。培育铁路运输行业有序公平竞争、公益性与商业性相得益彰的市场环境，处理好国家铁路、地方铁路和民营铁路之间的关系，梳理铁路货运行业的产业组织结构。破除传统束缚，深化国有铁路运输企业体制改革，发展具有现代企业制度、符合运输业发展规律、高效率、有活力的现代铁路运输企业。

开放铁路运输市场，促进运输价格市场化。加快审批制度改革，清理铁路领域市场准入层面的障碍，制定和完善准入配套政策与实施细则，提高民营资本在铁路基础设施建设与日常运营中的比重，鼓励与扶持有条件且具备资质的民营资本参与铁路网络的建设和运营，尤其是“最初一公里”和“最后一公里”铁路专用线的建设与运营。向有能力提供铁路货运服务的其他行业企业开放铁路网络。建立以市场定价为主、宏观调控为辅的运输费率定价机制，创新开发新服务产品，努力适应市场和实际成本结构变化以满足不同市场、不同地域、不同服务的需求。

大力发展集装箱多式联运。构建海铁联运、铁水联运、公铁联运、空铁联运等多式联运体系，加快推进铁路货物集装化进程。加快多式联运的技术、操作、单证、信息、管理制度等方面的标准化。提升集装箱运输在铁路货运中的比重，有效降低社会物流费用。

强化中欧班列运营。统筹布局运输线路，加强顶层设计，明确沿线省区市的产业布局定位，提高班列利用率，避免不必要的资源浪费。建立与沿线国家海关合作与沟通机制，签订相关协定，推进大通关便利化，推行和促进执法互助、监管互认、信息互换，达到“出口直放、进口直通”的高效通关。拓展多元增值业务，通过多种渠道加强与沿线国家商企合作，发掘返程货源。

铁路货运信息化建设。推进信息基础设施建设，全面提升铁路货运信息化水平，构建新一代信息处理平台。整合信息资源，建立信息共享平台，构成有机整体。以信息为主导，引入先进作业流程和管理流程，充分发挥信息化效益。依托大数据、云计算等技术，打通公路运输、航空运输等行业数据交换通道，有效支撑多式联运战略。

二、公路货运业发展战略

公路货物运输具有送达速度快、资金周转快、损耗少、投资少、中转少“两快、三少”的优点，可实现门到门运输、灵活适应货流变化和提供多样化服务，公路运输的辐射能力远大于其他运输方式。

2020 年，各种货运方式中公路运输量占比最高，达到 74%左右。近年来，我国高速公路网建设高速推进，公路货物的周转量高速增长。到 2021 年，公路货物运输周转量占比达到了 31. 7%。

2018 年 9 月，国务院常务会议通过了《推进运输结构调整三年行动计划（2018—2020 年）》，该计划以调整运输结构、提高综合运输效率为原则，减少公路特别是大宗产品公路货物运输量，增加铁路运输量，并以推进大宗货物运输“公转铁、公转水”为主攻方向。2019 年，各种货运方式中公路运输量占比仍最高，但与 2018 年的 78%相比，有所下降，铁路和水运货运量占比上升。由于专用铁路线的缺乏，部分区域铁路运输能力不足，港口和大型企业铁路专用线建设滞后，通达性不高，京津冀地区铁矿石的疏港运输，90%以上通过公路进行。公路运输成为部分企业唯一的选择，承担了大量大宗物资中长途运输任务。因此，目前减少公路特别是大宗产品公路货物运输量的效果并不明显，公路货物运输仍然是货物运输最主要的运输方式。

据交通运输部的数据，2021 年末全国拥有载货汽车 1173. 26 万辆，同比增长 5. 7%；营运车辆平均吨位从 2012 年的 6. 4 吨提升至 2021 年的 14. 6 吨，我国货车平均载重量在提升。同时，各车型的整体满载率略有提高，平均吨位的上涨正带动车效的提升。

2019 年，全国营业性货运车辆平均运距为 174 公里，相比 2015 年的 184 公里，货车平均运距在 4 年时间里缩短了 10 公里，说明公路货物运输趋于中短途化。从运力活跃角度来看，长三角、环渤海、珠三角三大沿海城市群地区已成为集中运输区域，活跃车辆份额占比超过 45%。《2019 中国公路货物运输大数据报告》的数据显示，约有 70%的货运车辆营运范围在单个省内，近 85%的货运车辆以市内运输、周边城市运输为主，日均营运里程小于 200 公里的车辆占到 47%左右。

我国公路货物运输存在的主要问题如下。

基础设施结构性失衡。我国公路修建数量不断增加，总里程数位居世界前列，尤其是高速公路里程已经比肩美国。虽然我国公路网络日臻完善，但节点性物流基础设施等未联通、难共享或布局不合理。各路资本一味地上项目、铺摊子和重复建设，以致公路货物运输难以与之协同发展。大型公路货物运输企业向现代物流转型过程中，缺乏大枢纽基础。在货运体系中承担重要集约疏导功能的物流中心、物流枢纽，数量与质量仍然难如人意，不能有效地发挥集成功效。同时，公路的修建多集中在东部经济较为发达的地区，西部地区修筑力度较小，公路密度较小，公路仍短缺。

公路货物运输的规模化生产尚未形成。自从我国放开道路货运以来，出现承包经营、租赁经营、抵押经营、联合经营、个人参营等多种经营方式，提升了公路运输的灵活性、机动性的同时，丧失了原有的公路运输集团化、规模化优势。目前，我国很多公路货物运输企业小规模、分区域经营，局限性强，基本处于粗放式经营模式。另外，我国公路货物运输的基础设施建设较为滞后，货物中转、集散场所少且简陋，货物装卸效率较低，大大影响了公路货物运输的质量和水平。

公路货物运输的科技水平不高。我国公路货物运输行业技术创新能力不足、信息化水平不高，大多数经营管理活动仍旧依靠人工，对互联网技术、信息技术的利用率不高，对市场信息动向掌握不牢，生产存在着很大的盲目性，主要体现为信息资源共享不足。信息化程度不高、实力不对称、口径不对等和分散化经营，导致公路货物运输很难与铁路、水运、航空等运输方式开展联合运输。虽然很多公路货物运输企业已经意识到信息技术在运输服务中的重要性，开始引进相关的电子化办公设备及软件，但是由于起步晚、基础差，目前我国公路货物运输科技水平不高的问题并没有从根本上得到解决。

公路货物运输行业存在引导和监管方面的问题。我国政府对于公路货物运输行业的引导和监管存在不足，地方政府对于现代物流的认识和研究不够深入，难以为公路货物运输行业的发展提供合理化建议与引导；交通管理部门的监管机制不够完善，监管手段不够科学，市场不公平竞争行为及超载超限问题不断出现，影响了公路货物运输的安全有序发展。同时，地域割裂、治理标准不统一导致长途货运运输成本难以控制。

公路货物运输运力的结构性失衡。普通运力严重过剩，是公路货物运输发展中存在的最严重问题，也是公路货物运输供给侧结构性改革的主要难题。公路货物运输组织化、集约化水平较低，长期处于“小、散、乱”状态中。小型车队仍然是运输主体，目前 10 辆车以下的运输企业占比依然超过 95%。同质化竞争严重，缺乏市场集中度高、整合能力强的龙头骨干企业。另外，运输车辆存在结构性失衡，标准化程度低，运输工具型号繁杂，与新模式、新技术、新应用不匹配，超标车大行其道。

多式联运比重过低。公路过多地承担了中长距离货物及大宗货物运输，各种运输方式衔接协调不畅，综合运输组合效率总体和服务水平不高，标准规范和运输服务规则不衔接，跨方式、一体化运输组织程度低，多式联运市场主体少，发展严重滞后。比如，我国目前沿海港口的铁水联运比例仅为 3%左右，而发达国家铁水联运比例在 20%左右，差距较大。

司机缺口浮现。据交通运输部统计，我国道路货运从业人员达到 1728. 73 万人。《2021 年货车司机从业状况调查报告》的数据显示，货车司机的年龄集中在 36~45 岁，占比达到 48. 7%。调查发现，5 年以下从业司机占比 20%，与 2016 年相比，司机“老龄化”趋势明显。数据显示，有 37.3%的货车司机日均工作时长在 12 小时以上，月收入在 1 万元以下的司机占比 57.5%。从整体上来看，货车司机普遍工作时间较长、劳动强度大、条件艰苦、职业地位低，利益诉求渠道不畅，货车司机岗位对年轻从业者的吸引力显著降低。随着“老司机”逐渐退出市场，年龄断层问题更加凸显，相关数据显示，我国货运司机缺口已近 1000 万。

运输安全问题严重。公路运输事故频发，给社会与国家造成了较大的经济损失，危及人们的生命及财产安全。导致这一问题的主要原因是部分货车严重老化，司机的安全意识淡薄，严重超载超限，而少数公路运输管理人员执法不严、徇私舞弊，难以充分发挥管理监督职能。同时，缺乏社会层面的有力监督，也是交通安全事故频发的一个重要原因。普华永道联合 G7、中国交通报发布的《中国公路货物运输行业智慧安全白皮书》指出，截至 2019 年末，中国公路货物运输行业每百万公里事故数为 3.7 起，在美国这一数字只有 0.1 左右。一次严重的卡车事故，损失高达几十万元。

为加强我国公路货物运输的发展，我们提出以下建议。

调整供给侧结构，补齐物流基础设施短板。以连通、协调为指导思想，打破地域和部门之间的割裂。为此，政府要统筹规划、给予政策扶持，企业要投资开发建设、自主经营管理。以物流中心、物流枢纽为核心建设全国公路货物运输网络，增强网络的流通、连接、疏导、集约等现代物流功能，发挥新型基础设施的提质增效作用，巩固传统基础设施的强基固本作用。

推动行业转型升级。向“资源节约、环境友好”的社会需求转型，推进以甩挂运输为载体的转型升级；充分利用信息技术，应用先进的智能设备、引进物联网技术引导安全监管向智能化转型；人才队伍建设向职业资格化转型。货运企业向现代物流企业转型，构建综合运输体系，发挥自身比较优势，与其他运输方式实现协调发展。

推动运输组织模式创新。鼓励运输企业组建企业联盟，促进产业链、供应链和服务链的一体化整合、网络化发展、系统化集成，推进冷链物流联盟、危险货物运输联盟、多式联运联盟等各种形式的组织创新发展。

推进行业标准化建设。以产业链上下游有效衔接、高效连通为日标，加快制定与完善设施设备、运输车辆、信息数据等方面的标准，为多式联运发展做好技术上的准备。

三、航空货运业发展战略

国家统计局数据显示，2015—2021 年中国民航货运周转量整体呈上升趋势，2021 年我国民航货运完成货邮运输 731.84 万吨，比上年增长 8.2%；完成货邮周转 278.16 亿吨公里，同比增长 15.8%。民航货运周转量仅占全国货运周转总量的 0.13%，大大低于公路、铁路、水路等其他运输方式，说明国内航空货运发展水平较低。

《2021 年民航行业发展统计公报》数据显示，2021 年，中国民航全行业运输收入水平为 4.55 元/(吨·公里)，其中，客运收入水平为 5.28 元/(吨·公里)，货邮运输收入水平为 3.05 元/(吨·公里)。货邮运输效益较低，导致航空公司普遍“重客轻货”，阻碍航空货运行业的进一步发展。

中国航空运力分散，货运机队规模小，货运基础设施布局不合理，更没有专门的货运枢纽机场，与国外航空物流企业的差距巨大，在国际竞争中处于劣势。

从运力结构来看，全货运飞机占比不足 5%。航空运力结构过度依赖客机腹舱，航空客运的腹舱运力占比达到 70%，在国内航空运输业务中这一比例高达 82%，而美国客机腹舱几乎只载行李不载货，国内航空货运结构不合理限制了货运规模的扩大。同时，我国航空货运全行业全货机数量不超过 200 架，且增长缓慢，运力供给不足。

到 2021 年末，我国一共有 248 个运输机场，基本上都是综合性机场，少有以货运为主的机场，货运机场建设在我国尚处于起步阶段。

新冠病毒感染疫情期间，客运航班大面积停飞，航空物流链受到冲击，充分暴露了我国全货机运力不足，过分依赖客机腹舱运力；缺乏专业化航空货运公司；没有完整的航空货运机场系统等航空货运短板。

航空物流经营模式单一，服务功能有待完善。货运航空公司一般只完成货物的空中运输，揽货与配送环节大多由航空货运代理企业承担，货站业务大多由机场承担，从而导致航空物流运作过程时常出现问题，效率大打折扣。航空公司缺乏对航空物流运作过程中其他环节的参与，无法从总体上帮助客户实现降低物流运作成本的目标。

无论是机场还是航空公司，在重客轻货的大环境中，货运专机起降时刻和货物操作受限，在进出港货物的操作质量及时效方面与中国香港、美国、德国等国家和地区相比，有较大差距，从而丧失了中短途运输市场的大部分份额。

为加强我国航空货运的发展，我们提出以下建议。

统筹货运基础设施战略布局。对三大世界级机场群专业货运设施设备进行改造升级，在中西部地区建设货运专用枢纽机场，强化综合交通枢纽的集散功能，构筑强大的国内航空网络。大力支持有能力、有条件的快递企业、电商企业进行全球货运枢纽布局。

整合航空物流资源。借鉴国外改革经验，进一步放宽管制，释放市场活力，支持专业航空货运企业的发展。鼓励行业内战略性兼并重组，优胜劣汰，打造行业龙头。深入推进国有航空企业的混合制改革，整合各层次航空物流资源，通过供给侧结构性改革提质增效。与铁路、水运等其他运输方式联动合作，发挥协同效应。积极参与全球供应链再造与布局，依托中国制造大国的出海战略，凭借高效的航空运输产能、特种货物保障能力及全程服务能力，在全球价值链中占据应有位置。

构建大型航空物流信息公共平台，加快信息流转和分享。以国家的强大数据网络为基础，统一信息标准和接口标准，组建共享信息平台，实现货主、货代、机场、航空企业、检查单位、海关之间的信息数据流通与交流，革除信息封闭、自成体系、互通不畅的弊端。

提高海关、边境管理水平，提高清关效率。优化管理流程，增强服务意识，关区之间协同响应。建设常态化、规范化的绿色通道机制，实现快速大通关。

四、快递业发展战略

据国家邮政局的数据，2021 年快递服务企业完成业务总量 1083 亿件，同比增长 29.9%；快递业务收入 10332.3 亿元，同比增长 17.5%。其中，东部、中部、西部地区快递业务量比重分别为 78.1%、14.6%和 7.3%，快递业务收入比重分别为 78.2%、12.9%和 8.9%；快递业务量排前五位的省份依次是广东、浙江、江苏、山东和河北，其快递业务量合计占比达到 66.0%。

快递行业持续保持高位稳速运行，为快递业转型升级奠定了坚实的市场基础，要稳步推动行业由高速增长向高质量发展转变。持续不断的价格战不断抬升行业的规模壁垒及标准化服务水平，二线企业与头部企业的规模差距扩大，出现亏损，服务时效也无法与头部企业相抗衡，不断地有企业退出行业竞争，2021 年行业集中度（CR）为 80.5%。

快递赋能实体经济，成效显著。随着快递服务延伸至乡村，大量鲜花果蔬等农产品通过快递发往全国各地，快递服务对农业和工业的支持作用逐渐显现。

得益于中国经济的高速发展和电商经济的爆发，中国快递市场规模连续多年位居全球第一。中通、顺丰等快递企业市值和营业收入分别达到 200 亿美元、150 亿美元，但与 UPS 的千亿美元市值和 700 亿美元营业收入仍然相去甚远。不同于美国的“中高端+邮政”的市场结构，中国快递市场结构是“中高端+中低端+邮政”。中高端市场基数小，增长平稳；中低端市场基数大，高增长，占了近 80%的份额。总体上，中国快递市场成熟度、服务质量、技术水平与美国、欧洲和日本市场有较大差距，主要体现在以下几个方面：

服务产品缺少细化和分层，无法满足弹性、精准、多层次服务要求。近年来，快递业务的快速开展得益于和网络零售的协同，但在与上游电商平台的合作中日益失衡，以通达系为代表的加盟快递企业对电商平台的依赖度普遍超过50%甚至接近80%，难以对现有服务体系进行升级。

服务功能较为单一，同质化严重，无法满足高端服务、增值服务、归纳服务的要求。尽管少数头部快递企业开展了冷链、云仓、快运等服务，但仍处在起步阶段，在高端高值服务、多元化供应链服务、大数据发掘等方面与国际先进水平尚有较大差距。

众多加盟型快递企业末端网络运营压力巨大，随时有崩溃的可能。价格战的压力在很大程度上被转嫁于末端网络。同时，快递服务需求与城市交通治理之间的矛盾、投递服务与城市物业管理之间的矛盾、社区投递场所需求与城市居住环境之间的矛盾造成基层网点落户难、盈余少、管理乱、危险性高，进而引发网点不稳定。快递人员工作强度大、权益保障低、内部罚款多、社会位置低、诉求表达难，又导致快递员高流失。

国际化水平不高，跨境服务能力不足。快递企业服务网络的国际化仍处在起步阶段，顺丰、圆通、申通、百世等虽不同程度地进入了周边国家地区及美国、俄罗斯、澳大利亚等地区，其中顺丰涉足的国家和地区相对较多，但都是点状的服务，尚未形成服务网络，无法满足“走出去”的要求。从需求角度来讲，除了华为等少数企业外，大量本土企业尚未发展到全球化扩张阶段，需求不足以支撑本土快递企业建立全球性网络；从供给角度来讲，UPS等国际巨头经过几十年的布局和深耕细作，早已建立起成本和规模护城河，后进入门槛极高。

制度法规不完善，快递市场混乱。虽然出台了《快递市场管理办法》《快递业务经营许可管理办法》《寄递服务企业收寄物品安全管理规定（试行）》等法律法规，但操作性不强，一方面客户遇到问题难以维权，另一方面快递企业遇到个别客户无理要求或野蛮投诉缺乏执行依据。

为加强我国快递行业的发展，我们提出如下战略。

转型升级战略。推动行业从需求驱动的被动适应向供给驱动的主动引领转变，由“规模扩张”向“质量内涵”转型，由“同质低效”向“结构优化”转型，向产业链的上下游延伸，与更多产业联动协同。推动行业由“要素驱动”的粗放发展向“科技驱动”的精细发展升级，企业运营向智能化升级，服务产品向多维化升级，生产效率向高效绿色升级，行业监管向大数据升级。

服务产品差异化战略。推动物流企业在产品质量、服务可靠性、产品创新等方面展开差异化竞争，丰富与优化供给侧结构，扭转行业服务同质化、单一化趋向，以提升质效为核心，着力提升产业价值和服务产品附加值。

数字化、智能化、绿色化战略。深化大数据、人工智能、物联网、云计算、绿色技术等研发应用，利用创新科技实现可持续的降本增效、安全生产、减排增效，提升客户满意度，提高行业产业链的技术含量，增强行业和企业的竞争力与社会责任感。

利益分配战略。引导与鼓励快递企业健全和完善现代企业制度，建设促进效率、体现公平、科学合理的价值分配体系，激发劳动、知识、技术、管理、资本等诸多要素的活力，提高劳动者的幸福感、安全感和成就感，营造行业良性发展的环境。

五、仓储配送业发展战略

近年来，我国仓储行业发展迅速，经济的持续健康发展和中国物流业的崛起为仓储业的发展提供了巨大的市场。同时，随着制造业、商贸流通业外包需求的释放和仓储业战略地位的加强，仓储行业总资产保持增长趋势，成为继金融业、高新技术产业之后又一新的经济增长点。

2021 年，中国仓储业务总量呈现稳中有升的态势，业务量增速强劲。据《2022 年中国仓储配送行业发展报告》的数据，截至 2021 年底，我国营业性通用（常温）仓库面积约为 12 亿平方米，同比增长 4. 8%。其中，立体库（高标库）约为 3. 95 亿平方米，同比增长 14. 5%。但我国人均现代化仓储（高标仓）面积仅为 0. 1 平方米，远低于美国人均 1. 2 平方米。这些数据显示国内高标仓供给量不足，还有很大的市场拓展空间。

所谓高标仓，是指“高标准仓储物流设备”，高标仓和传统仓的差异在于高标仓选址合理且合规，且建筑结构相对先进和完善，加上计算机、通信和机器人技术的使用，辅以流畅的物流信息规划系统，可实现物流规模化效应、提高拣选效率和准确性，从而降低仓储成本并减少库存资金占用率。基于此，高标仓成为仓储行业的主要发展趋势之一。

仓储业存在的主要问题如下。

仓库布局不够合理。仓储是速度为零的物流，节点布局非常关键。由于缺乏统一的国家标准和专业性规划设计，各地已经建成的仓库区存在许多问题。企业为了满足发展需要纷纷建立自己的仓库，导致仓库数量众多、布局不合理，且因历史原因，仍以老仓库、小仓库为主。其中 70%是原来的平房仓，占地面积大，储存效率低，导致部分地区仓储大量剩余、部分地区仓储能力不足的两极分化局面。

高标准仓储资源稀缺。相比传统仓库，高标准仓库具有空间利用率高、项目选址优越、自动化水平高和合规属性强等特点，能有效提高企业供应链效率。目前，中国高标仓面积占通用仓库总面积的比例约为 32. 9%，整体上处于供不应求的状态。新建项目受制于地方政府供地意愿不足，短期难以大规模增加，传统仓升级改造面临资金成本高、改造流程复杂等难点。

业务模式单一，主营业务营收能力弱。传统仓储业是以仓储租赁服务为主、增值服务为辅的经营模式，传统企业仓储业务营收贡献率低。虽然仓储业务是其他业务的基础，但收入占比不到 10%，加上进出库业务也不到15%；而配套业务中，货代和配送业务贡献了超过60%的营业收入。

仓储用地供不应求，且价格偏高。仓储用地属于工业用地，主要来源于国有土地出让和集体土地租赁。严格的土地管理政策使仓储企业获得土地的难度加大，土地取得成本和使用成本较高。近年来，企业单独征地建仓库很困难，多数企业只能进入土地价格高的“物流园区”。一方面，物流园区因价格高而招商难，造成土地闲置；另一方面，真正需求土地的仓储企业征不到土地。

仓储设备水平和技术发展不平衡。针对仓储需求急剧增长和新型库房数量短缺的情况，配送车辆、集装技术、拣选技术、信息技术等急需改造和提升。自动化技术和信息技术的应用已经成为仓储业发展的重要支柱。在我国1.7万多家仓储企业中，只有20%左右的企业拥有成熟的仓库管理系统（WMS），30%企业仍然没有推广应用先进、规范、适用的WMS。有的仓库仍处于以人工为主的原始管理状态，仓库作业大部分靠人拉肩扛，只有少量机械设备，作业效率相对低下，出错率较高，在承接高端及国外业务时无法提供相应的信息接口。就目前情况来看，软硬件较好的沿海地区仓库信息化水平较高，经济欠发达地区的仓库信息化水平较低；中央级、省级的仓储企业技术水平较高，地县级仓储企业技术水平较低。仓储技术水平发展不平衡状态严重影响我国仓储行业的整体运作效率。另外，有些仓库为了维持日常经费开支，不得不出租库房、专用线等，使我国仓储业的综合效益难以提高。

仓储企业规模偏小、经济效益偏低。由于税负、仓库建造成本、人力成本和折旧成本提升，与其他相关的物流行业相比，无论是净资产，还是收益规模、利润率，仓储企业都是最低的。国内仓储企业总体经营状况不佳，不仅与国民经济的发展状况不相适应，而且与物流行业快速发展的整体态势不相匹配。

法制法规不健全，仓储管理水平不高。至今，我国还没有一部完整的仓库法。同时，仓储行业管理人员的法治观念普遍不强，不善于运用法律手段来维护企业的利益。仓储管理水平不高，资源利用率平均不到40%，导致物流效率普遍低下。中国社会物流总成本中仓储成本占比8.3%，远远高于美国的3.0%，说明仓储效率偏低。

据统计，2018年全国城市配送市场规模约占国内GDP的1.5%，超1.2万亿元，且以每年10.1%的速度增长。市场规模巨大，从业个体较多，但规模化企业较少，因而吸引大量资本入场。

不同于全国联网专业物流公司，城市配送仅提供一个城市从A点到B点的短距离物流配送，通常满足“多种产品、单方收货”，或者“单一产品、多方收货”两种需求，配送物品以数量大、体积大的货物为主。随着“新”零售模式的发展，城市物流不再是简单地从A点到B点，企业对于配送的数量、作业质量、专业化服务水平、全国化布局、个性化定制服务等维度的要求越来越高，基于大数据技术，实现就近仓储、下单、拣选、配送，仓配一体化发展趋势越来越明显。

同时，随着城市产业布局调整、现代消费方式不断升级、电子商务技术广泛应用，以及城市工商业发展模式的多元化，服务敏感型客户正成为城市配送市场的主流目标客户，“小批量、多频次、即时配送”的住宅配送以及“门到门”配送需求日益增长，配送时效精准性要求提升。市场需求高度碎片化、差异化，且伴随电子商务高速发展。“双11”“双12”等购物节活动引发配送活动呈现潮汐特征，高峰期用车需求增长明显，而其余时间货运需求出现回落，对配送系统提出较高要求。

为加强我国仓储配送行业的发展，我们提出如下建议。

构建高效的物流枢纽网络。统筹布局、合理规划，强化基础设施的“连接”功能，保障商流的连接、信息的连接和物流的连接，实现仓储基础设施高标化、柔性化、协同化、智能化、绿色化。

建设高效配送体系。以仓带配、以配促仓，仓配一体化经营，开拓高附加值的服务产品，推动仓储业转型升级。

融入供应链体系。强化合作融合，向产业上下游延伸，积极融入供应链体系，发挥角色优势，推动供应链各主体、各环节的衔接及数据互通互联、资源协同共享。

推动第三方专业仓储配送发展。通过体制改革、资本运作等多种方式，整合各方资源，加快发展一批具有市场竞争力和管理水平高的大中型第三方企业，降低整体社会物流成本，提高物流运作效率。

六、冷链物流业发展战略

随着社会经济的快速发展，居民消费水平不断提高，人们对食品质量和安全性要求日益提高，冷链物流于 2008 年进入快速发展的黄金时期，各种政策规划和行业标准陆续出台，冷链物流开始转型升级，冷链市场的需求潜力不断释放。随着经济水平和城镇化率的不断提升，以及促进消费升级、扩大国内市场等政策的实施，预计未来几年我国冷链物流市场的规模将进一步扩大。

虽然我国的冷链物流也进入升级转型期并取得了迅速发展，但与世界先进水平相比还存在结构性差距，主要表现在以下几个方面。

硬件设施相对落后，行业发展不平衡。由于经济发展的地域性特点，我国冷链物流体系发展失衡，华东、华北、华中、华南区域冷库占了绝大部分，而承担大部分生鲜农产品仓储任务的西南和西北区域冷库严重不足，尤其是原产地区域化生产冷链体系建设滞后，预冷缺乏、“断链”严重。设备种类和功能匹配不平衡，大型冷库设备较多，而中小型的冷库却少了很多。除此以外，我国的冷库设备相对老旧，大部分储存设备功能不全，无法精准控制温度，在对接过程中，因为设备质量良莠不齐，难以满足要求。

冷链行业集中度低，市场化程度低，第三方物流发展滞后。企业规模小，尚无具有超强整合能力和覆盖全国的巨头企业，分散运营无法形成规模效应。

“两高一低”抬升行业成本。冷链行业初期投资成本高，而运营中由于双向物流负荷不平衡，空返率高达98%，单次运输成本几乎是普通物流的2倍，运单价却只高出20%~40%。受此影响，目前我国生鲜冷链市场利润率为8%左右，而发达国家冷链市场利润率达到30%。

相关技术发展先机被发达国家抢占。为减少损耗、确保品质，冷链物流技术正与果蔬等农产品低温保鲜技术深度融合，但我国此类技术发展水平相对滞后。在全球果蔬低温保鲜专利申请竞争力前20强中，多半为欧美国家企业，没有一家中国企业或科研机构。

标准建设滞后且部分标准未严格执行。冷链物流业横跨交通运输、仓储、包装、机械设备、信息化等领域，涉及食品、医药、化工等行业，共有国家标准12项，地方性、行业标准99项。但标准体系建设与贸易新业态、新模式发展不一致，导致上游缺乏标准，行业“小”“散”“乱”现状、技术瓶颈以及基础设施不完善使标准化缺乏依托，加大了标准执行难度。此外，我国冷链物流企业执行标准程度弱，存在较大质量安全隐患。

为加强我国冷链物流业的发展，我们提出以下建议。

统筹规划，构建“从生产到消费”的现代冷链物流体系。统筹规划、合理布局、分步实施、协调发展，出台财政支持政策和物流产业发展政策，建立和完善相关法律、制度与规章，加快建立全国统一的冷链物流大市场及冷链物流运作大体系。建立行业企业利益共享、风险共担的冷链战略伙伴关系和互信、互利的战略联盟机制，有效降低供应链物流的总成本，实现整体利益最大化。

加强技术创新，提高冷链物流设施装备和运营管理的现代化水平。“硬件”（基础设施设备）和“软件”（企业管理）要两手抓，借力大数据、云计算等科技应用，实现运营信息化、操作标准化、温度全程可视化、运输可追溯化。

整合资源，大力发展第三方冷链物流。横向整合冷链物流资源，形成规模效应。实施资本重组运营策略，借助企业兼并、收购和参股等低成本扩张手段，整合社会闲散物流服务资源以实现规模效应，加快发展一批大中型第三方冷链物流企业，满足不同物流市场和客户的服务需求。纵向整合供、销客户资源，建立合作共赢的战略伙伴关系。为客户提供一站式或一体化的综合物流服务，提高第三方冷链物流企业的服务水平、降低成本、创立品牌，实现整合效应。

加快冷链物流的标准化进程。参照国际先进标准制定全国统一的冷链质量安全标准，确定冷链物流网络系统内标准化、信息化、智能化技术标准，促进无缝化连接，有效整合物流网络节点，提高物流网络体系的运行效率。

构建冷链物流政策法规体系，营造健康、良好的发展环境。制定激励冷链物流发展的政策，加大政策金融支持力度，建立财税激励机制。修改和完善我国现行的冷链物流法规制度，建立与冷链物流发展相适应的监管体系，加强冷链物流及相关行业综合治理，规范和整顿物流市场秩序，建立市场准入制度和食品质量安全制度，打破行业、地区的分割和垄断，为各类企业公平参与市场竞争创造外部条件。

七、合同物流业发展战略

中国合同物流主要聚焦消费零售、医药、汽车、电子、危化品等产业，其中消费零售行业占比最高，达到47.3%。消费零售行业分为电商、消费品和生鲜三类，对物流的时效性、全渠道配送、专业冷链运输要求较高；医药行业物流技术及信息系统水平较高；汽车、电子、危化品行业对物流网络覆盖能力、快速响应和运输安全有较高要求。

合同物流市场主体整体上以中小型企业为主，大型企业主要为国企和商流关联企业。这些市场主体大致可以分为以下五个梯队：

第一梯队，年营业额在50亿元以上，大约有10家，基本是大型制造业子公司或者关联企业，大多具有很强的产业背景与属性背景，如上汽的安吉、海尔的日日顺、京东物流等。

第二梯队，年营业额在10亿~50亿元，大约有50家，基本是国企和民企商流子公司，少数为全国性独立第三方合同物流企业，如嘉里大通、希杰荣庆物流、远成物流等。

第三梯队，年营业额在5亿~10亿元，大约有200家，基本上是民营合同物流企业，通常集中服务于3~5个行业、5~10个大型客户。

第四梯队，年营业额在1亿~5亿元，大约有1000家，基本上服务于特定细分行业的1~2个客户。

第五梯队，年营业额在1000万~1亿元，这类企业多数承接大型第三方合同物流企业的分包业务。

国内合同物流企业以制造业和商贸业的物流子公司、大型外企为主，第三方市场发展慢，民营第三方企业规模较小。

从合同物流企业经营范围来看，除了汽车和危化品行业外，超过70%的企业同时专注于两个以上行业。前三大行业营收占比低于50%的企业非常普遍，没有形成专业化方案设计和资源配置能力。

超过90%的合同物流企业的营收处于低增速甚至负增长状态，一些知名企业最近7~8年的复合增长率仅为个位数，甚至是负增长。

合同物流行业当前内部面临仓储成本不断上涨、仓库位置外迁、配送成本大幅增加、人力成本持续提升、政策限制多（如921、市区限行、环保等）、人才流动大等不利情形；外部面临客户要求降低成本，否则会丢标，客户碎片化和个性化需求越来越高，平台公司和跨界公司的低价进入及扩张，资本因见效慢不愿意大规模投入等局面，行业盈利能力差，生存空间被挤压。

为加强我国合同物流业的发展，我们提出以下战略。

融合战略。以技术创新、组织创新为内在驱动力，与货主企业进行战略合作，融入货主企业供应链中，跟货主企业做深度捆绑，实现产业融合、联动发展，获得创新性优化效应、竞争性结构效应、组织性结构效应。

转型升级战略。以适应市场需求为导向，在传统模式上进行多维度升级转型，基于新服务、新技术、新组织、新方式的不断迭代，实现管理数字化、服务综合化、产品多元化、发展智能化，培育增值物流服务、资产物流服务、技术物流服务等具有竞争力和发展潜力的合同物流服务市场。

专业化战略。推动第三方市场的发展，加速行业传统服务专业化、新兴服务专业化、资源要素服务专业化的进程，在目标行业深耕细作，形成强有力的专业服务能力和竞争能力。

联盟战略。基于科技赋能、资金赋能等手段，中小型企业在市场规模、技术分享、资源互补等方面进行深度联盟合作而达到“共赢”的目的，共建合同物流服务生态圈，达到企业优势互补、提高竞争地位、降低经营风险、超常规发展的目标。

八、绿色物流发展战略

绿色物流在我国刚刚兴起，人们对绿色物流的认识非常有限，我国绿色物流的服务水平和研究还处于起步阶段，在观念、政策、技术以及结构上与世界先进国家均存在较大差距，主要表现在以下几个方面。

观念上的差距。一方面，绿色物流的观念还没有完全确立。部分地方对物流的推进放任自流，对绿色物流的开展缺乏前瞻性。另一方面，经营者和消费者的绿色经营、绿色消费意识仍比较淡薄。经营者展现的是绿色产品、绿色标志、绿色营销和绿色服务，消费者追求的是绿色消费、绿色享用和绿色保障，而其中的关键通道——物流环节，却没有引起人们的足够重视。

政策上的差距。绿色物流是经济可持续发展的一个重要组成部分，它对社会经济的发展和人们生活质量的提高具有重要意义。正因如此，绿色物流的实施不仅是企业的事情，还必须从政府的角度，对现有的物流管理体制进行强化，构筑绿色物流发展框架，做好绿色物流的制度性建设。一些发达国家为从政策上引导绿色物流发展，制定了诸如控制污染发生源和控制交通流的政策与法规，从物流业的合理发展布局角度为物流的绿色化铺平道路。自 20 世纪 90 年代以来，我国一直致力于环境污染方面的政策和法规制定，但针对物流行业的不多。另外，由于物流涉及的行业、部门、系统过多，而这些部门又自成体系，独立运作，各做各的规划，各搞各的设计，各建各的物流基地或中心，致使物流行业无序发展，资源配置巨大浪费，且为物流运作上的环保环节增加了过多的负担。因此，打破地区、部门和行业的局限，按照大流通、绿色化思路来整体设计全国物流规划，是我国发展物流必须正视的政策性问题。

技术上的差距。绿色物流不仅依赖绿色物流思想的确立、物流政策的制定和遵循，更离不开对绿色技术的掌握和应用。我们的物流技术与绿色要求有较大的差距：在机械化方面，物流机械化程度和先进水平与绿色物流要求还有距离；在物流材料的使用方面，与绿色物流倡导的可重用性、可降解性也存在巨大差距。另外，物流的自动化、信息化和网络化更是无从谈起。快递行业虽已经实际应用了部分绿色技术，但物流行业整体水平与绿色物流要求仍有着很大的差距。

结构上的差距。由于我国物流基础设施缺少整体统筹、布局不合理，物流活动与欧美先进国家既存在经济效益上的差异，也存在绿色物流效益的差异。部门条块分割、地域保护与割裂导致中国物流基础设施的连接性、延展性和兼容性较差，能耗低的铁路运输和水运比重低，而能耗高的公路运输占比很高，这并不是仅靠提高技术就能解决的。

发展不均衡。邮政快递业在绿色物流的探索与实践方面引人注目，成为中国绿色物流的一面旗帜。无论是在设施设备、日常运作方面，还是在新无人机、包装材料等高新技术的开发与应用方面都走在了前面。同时，苏宁、京东等也积极投入绿色物流领域。与此形成鲜明对比的是，其他物流行业则乏善可陈。这在一定程度上既反映了各子行业的管理思维和基础方面的差距，也反映了其在技术水平、创新精神方面的差距。

为加强我国绿色物流的发展，我们提出以下建议。

加强顶层设计，统筹价值链的利益分配。从整体战略高度协调各子行业的相关规划，理顺各规划间的关系，对现有物流基础设施和新增物流基础设施进行宏观协调与功能整合。统筹分配供应链各环节的利益和责任义务，将流通链条的源头和末端纳入考量范围，构筑绿色物流的良性循环体。

加快制定绿色物流的相关政策和法律法规。出台与绿色物流配套产业、财政、金融、土地等相关政策，通过政府绿色采购、财政补贴、税收扶持等方式激励和引导物流主体的行为，科学引导绿色物流稳步健康发展。针对我国绿色物流发展现状制定明确的、实施性强的法律法规细则，推动物流活动绿色化。

基于科技创新支撑物流产业绿色转型。在兼顾经济效益的基础上，推广高效节能技术，运用绿色技术改造传统物流产业，构建市场导向的绿色技术创新体系和科技支撑体系，借助核心关键技术推进绿色化变革，实现绿色转型。

九、中国物流国际化战略

企业进军国际新市场，一般有出口、授权/特许经营、合作与战略联盟、收购以及创建公司等五种方法（见表 1-10）。每种进入方式都有其优点和缺点，企业需要评估各种方案，以选择最适合其战略和目标的进入方式。

表 1-10　进入国际市场的五种方法对比

进入类型	优点	缺点
出口	快速进入，低风险	掌控不够，对当地了解不足，产品运输可能对环境产生负面影响
授权/特许经营	快速进入，低成本，低风险	掌控较少，被许可人可能会成为竞争对手，当地法律法规环境（知识产权和合同法）必须健全
合作与战略联盟	分担了成本，减少了投资，降低了风险，被视为本地实体	成本高于出口和授权/特许经营，两种企业文化之间存在整合问题
收购	快速进入，运营情况已知且稳定	成本高，与母公司整合存在问题
创建公司	掌握当地市场情况；雇用当地员工从而可能获得内部信息；控制力度最大	成本高，由于未知而导致高风险，由于设置时间长而导致进入缓慢

对于物流行业来说，一般以授权/特许经营、合作与战略联盟、收购以及创建公司四种方法进入国际市场。

1. 世界物流企业国际化历程

全球物流企业前 50 强基本集中在经济发达的欧、美、日等国家和地区。这些企业的国际化历程有着惊人的相似之处。

（1）借助经济全球化浪潮，顺势实现全球扩张

物流行业的发展是市场经济的必然产物，是现代生产力高度发展、技术迅速进步和社会分工深化的产物。作为配套性产业，物流服务的供给与经济和对外贸易增长呈现一致性趋势。在经济全球化背景下，世界各国的贸易依存度持续上升，生产要素在全球的自由流动催生了巨大的物流需求。

作为国际贸易的动脉，物流企业国际化经营成为全球经济发展的必然要求，国外领先的物流企业顺势走向了全球市场，利用资金、技术、经验等先发优势迅速占领海外市场。

这些物流企业有一个共同特征，其大多在做大做强甚至垄断母国市场

后才发力海外市场，如美国联合包裹和联邦快递（FedEx）是在几乎垄断美国市场后，先后于 1976 年和 1984 年涉足海外市场。而且，这些企业都优先选择距离母国较近的国家和地区，或者不存在文化或语言差异的市场，以此为基础积累国际化经验继而打开国际市场。比如，UPS 和 FedEx 都是在拥有充裕资金和在本国占据较大市场份额的前提下，首先选择临近没有语言和文化差异的加拿大作为国际化第一步，其次选择当时世界第二大经济体欧洲作为国际化扩张的第二步。此后，通过一步步兼并收购完成在全球的网络布局。

（2）与本国商贸和制造企业联袂合作、共同出海

伴随着经济全球化，欧美跨国企业逐渐在全球布局生产运营网络和供应链，物流企业也跟随其商业客户进入国外市场，实现了物流产业的全球化。如沃尔玛、麦当劳等跨国公司在进入中国的同时，把服务其的第三方物流公司也带入中国，其他知名国际物流公司如伯灵顿、英运物流等公司都是同其原有客户一起进入中国。IBM、戴尔、思科、通用、大众及惠普等跨国巨头都是这些物流企业的全球协议客户。有的物流企业甚至早于其客户进入目标市场，提前布局深耕。这么做的好处在于，物流企业与其客户之间的联系更加紧密，避免了盲目投资，降低了经营风险，有利于最大限度地获得规模效应。

（3）获取本国政府的大力支持

跨国公司的成长受到母国宏观经济基础、中观产业基础与微观企业能力等因素的共同影响。这些国外物流企业之所以崛起成为当下领先的行业巨头，与其母国强大的综合经济实力、产业发展等因素密不可分。从世界物流企业前 50 强名单就可见一斑：在前 50 强中，有 43 家来自欧、美、日等国家和地区，美国更是占据近一半的份额，为 22 家。这固然与欧、美、日等国家和地区较早发展物流行业有关，更重要的是其母国的经济发展水平远远高于其他地区。在这些物流企业的国际化进程中，其母国政府给予了极大的支持和帮助。

早期，美国、日本等国通过政府间双边谈判进行国际公关，为本国物流企业进入目标市场创造了便利条件。例如，作为美国支持中国加入 WTO 的条件之一，中国授予美国一批直飞中国的航权，UPS 通过政府游说得以成为继 FedEx 之后直飞中国的第二家美国快递公司。

2. 国际物流企业通过收购与兼并实现快速发展

国外物流企业的国际化进程充斥着收购与兼并活动，即使在前期进行合资运作更多的也是市场试探或为了绕过政策壁垒，一旦政策壁垒被打破，一段时间后就会发生收购兼并。虽然兼并收购的成本高，但是可以快速进入目标市场；同时，被兼并收购的标的企业一般运行稳定（相当一部分是并购方与被并购方的合资企业），且在目标市场处于领先地位或位置快速上升。并购方可迅速占领市场，获取市场和财务上的优势。同时，收购兼并是国际物流企业实现规模化经营、扩大服务和地域覆盖范围；获取资产、技术以及管理人才，吸引新客户、增加市场份额、获取专业知识的手段与渠道。

21 世纪的前 20 年，物流行业频繁发生兼并收购活动。除了 2008 年国际金融危机后的两三年略有迟滞外，每年都发生几十起到上百起，交易金额从数百万美元到数十亿美元不等。世界前 20 强第三方物流企业几乎都有过兼并收购的经历。

有数据显示，2000 年至今，快递巨头 UPS 和 FedEx 增长的营业收入中有一半以上来自并购企业。

在 2012 年后两个季度内，共发生了 107 项交易，交易金额达 420 亿美元，全年共发生 193 宗交易，总值 805 亿美元。2014—2015 年，进行了 10 次重大收购活动，总价值达 180 亿美元。

2015 年，全球运输与物流领域并购交易超过 730 亿美元。2016—2019 年，剔除客运业的并购数据，物流业 2016 年发生 161 起总价值 933 亿美元的并购、2017 年发生 206 起总价值 807 亿美元的并购；2018 年，在涉及物流业的256起总金额1266亿美元的并购交易中，有37起总金额113亿美元的并购交易涉及跨区域或跨国界；2019年，在涉及物流业的298起总金额1637亿美元的并购交易中，有44起总金额204亿美元的并购交易涉及跨区域或跨国界。这些跨区域或跨国界的并购交易意味着物流企业进入新市场或者在既有海外市场进一步扩大市场份额。

在这些并购交易中，有许多是影响物流行业格局的大并购案。

2001年，Kuehne & Nagel以3亿美元的价格收购美国USCO Logistics Inc.，趁势踏入北美市场。

2005年，DB Schenker以11亿美元的价格收购了BAX Global，整合其与日本Seino的合资公司业务，统一使用DB Schenker品牌。

2005年，德国邮政以65亿美元的价格收购了英国Excel，后成为DHL供应链的主体，一举奠定DHL在供应链合同物流市场世界第一的地位。

2012年，C. H. Robinson开始进军国际市场，当年以6.35亿美元的价格收购了美国Phoenix International，4年后以2.3亿美元的价格收购了澳大利亚APC Logistics。

2015年，XPO以28亿美元的价格收购了欧洲的Norbert Dentressangle，大大提升了其欧洲业务能力。

2015年，日本邮政以50亿美元的价格收购了Toll Logistics，由邮政服务商向全方位物流服务商转变。

2015年，CMA CGM以24亿美元的价格收购了新加坡海王星东方船运公司（Neptune Orient Lines），即APL。

2016年，联邦快递以48亿美元的价格收购了TNT，这一收购让联邦快递在欧洲的市场份额与UPS相当，两者与DHL一起三分天下。

2019年，DSV以46亿美元的价格收购了Panalpina，成为最大的货运代理企业之一。

2019年，CMA CGM以16.5亿美元的价格收购了CEVA物流。

事实上，有很多并购交易的细节由于种种原因并没有公之于众，并购双方对交易金额更是讳莫如深。比如，2008 年 Ryder Supply Chain Solutions 收购加拿大两家物流企业 Transpacific Container Terminal Ltd. 和 CRSA Logistics Ltd.，得以获取其北美、亚洲和中国业务，就没有公布交易金额及其他细节。据粗略统计，大约 1/4 的并购交易没有公布细节，还有相当一部分交易金额在 5000 万美元以下并购，没有引起行业关注。

物流巨人 UPS 的海外发展史更是充斥着并购活动。1976 年，UPS 首次涉足欧洲市场并在德国设立子公司，但很快陷入用工纠纷，直到雇用当地员工担任经理并调整作业班次才得以解决。1988 年，UPS 收购意大利合作伙伴 Alimondo，同年又收购了 9 家欧洲快递公司，快速占领欧洲市场。尽管这些收购活动大多没有披露细节，但据业内估计交易总额不超过 1 亿美元。结合 20 世纪以来 UPS 的其他收购运作，可以看出 UPS 非常善于选择时机以低价并购获取企业经营主导权和市场份额。

1999 年，UPS 收购 Challenge Air 航空公司，一跃成为拉丁美洲最大的快递货运公司。

2001 年，UPS 以 4.65 亿美元的价格换股收购了货运代理公司 Fritz，后成为 UPS 货运部门班底。同年，UPS 以 1.85 亿美元现金收购了 Mail Boxes Etc，获得 4300 多个美国及海外的邮箱地点。

2004 年，UPS 收购了 Menlo Worldwide Forwarding，收购内容包括 Menlo Worldwide Forwarding 在超过 175 个国家/地区的空运和海运代理业务、其北美服务和设施、其在俄亥俄州代顿的运营中心——Menlo Worldwide Expedite 和 Menlo 全球贸易服务。

2005 年，UPS 以 1 亿美元的代价获取中国外运掌握的合资公司 50%股份以及 23 个城市的运营权，开始直接掌控中国业务。

2011 年，UPS 收购了意大利领先的医药物流企业 Pieffe Group。

2012 年，UPS 收购了比利时电子商务公司 Kiala SA，成功进入比利时、法国、卢森堡、荷兰和西班牙五个国家的商务零售配送市场。

2014 年，UPS 收购 i-pacel LLC，虽然这是一家美国公司，却是同时在美国和英国运营的国际电子商务公司与物流公司。凭借此次收购，UPS 杀入英国电子商务零售市场。

2015 年，UPS 在收购了高价值珠宝物流供应商 Parcel Pro 之后，以 18 亿美元的价格收购 G4S International Logistics（G4Si）的保价包裹业务（Insured Parcel Services，IPS），得以获得 G4Si 在 110 个国家和地区拥有的业务网络。

（1）系统整合

这些物流巨头之所以强大，一个重要的原因是其都不约而同地重视物流技术和信息系统的更新换代，并持续加大新进入市场业务系统的整合力度，将收购兼并的新部门快速融入整体，极大地支持了这些物流巨头在海外开疆拓土。

以 C. H. Robinson 为例，其专有的全球多式联运管理平台 Navisphere 自 2012 年推出后，不断更新迭代。该平台允许客户和供应商进行跨语种、多语言实时交流与沟通。基于互联网的 Navisphere Vision 可以让客户随时查看所有服务和模式下的货运信息，包括货运内容和状态以及预计到达的时间，还允许客户管理自己的供应链，并通过性能记分卡和智能通知识别服务效率的高低；而 Navisphere Carrier 使合同承运人能够访问货物信息、上传文档、跟踪应收款以及在线检查。

2020 年，C. H. Robinson 与微软组建技术联盟，旨在通过数字化供应链监控手段增强实时可见性从而更好地满足客户需求，Navisphere 技术平台通过微软 Azure 云和 Azure 物联网进行部署，物联网设备监控组件可以测量装运中的温度、冲击、倾斜、湿度、光纤和压力等参数，实时向客户提供有关商品的详细信息。当有潜在损坏风险时，物联网设备会及时发出警报。

预计该联盟所承载的投资计划将达 10 亿美元，历时 5 年。

XPO 每年在技术方面投入近 5 亿美元，由超过 1800 名 IT 技术人员开发和维护系统，其中包括 100 名数据家，致力于研究自动化和智能机器、需求预测和分析、定价算法、劳动力规划、路线优化、客户服务及其数字货运市场。2018 年 10 月，XPO 在整个北美洲和欧洲的仓库中部署了 5000 个 Cobot 机器人，以缩短交货时间和提高生产率。

事实上，IT 系统的整合不仅仅是投资金额大小的问题，更加考验企业的是整合能力尤其是时间管理能力。成功的企业整合一般要求在 2 年内完成系统整合，将收购的企业系统完全替换或纳入整体，而超过 77%的整合失败案例都是因为未能在 2 年内完成系统整合。IT 系统的整合成为一个重要的因素。快速整合系统的必要性在于协同效应更快实现，合并后的企业可以迅速恢复日常管理，整合拖延不仅导致利润和生产率的下降，更可能丧失市场机会、丢失市场份额。

一个反面例子是 FedEx 收购 TNT。2017 年 6 月，收购 TNT 一年后的 FedEx 尚未来得及完成 FedEx 系统和 TNT 系统的整合与更新，TNT 系统即遭到源自乌克兰的 NotPetya 勒索病毒攻击，并很快从 TNT 在乌克兰的系统向其他国家的系统蔓延。网络安全研究人员发现，无论受害者是否为 NotPetya 支付了赎金，被感染计算机上的数据都可能被删除。FedEx 历时一个多月才恢复了 TNT 系统的正常运行，但仍然导致 3 亿～4 亿美元的收益损失，使整个系统整合费用上升至近 20 亿美元，延迟了整合进程。由此也影响了 FedEx 之后两三年的股价，其股价最大跌幅达近 50%。

（2）失败的并购整合

2011 年 6 月，DHL 将其所持有的全一快递、中外运速递公司及金果三家公司的全部股权转让给深圳市友和道通实业有限公司，标志着 DHL 退出中国快递市场，意味着其整合全一快递和外运 E 速快递网络与业务的失败。

2009 年，DHL 以 3 亿元收购全一快递，而全一快递在之前与中外运速递合并，DHL 以此切入国内快递市场，期望依托全一快递网络与邮政速递、通达系和顺丰一争高下。该整合始于 2009 年初，DHL 团队早在一年前即以敦豪合资公司的名义进入中外运速递进行前期调研和筹划。DHL 派出的管理团队皆为具有海外背景人士，对国内快递市场缺乏认识和了解，对加盟制民营快递企业的内部管理和文化更是缺少了解。由于之前与中外运速递沟通不畅，DHL 对中外运速递在此桩并购案中的角色带有一定的偏见。在整合初期，大部分中外运速递的管理人员被边缘化，在一定程度上弱化了管理执行力，而 DHL 的管理风格一时难以融入全一快递的企业文化甚至产生一定的负面影响。业务整合不力，市场份额丢失严重，重要客户不断被全一快递旧部带走或抢夺，DHL 引以为豪的信息系统也迟迟无法接入。整个整合过程进展缓慢，DHL 陷入泥潭，有心无力。截至 2010 年末，全一快递、中外运速递、金果三家公司累计亏损约 9923 万元。截至 2011 年 3 月，三家公司总资产只有 2. 17 亿元，合计负债总额则高达 3. 47 亿元。

2011 年初，在充分认识到自身不足后，DHL 管理团队开始物色本地管理人员接手实际运营管理。但 DHL 高层已经失去耐心，着手寻找买家，最终于 2011 年年中亏本甩卖给了友和道通。

DHL 进入中国快递市场的失败固然有市场的原因，但主要原因在于整合过程不力，对中国民营快递企业文化“水土不服”，缺乏前期的准备、应对困难局面的有效解决方案以及足够耐心，面对不利局面，无论 DHL 高层还是当地管理团队都已经失去耐心和信心，以致在并购 2 年后即退出。

这是 DHL 继 2009 年退出美国国内快递市场后再次在国际市场（International market）铩羽而归。

DHL 官方对外更愿意将此次退出归结于中国出台的新邮政法。“新邮政法明确规定，外商不得投资经营信件的国内快递业务，不仅包括独资国外快递公司，也包括合资快递公司；而信件业务占到了我们国内快递总业务的 35%。”

事实上，新邮政法的这些条款，早在 2008 年 11 月十一届全国人大常委会第五次会议审议时就已具雏形。

显然，当时的 DHL 若受困于新邮政法的规定，就不会在 2009 年出手收购三家中国的快递企业。

从内部环境来看，DHL 缺乏与民营快递企业进行价格战的条件。DHL 具有浓厚的德国色彩，决策谨慎、中规中矩，任何市场决策都需要经过亚太区批准。因此，其难以在局部市场的竞争中快速做出决策。同时，相比 FedEx，DHL 在利润和市场份额两者间更看重前者，一旦必须以牺牲利润来获取市场便会踟蹰不前。

内部整合不力又导致了其没有办法及时堵上管理上的漏洞，“飞单”这一快递行业的顽疾在 DHL 治下进一步拖累了业绩，致使成本高企，无法匹配真实营收。

2010 年 10 月正式颁布的新邮政法规定外资（包括合资企业）禁止经营信件的国内快递业务，此业务仍由中国邮政专营。DHL 的起家就是靠文件类业务，在四大快递公司的国际业务中，DHL 的文件类业务占比最高，可以说 DHL 深烙了“文件”基因。因此，信件专营对 DHL 的信心打击最大，成为促成其退出的最大推力。

3. 中国物流业国际化战略

国外物流企业国际化进程得益于全球化大浪潮推动以及本国的政府大力支持，通过与本国商贸和制造业企业联合出海，以收并购的方式完成国际业务的拓展。中国物流企业的出海历程与之类似，具体如下。

（1）“一带一路”推动

2013 年，“一带一路”倡议提出，物流业与“走出去”的产业联动发展，为物流产业转型升级和拓展国际业务带来了机遇。

“一带一路”倡议提出后，沿线国家间的贸易和产品往来日益频繁。截至 2021 年，共建“一带一路”大家庭成员增至 145 个国家和 32 个国际组织；2021 年 1—11 月，中国与“一带一路”共建国家进出口贸易额累计 10.43 万亿元，在“一带一路”共建国家非金融类直接投资 179.9 亿美元。

跨境电商呈现蓬勃发展态势，借此东风，物流企业积极布局。比如，顺丰和爱沙尼亚邮政合作，负责将中国商品运至爱沙尼亚、芬兰等国家；中通与匈牙利邮政合作，开展往返中国跨境电商进出口快件专线业务；菜鸟开通中欧班列（郑州）跨境电商“菜鸟号”专线。截至 2021 年底，中欧班列累计开行数量近 4.9 万列，运输货物 443.2 万标准箱，通达 23 个国家的 180 个城市，重点枢纽间开行数量基本实现双向均衡，综合重箱率达 98%以上。

“一带一路”跨境电商这条渠道为国内物流企业国际化提供了增长点，沿线国家基础设施的互联互通建设，则为物流企业国际化提供了上升空间。自“一带一路”倡议提出以来，我国在“一带一路”沿线国家新签对外承包工程合同额约达 1.1 万亿美元，陆续建成了中缅原油管道、摩洛哥穆罕默德六世大桥、蒙内铁路等设施。在项目开展过程中，对外承包企业一般选用较为熟悉、信誉好的本国物流企业运输物资，因此国内物流企业具有较大优势。中外运的项目物流就是主要覆盖“一带一路”沿线国家及地区，为石化、电力、基础设施等行业的中国对外工程承包客户，提供从中国到海外的工程设备、物资等门到门、一站式物流服务。

（2）追随客户路径

物流企业是重要的生产服务性企业，其对外投资的直接动因在于追随客户、寻求市场。上游客户偏好于选择熟悉的本土服务供应商，国外如此，国内也一样。中国物流企业主要通过跟随上游客户，伴随进出口货物流向、对外工程承包和国内上游企业对外直接投资而拓展国际业务。

伴随货物进出口和对外工程承包方向出海的代表企业是中远海运与中国外运，二者国际化均是采用追随战略。中远海运走的是以贸易航线为先导，以航运及码头等为核心，实行海外区域化统一管理的道路。截至 2022 年 6 月，中远海运在全球运营及管理 37 个港口和 367 个泊位，其中 220 个为集装箱泊位，年处理能力约为 1.22 亿标准箱。中国外运则以客户需求为引领，以综合物流为主业，现有海外网络主要是货运代理型网络，约 80% 的货运代理收入来自出口业务。此外，中国外运的项目物流还服务于“一带一路”沿线国家及地区的对外工程承包项目。

跨国制造业和跨境电商对国际物流及本地化服务的需求是跨国物流企业成长的关键，国外知名物流企业国际化过程就是跟随国内制造商、品牌商出海的过程。近年来，随着联想、华为、沈阳机床、徐工机械等企业进军海外，售后配件和设备管理等环节产生很多物流需求，但是由于地区差异和物流企业自身原因，国内缺少具有相应国际化能力的物流企业。随着电子商务的高速发展，以及经济全球化和“一带一路”倡议的推动，跨境电商逐渐成为跨国物流的跟随者。

跨境电商物流主要有邮政包裹、专线物流、海外仓、国际快递和国内快递模式。邮政包裹网络覆盖范围广，据统计，中国出口跨境电商70%的包裹都是通过邮政系统投递，其中中国邮政占比50%左右，但是邮政物流速度较慢。专线物流是通过航空专线将同一地区的包裹集中发往目的地，再通过当地的合作公司或物流分公司进行配送，南方航空公司、东方航空公司等陆续开通了多条跨境电商国际专线。海外仓是卖家先将商品提前备货到目的国的物流仓库，待客户下单后直接从海外仓发货。国内一些电商平台、国际物流公司、供应链、仓储和快递公司都有经营海外仓业务。

国际快递自建网络，时效高、体验好，但是价格高，一般国内商户只有在时效性要求很高时，才会使用国际快递。国内快递企业在海外布局相对较晚，但是随着“一带一路”建设和跨境电商的发展开始积极发力。比如，顺丰与跨境电商平台敦煌网合作，由顺丰为敦煌网卖家提供跨境电商物流服务。菜鸟和速卖通共同推出无忧物流，提供包括揽收、配送、物流跟踪、物流赔付等一站式物流解决方案；与天猫国际、全球购合作，推出无忧保税和无忧直邮服务，为淘系平台商家提供了多样化的物流服务。德邦物流与东方航空公司展开的“东航跨境直达”合作，面向出口海淘小包裹市场，推出英国跨境电商小包业务。

（3）政策支持

国内相继出台了多项鼓励物流企业拓展海外业务的政策文件，鼓励物流企业学习国际管理经验和先进技术，完善国际航空、海运航线网络以及港口等基础设施建设，加强与东南亚国家的物流合作。其中，有关快递业的政策文件鼓励物流快递企业通过自建、合作、并购等方式设立境外分支机构，优先拓展周边国家业务，服务跨境电商和国内企业境外业务，抓住“一带一路”建设重要机遇。部分关于国际物流的政策文件如表 1-11 所示。

表 1-11　部分关于国际物流的政策文件

发布时间	印发单位	文件名
2009 年	国务院	《物流业调整和振兴规划》
2011 年	交通运输部	《交通运输“十二五”发展规划》
2011 年	国家邮政局	《快递服务“十二五”规划》
2011 年	商务部	《服务贸易发展“十二五”规划纲要》
2013 年	商务部	《关于加快国际货运代理物流业健康发展的指导意见》
2013 年	工业和信息化部	《工业和信息化部关于推进物流信息化工作的指导意见》
2014 年	国务院	《物流业发展中长期规划（2014—2020 年）》
2015 年	国务院	《国务院关于促进快递业发展的若干意见》
2016 年	商务部等	《全国电子商务物流发展专项规划（2016—2020 年）》
2017 年	国家邮政局	《快递业发展“十三五”规划》

同时，相关部门采取了一些具体举措，为物流企业出海扫除障碍，对出海的企业提供资金补助。2016 年，国家邮政局为推进国际航空邮件快件运输，在杭州、郑州、上海等 13 个跨境电商综合试验区所在城市构建航空绿色通道，联合民航、海关等部门简化通关流程，提高寄递时效。2017 年，成都市委出台《关于创新要素供给培育产业生态提升国家中心城市产业能级若干政策措施的意见》。对航空、铁路、航运等多种物流企业出海给予特定运费补助。2020 年，海关总署在北京、天津、广州等 10 个地方海关开展跨境电商企业出口监管试点，新增“9710”“9810”监管方式，大幅度简化申报程序，降低成本、提升效率，推进“快递出海”工程。2020 年，重庆海关结合中欧班列（渝新欧）的货源特点和重庆的外贸实

际，出台了支持中欧班列（渝新欧）发展的十八条措施，在深化国际合作、加大通关力度、发挥枢纽作用、提升班列运能等四个方面提供全方位的支持和服务。

（4）收并购与合作联盟

国内物流企业国际化是以收并购、战略合作以及海外基础设施投资建设为主。如下是综合物流、快递、航空、海运方面的典型海外扩张案例。

➢ 收并购类案例

2016 年，嘉里收购美国著名货运商 Apex Maritime（APEX）51%的股权。

2016 年，嘉里收购西班牙一家报关及货运公司 Bofill&Arnan，S. A. 的货运业务。

2016 年，海航以 60 亿美元的价格完成对全球最大的 IT 产品分销商和供应链服务商英迈国际的收购，使之成为海航物流供应链管理业务的主体。

2016 年，海航以 28 亿美元收购地勤服务集团瑞士国际空港（Swissport），该公司在全球 48 个国家开展业务，每年可处理 410 万吨货物。

2017 年，嘉里收购货运集团 Globalink Logistics。

2017 年，圆通收购国际空运、海运、铁路等货运代理服务商——先达国际，加速布局国际化市场。

2017 年，海航与德国莱法州政府签署协议，收购其在哈恩机场 82. 5%的股权，收购价格为 1510 万欧元。

2017 年，海航与新加坡物流公司 CWT 签订收购合同，借助 CWT 成熟的物流以及商品贸易业务，助力海航拓展国际业务。

2018 年，嘉里收购货运及物流公司 Shipping and Airfreight Services（Pty）Ltd。

2018 年，嘉里收购意大利物流公司 Saga Italia S. p. A. 的多数股权。

2018 年，顺丰以 55 亿元的价格收购 DHL 供应链（香港）、DHL 物流（北京）两家公司的全部股权。

2019年，中国外运以约30亿元的价格收购荷兰KLG Holding下属7家公司。

➢ 战略合作与投资类案例

2016年，嘉里与越南电商Boxme.vn达成合作，负责越南南部的业务。

2017年，顺丰与UPS共投资1000万美元成立环球速运控股有限公司。

2018年，顺丰以1亿美元的价格投资美国物流服务平台Flexport。

2019年，顺丰出资400万美元战略投资缅甸物流公司KOSPA Limited。

2019年，顺丰与印度尼西亚Triputra等本土集团共同成立了新合资公司。

2019年，顺丰全资子公司SFOverseas与AffluentWoods共同出资近700万新加坡元，成立了合资公司GS EXPRESS。

2016年，中通与泰国邮政集团签署战略合作协议，合作发展跨境快递物流以及其他业务。

2016年，中通和美国邮政达成战略合作关系，开拓中美进出口双向快递、物流服务。

2017年，中通和匈牙利国家邮政合资成立中欧供应链管理股份有限公司，开辟欧洲国家，尤其是中东欧地区，往返中国跨境电商进出口快件专线等业务。

2018年，中通快递与柬埔寨国家邮政局、柬埔寨邮政电子解决方案公司签署战略合作协议，共同组建中通快递（柬埔寨）有限公司。

截至2020年8月，菜鸟与燕文、递四方、新加坡邮政、英国邮政、中通、圆通、EMS、IC、斑马等约90家跨境物流企业合作，物流能力覆盖224个国家和地区，跨境仓库数量达到231个。南航货运通过与50多家航空公司签订特殊比例分摊协议，将航线网络进一步深入欧、美、亚、非、大洋洲五大洲的300多个城市。

东航与美国西北车厘子协会达成合作，为国内市场提供生鲜车厘子；与新西兰Oravida达成战略合作，将新西兰的新鲜牛奶直运上海；与秘鲁农业生产者协会签署秘鲁蓝莓进口协议，从秘鲁直飞上海；与宁波签订战略合作框架协议，打造东航物流亚太分拨运营中心。

海航与德国莱法州签署框架合作协议，响应中国“一带一路”倡议，不断加强空港物流业务合作；与 MTA 供应链签署战略合作协议，签约推出跨境电商物流新产品；与墨西哥航空、Cargo jet 等多家航空公司开展特殊比例分摊协议合作，与境外 FLE、HE 等卡车公司签署合作协议。

➢ 物流基础设施投资建设类案例

2010—2011 年，顺丰在新加坡、韩国、马来西亚、日本等中国周边的国家以及地区设立直营网点。

2012—2015 年，顺丰在美洲、大洋洲、欧洲设立营业网点，并在中欧、东欧、美洲市场设立了海外仓。

2016 年底，顺丰成立越南分公司以及胡志明分部。

2017 年，顺丰成立泰国分公司和曼谷分部。

2019 年，顺丰新增自有全货机运营的“成都—仁川”“乌鲁木齐—比什凯克”“乌鲁木齐—阿拉木图”“长沙—达卡”等国际航线。

2017 年，中通在柬埔寨试营业，至今已陆续开通 20 余个快件收派服务网点。

2018 年，中通在柬埔寨建设了当地最大的快递分拨中心，运营能力辐射柬埔寨本土以及周边国家和地区。

2019 年，中通在老挝试运营，规划了 23 个一级网点。

2019 年，中通进入泰国市场，目前已建成曼谷、孔敬、彭世洛、素叻他尼 4 个转运中心。

截至 2020 年，中通在缅甸已建成木姐、曼德勒、仰光 3 个转运中心，分别辐射缅甸北部、中部、南部。

截至目前，菜鸟已建立 eWTP 项目和 eHub 项目。其中，eWTP 项目提供物流、通关、支付和金融等一站式解决方案，现已与 6 个国家或城市建立战略合作关系，横跨亚、非、欧 3 大洲；eHub 项目致力于打造提供航空货物仓库和配送中心服务的开放式物流平台，现已宣布建立吉隆坡、中国香港、阿联酋、列日四大 eHub 项目。

东航陆续开通“上海—宁波—法兰克福—宁波—上海”航线、“上海—洛杉矶—圣地亚哥—宁波—上海”航线，以及“利马—上海”“智利—宁波”“郑州—洛杉矶”等多条产地直达航线。

南航在欧洲、北美、澳大利亚、日本等地区建立卡车联运网络。在欧洲，南航通过阿姆斯特丹、法兰克福等城市的卡车联运，将货物送达西欧、北欧、东欧的 100 多个城市；在北美，南航通过芝加哥、洛杉矶等城市的卡车联运，将货物送达美国波士顿、休斯敦、西雅图等北美 100 多个主要城市。

此外，南航还开辟了 12 条全货机航线，从上海、广州始发，连接重庆、合肥，通往阿姆斯特丹、伦敦、法兰克福、洛杉矶、芝加哥、胡志明和河内。

4. 物流企业国际化任重而道远

目前，国外物流市场已基本被垄断，以快递业为例，全球三大市场中的美国、欧洲已经被 UPS、USPS、FedEx、DHL 等老牌物流公司占领，日本市场则被雅玛多、佐川急便、日本邮政垄断，国内物流企业要进入已十分困难。

总体而言，国内物流企业国际化经营水平较低。全球物流企业前 50 强中，国内物流企业只有中外运、嘉里物流和上汽安吉物流上榜。与高速增长的国际贸易相比，我国尚未形成与之匹配的全球物流和供应链体系。中国的产品已经出口至 220 多个国家和地区，但国内尚无一家物流企业具有全球递达能力。

国内的物流企业规模偏小，不仅不具有规模优势，难以承担大型业务项目，而且附加值低、业务面单一，难以形成完整的物流产业链。根据麦肯锡的研究数据，美国和德国是全球连接能力最强的国家，而中国的全球连接能力只有它们的一半。主要国家/地区快递市场发展概况如表 1-12 所示。

表 1-12　主要国家/地区快递市场发展概况

细分市场	市场发展概述	市场比重
美国市场	美国市场前三大快递巨头 UPS、USPS、FedEx 占领了美国本土快递市场份额的 90%以上。 USPS 覆盖全美各个地区，FedEx 与 UPS 在全球所有国家和地区的覆盖率在 95%以上，为全美国以及全球 220 多个国家和地区提供邮政快递服务	北美市场 占比接近 20%
欧洲市场	近 3/4 的欧洲市场被德国、英国、法国、意大利和西班牙 5 个国家占据，主要企业为 DHL、DPD、GLS 和 Hermes	欧洲市场 占比约为 10%
中国市场	顺丰、三通一达、邮政占据主导地位，2021 年快递领域市场集中度 CR8 为 80. 5%	亚洲市场 占比约为 70%
日本市场	市场集中度非常高，CR3 超过 90%。目前，已经形成雅玛多、佐川急便、日本邮政寡头垄断市场	

虽说国际化前路漫漫，但中国物流企业国际化还是取得了不少成果。这些出海的物流企业大多选择文化差异较小的东南亚地区或者华裔人口较多的国家或地区，通过建立物流基础设施、收并购、与本土企业合作等多种方式，不断拓展物流网络。同时，我国物流企业积极谋求与国内外上游企业的合作机会，增加业务量，保证营收和利润，维持当地机构的正常运营。

可以说，我国物流企业在周边国家已顺利立足生根。基于“一带一路”倡议的推动、国家相关政策的扶持、上游企业以及自身实力逐渐增强，我们相信我国物流企业在周边国家将取得长足发展，并逐步向其他国家拓展，最后形成辐射全球的物流网络。

第四节　迈向物流强国的政策推动建议

一、产业政策建议

1. 完善物流产业规制与标准、健全物流业基础设施

建立健全物流法规制度以及管理、设备、技术、信息、作业等方面的

标准。基于管控机制与优惠政策，督促物流企业贯彻落实标准化操作，带动物流产业与国际接轨。

加强交通基础设施建设，完善运输网络，使不同运输方式高效有序无缝对接，以提高整个物流运作系统的效率与兼容性。加强公益性、节点性物流基础设施建设，并与城市发展战略、经济发展规划相结合，谋取综合社会效益。

2. 优化物流业产业结构，推进物流产业市场化、信息化进程

优化物流产业结构，推动其由劳动密集型向技术密集型产业演变，加快对大数据、人工智能、区块链等高科技的应用，降低物流业成本，推动物流业高质量发展。结合国家产业结构与经济发展布局，使物流产业真正融入区域产业布局、经济结构、城市规划。

鼓励物流企业“走出去”。支持物流企业以开展境外并购重组、合资合作等方式“走出去”，积极参与全球物流市场竞争。积极探索国有企业和民营企业深入合作方式，联合国家投资的公路、铁路、水路、民航等物流基础设施建设项目，走出国门。简化项目审批程序，对符合条件的物流企业，提供相应的资金支持，对“走出去”的物流企业提供相关信息和法律服务。

3. 发挥物流业产业联动优势、提高资源配置整合水平

加强纵向整合，推动制造业、电商与物流产业的联动发展。为此，要求物流企业提供一体化、专业化服务，深入嵌入生产制造业和电商的价值链中，满足其对物流服务的需求。

加强横向整合，推动物流产业内部企业间的资源整合，形成物流企业集群，以更好地满足客户专业化、多元化服务需求。

4. 促进物流业体制机制改革创新

深化物流服务对外开放。推进铁路、航空等运输服务开放，选择部分班列、航线进行试点；推动多式联运发展，选择部分物流枢纽城市进行

试点。

加快内陆地区物流市场对外开放。以内陆地区铁路、航空枢纽城市为依托建立内陆国际物流枢纽，提升中西部地区物流企业服务全国与对接国际的能力。

5. 培养专业型物流人才

鼓励学校根据所在区域内物流产业实际需求开设相应专业与课程，鼓励将物流理论教育与企业实践实习紧密结合，并加强职业资格认证。

促进与国外科研机构、物流企业的交流及合作，引入更多国际先进的技术研发、物流咨询等资源，孕育更多能适应国内、国际物流产业运作的创新型、复合型物流人才，带动产业发展。

二、投资、融资政策建议

1. 缓解物流企业投资、融资压力

投资符合发展规划的物流基础设施建设并租赁给物流企业经营，减轻企业一次性投资压力。加大财政补贴、贷款援助、风险投资和直接融资力度，解决物流企业车辆设施、装卸设备、大型专业物流设备和技术引进等的资金投入问题。

开展物流企业社会信用评级工作，在金融机构内共享物流企业信用信息，引导商业银行在防范资金风险的前提下，以信用记录、市场占有率、企业实际情况等为参考依据，给予物流企业信贷支持。

支持物流企业上市、发行债券，允许有发展潜力的物流企业发行不同期限的长期债券和股票挂牌上市。鼓励中小型物流企业在创业板发行股票融资。在区域性物流中心建立“二板市场”，为区域物流企业提供筹资渠道。

2. 开拓物流企业融资新渠道

设立国家物流发展基金。由政府部门、行业协会、各类基金机构、大型物流企业共同建立国家级与地区性专项政策性担保机构并进行专业化管理，建立物流行业“互保”“联保”机制。

建立“中国物流银行”。由相关政府部门、金融机构、物流企业共同参股，多方面筹集资金，实行市场化运作，服务于物流企业，调节企业资金余缺，开拓物流企业融资新渠道。

围绕物流企业运营资金需求，重点发展动产融资等新型工具，利用大型物流园区、物流交易平台等，发展第三方融资质押平台和创新监管机制，合理防控供应链金融风险，为物流企业提供多样化融资工具。

三、税费政策建议

1. 完善税收政策，统一税率

出台适合物流业发展的税收政策。通过企业现状调研与投入产出模型测量，综合考虑理论值与企业实际情况，逐步实现各环节使用统一的发票，设定并统一物流业税率，避免多档税率并行难以区分与监管，促进物流企业向综合性服务企业转型。

2. 降低所得税税率，给予针对性优惠政策

参考其他国家的所得税税率政策，结合我国物流企业税费现状及产业发展规划，对企业所得税税率进行科学评定及合理调整。

鼓励企业建设现代物流园区、创建绿色物流体系，并针对此类物流企业实施所得税附加优惠政策。依托附加优惠政策，推动国内更多物流企业向现代化、绿色化转型。

加大中西部物流基础设施建设用地税率的政策扶持力度，鼓励更多物流企业向中西部发展并布局，实现东部与中西部地区物流平衡发展。

拓宽延展税收减免政策的覆盖范围与期限。例如，将土地使用税减半征收政策的适用范围拓宽至所有商品仓储设施用地。

四、监管政策建议

1. 统一监管标准，促进监管与执法分离

在全国范围内建立统一监管标准与规章守则，促进各省内、跨省间的监管执法部门共享信息、联合执法。积极探索监管与执法分离，以弱化监管执法人员的自由裁量权。

2. 建立负面清单市场准入机制

确立物流领域的监管信息记录制度与违法违规企业黑名单制度，由监管部门对被列入黑名单企业实施常态监督与重点监管，并通过取消相关资质、经营者禁入等系列措施，加大对违法违规企业的惩处力度。

3. 建立社会化治理机制

加大对物流市场以及物流活动安全、服务质量以及资源、环境等方面的监管力度，加大对物流市场不正当竞争和各种垄断行为的监管力度。联合行业协会、征信机构、保险金融等中介服务组织，积极发挥各类组织在资质检查、标准实施、经营行为记录、信用评估等方面的监督作用。利用保险费率、贷款利率、对标评估、信用评价等经济杠杆和行业自律手段，加快形成规范有序的物流市场竞争格局。

4. 规范征税界限，加大重复纳税监管力度

对物流企业征税界限进行统一划分，加大易产生重复纳税风险环节的监管力度。加强监管部门自身建设，贯彻落实政策的纵向深度与横向广度。公开物流企业的征税详情，对容易产生重复纳税的环节进行完整记录，并基于信息互通，避免已经纳税的环节重复征税。为企业提供反馈申诉的渠道，确有重复纳税的给予返还。

第二章

变革：从供应链变革看“新”零售

第一节　中国零售业的差异化路径

中国经济得以快速发展，离不开“三驾马车”的共同推动。近年来，出口、投资和消费对于 GDP 的影响作用出现了结构性差异，消费成为主要拉动因素。2021 年，最终消费支出对于 GDP 增长的贡献率达到了 65. 4%，高于投资、出口。消费是生产的最终目的，是引导经济发展的原动力。在整个消费体系中，社会零售总额包含了线上与线下的零售额，代表了全社会的最终消费总额。随着互联网社会渗透率不断提高，网络零售进入了发展快车道，对整个社会零售业的发展越发重要。

2021 年，全国网上零售额达到 13. 1 万亿元，比 2012 年增长了 9 倍。尽管如此，网络零售额在整个社会零售总额中的占比依然十分有限。以实物网络零售额为例，其占社会零售总额的 24. 5%左右，占 GDP9. 5%左右，大部分消费支出还是来自线下。网络零售有着较大的增长，是相较于平稳发展的社会零售而言的。但是线上零售增速放缓日益明显。对网络零售的过度聚焦，易导致公众认知的偏差，只有将其搁置于社会零售的整体框架内，才能更好地理解与观察中国零售业的发展。2016—2021 年网上零售增速与比重变化情况如图 2-1 所示。

传统对于零售业态的划分，包括百货商店、连锁商店、超级市场、无店商铺等形式。不同零售业态有着不同的商品属性差异，百货商店强调对于服装、首饰、鞋包等商品的集中，而连锁商店（便利店、超市、专业店

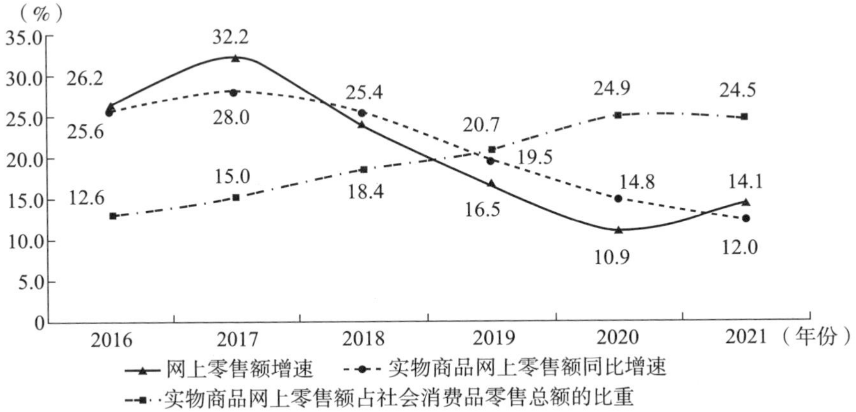

图 2-1　2016—2021 年网上零售增速与比重变化情况

资料来源：国家统计局。

等）、超级市场被统称为“商超”，倾向于在日用品、食品等方面的供应。

从物理性能上进行划分，除了传统的线下零售业态外，今天还有无店商铺，即狭义的网络零售。在网络零售中，既有百货属性的服装、鞋帽等，也有商超属性的日用品、食品等，网络零售将不同属性的商品串联至同一时间、空间中。在整个在线化过程中，百货、商超两类不同属性的事物却出现了截然不同的两类结果。究其原因，是背后不同供应链模式的差异性所导致的。对于百货与商超在线化改造过程中的不同发展路径，以下分别展开剖析讨论。

第二节　百货困境中的路径改造

中国的百货商店兴起于 20 世纪 80 年代中后期，人们生活水平的提高、购买力的增强，促进了以百货业为主的大型零售企业的发展。

中国百货商店的热启动阶段，处于市场经济发展初级阶段，商品供给有限，处于卖方市场，只要能生产就能完成销售，供应链的整个链条是固定的，无须加载太多的约束条件。

一、百货业的线上再造

随着互联网的普及，网上零售兴起。传统零售业供应链链路冗长的弊端开始显现，主要体现在以下两方面：一是逐级加价虽然满足了各节点参与者的获利需要，但最终需要由末端消费者来承担溢价。这一过程没有创造新的服务和价值，但价格被人为地拉高了。二是无法及时获得末端的信息，如商品的销售情况、客户反馈等信息，易造成产品过剩或短缺，这对于前端供应的影响是致命的，加上“牛鞭效应”的作用，直接影响了整个供应链的效率，如图 2-2 所示。

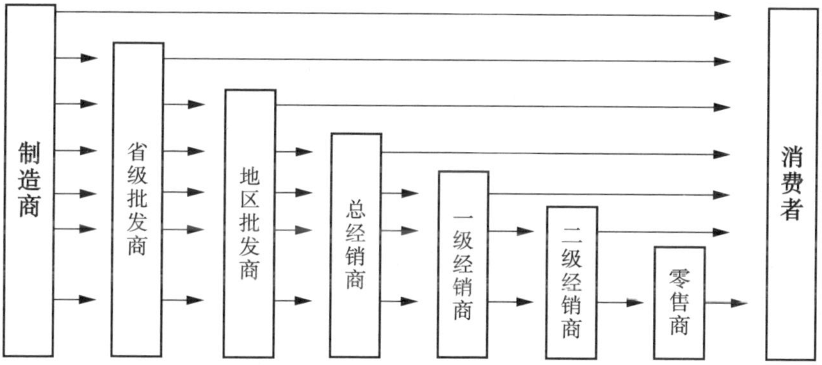

图 2-2　传统零售链路的多层级

网络零售实际上是对传统零售供应链的改造。依照京东创始人刘强东的说法：“按照传统商贸流通规律，商品搬运平均达到 8 次以上，优化的目标则是不断减少搬运的次数。”由此可见，网络零售缩短了渠道、降低了成本、提升了效率。对于网络零售而言，最大限度地去除中间环节、提高运输效率、优化 SKU 等，是现代线上零售供应链的核心要素。网络零售的短链路如图 2-3 所示。

依照供需两端主体进行分类，存在两类主流模式，即 B2C（Business to Consumer）与 C2C（Customer to Consumer）。B2C，就是我们经常看到的供应商直接把商品卖给用户，也就是通常说的商业零售，直接面向消费者

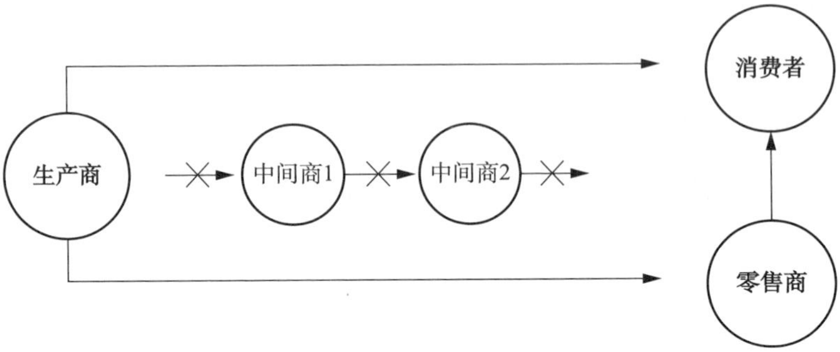

图 2-3　网络零售的短链路

销售产品和服务。C2C，就是客户自己把商品放到网络上去售卖，是个人与个人之间的电子商务。这里的 B 是指企业（Business），而 C 则指消费者（Consumer）。

在 C2C 模式典型代表淘宝的平台上，活跃的并不是那些个人商铺，而是事实上的实体经营者，因此 C2C 定义实际上是被异化为平台上无数卖家与无数买家的一个通俗称呼，且被沿用到天猫平台。

在供应链视角下，我们对 B2C 和 C2C 做一个特别的定义，以区别于一般意义上的表述（见图 2-4）。对于京东而言，其自营平台的商品入京东的仓库，在运输网络体系中，由京东作为单一主体向众多客户进行配送，这类结构被称为“B2C”（Base to Core），即“点—面”的辐射链接结构；而对于淘宝和天猫而言，则只是扮演信息展示、交易撮合、信用中介的角色，仅提供服务支持。平台上的商家往往分布较广，且是不同主体，其寄送对象有着较广的地域分布，在整个收、派过程中呈现为“任一点到任一点”的弥漫性网状链接结构，由此在供应链视角下被界定为 C2C（Core to Core）模式。为此，后文均基于供应链视角的模式分类（B2C&C2C）来进行分析。

B2C 与 C2C 两种不同的电商发展模式在中美两国演绎了完全不同的结果，这是由两个国家不同的产业结构所造成的。美国在过去几十年去制造业过程中逐步空心化（这是美国社会物流成本 GDP 占比低的一个重要原

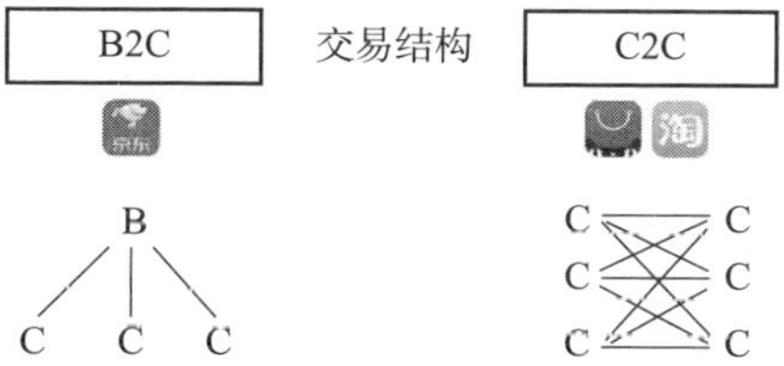

图 2-4　供应链视角下的 B2C 和 C2C

因，另一个原因是能源结构问题），主要靠外部输入（外贸逆差的主要原因），建立巨型仓储（沃尔玛、Costco）进行销售；而线上则是 B2C（亚马逊）模式。

因为中国是世界制造工厂，当淘宝开张时，店铺里卖的不是“爷爷的眼镜”①（ebay 卖家），而是那些产能过剩、订单不足、作坊式外贸企业所生产的产品，淘宝实现了从工厂到用户的链路优化。

以圆珠笔产业为例，在桐庐有制笔及配套企业 992 家，全行业总产量 76 亿支，全世界人均一支，销售收入达 62.8 亿元。当网上订单产生后，通过通达系快递企业从桐庐发出的快递 48 小时内就可送达全国用户手中，而通过集中仓储管理再拣选发运，就成了重复操作。

因此，透过现象看本质，中美两国电商发展模式差异是由其内在生成性条件所决定的，而并不是某一企业、组织或个人所能创造与决定的。

由表 2-1 可知，去除汇率因素，亚马逊的营业规模将远低于京东、阿里巴巴，之所以有这样的结果，是由中美两国物流企业承载能力决定的，而图 2-5 揭示了其背后的原因。除 2020 年存在特殊扰动因素外，其余年份中，美国快递包裹增速均较低。Pitney Bowes 预测，从 2022 年到 2027 年，美国快递包裹量每年增速将在 5%~10%。快递的低增速直接抑制了美国线上零售的发展，如果没有 USPS 政府补贴下的服务支持，亚马逊目前 10%以上的增速将难以为继。

① 《变形金刚 1》中，山姆曾祖父的眼镜蕴含了火种坐标。在影片中，该眼镜被放在 ebay 上销售。

表 2-1 亚马逊、阿里巴巴、京东营业规模及增速对比

企业	指标	2020 年	2021 年	2022E	2023E	2024E
亚马逊	营业收入（百万美元）	386064	469822	521017	600702	690981
	营收增速（%）	38	22	11	15	15
阿里巴巴	营业收入（百万元）	509711	717289	853062	885855	994214
	营收增速（%）	35	41	19	4	12
京东	营业收入（百万元）	745802	951592	1069398	1266110	1456369
	营收增速（%）	29	28	12	18	15

资料来源：各公司财报。

亚马逊除了订单履约中心（仓）能力绝对领先外，其干线运输和配送几乎全部依赖于外部资源，特朗普的指责使中国的物流从业人员及相关专业人士不得不直面亚马逊的实际物流能力。①

2018—2021 年中美两国快递业务量增速比较如图 2-5 所示。

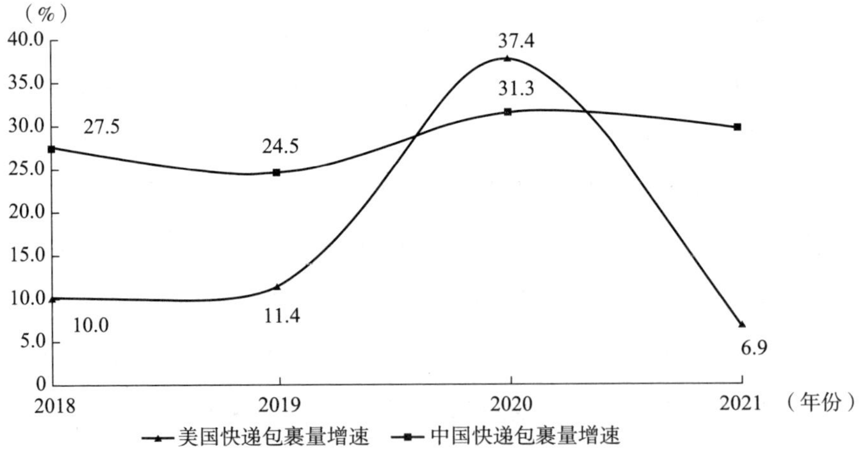

图 2-5 2018—2021 年中美两国快递业务量增速比较

资料来源：Pitney Bowes 包裹运输指数。

① 特朗普曾在公开场合多次指责亚马逊，包括其对于线下实体零售的冲击、逃避缴税等多个方面。

二、发展历程回顾

在网络购物的发展初期，电商供应链模式遇到3个根本性问题：支付、配送、信用，其中最为关键的是线下配送体系的建立。

在此需要特别提一下落地配物流公司的历史性作用，以更好地理解物流供给对于网络零售的巨大作用。落地配作为支撑初期线上零售的主要力量，经历了三个重要发展阶段。

第一阶段是试水阶段

当8848和当当、卓越开始运营时，最大的困扰就是在全国找不到合适的配送公司。当时，一方面线上支付没有普及，另一方面为了让C端消费者放心而让渡权力，代收货款成为对配送公司的基本要求。此时各地的快递公司能力普遍较弱，管理水平有限，加之没有现代技术控制手段，产生了大量坏账。在不得已的情况下，电商企业开始采取预付货款方式，同时在“北、上、广”等量级较大的地区采用分区制。一方面是为了减轻配送公司的资金垫付压力；另一方面是为了分而治之，加强对服务的控制。

第二阶段是专业落地配兴起阶段

电商企业在配送商品过程中为了凸显自身优势，将一些过分要求强加于配送公司。然而，代收货款的复杂性、垫付资金的压力、试穿试用的时间成本、所谓“半成功”的需求，以及电商公司对于成本的严苛控制，使得落地配的发展举步维艰，勉强维持生存。

直到2004年电视购物兴起，落地配得到了一次大发展的机会，28元的石头可以卖到1028元，达成交易的效率至关重要。电视购物企业对于物流费用极其慷慨，目的是促使其以最快速度上门完成交易，避免客户放弃冲动消费。当电视购物衰退后，这些产能为传统B2C电商所用。

第三阶段是强化壮大阶段

落地配最大的发展机遇出现于2011年，阿里巴巴在这一年掀起了声势浩大的仓干配运动，也就是第一次“千亿计划”，大量订单和补贴让各地的落地配公司迅速壮大，最大的标志是可以和快递企业一样实现省内基本全覆盖。但是，当阿里巴巴发现落地配的扩张能力和扩张速度存在局限性，不得不依赖于通达系快递时，落地配运动在2012年底戛然而止。

经历了这场运动后，市场上的落地配运力出现过剩，此时的当当、唯品会则成了“唯二”受益者。尤其是唯品会，彻底打开了三线以下城市的物流供给，更是在之后的两年达到了高潮。

2013年，凡客的自建物流如风达成了抑制其发展的最大瓶颈，历经一系列成功的营销，供应链能力却成为其死穴，据报道，当时如风达的日单量未能突破35万件。这不是简单的资本或产品理念可以解决的问题，供需关系是一枚硬币的两面，营销在踩油门，而供应链则是在踩刹车。

三、传承改造：B2C

B2C平台通过自建物流体系，可以确保优于同业竞争者的用户体验。这一物流模式不是凭空创造的，更多的是对于先前B2C落地配模式的借鉴与发展，但其固有的弊端还是较为明显，主要体现在以下几个方面。

首先，居高不下的订单履约成本，进一步影响了自营平台毛利率。采用单一的自建物流形式，仓储、包装、分拣、转运、配送等各个环节都需要投入大量的人、财、物，重资产模式削弱了B2C平台的盈利能力。

其次，仓干配体系的核心优势在于计划性配送的稳定性和确定性，但由于结构性配置问题，在一定程度上反而成了负担。自建物流的前提是要在不同区域设置不同的品类仓，单体仓储对于场地面积要求严苛。如果一个顾客的订单同时涉及家电、酒水、图书和家居等品类，就需要同时调动不同品类仓来做分单处理。

针对自营商城和自建物流碰到的发展瓶颈，解决之道就是寻求开放的平台模式，如凡客有V+，当当、亚马逊开始开放第三方卖家入驻。比较成功的则是京东，在其建立了 POP 平台后，接入通达系快递物流，不仅整体供应链能力得到了极大提升，而且海量的第三方卖家为平台带来了营收增长。

同时，京东自营部分的物流供给借助了社会力量，在京东控股“达达”之后，直营业务增量部分和各类脉冲式大促活动，譬如“6・18”，都依赖于“达达”背后高度弹性运力的支撑。“自有+社会”的运力结构支撑起了京东的高速发展，并得以实现跨越性扩张与发展，其规模已远超亚马逊的全球零售规模。

四、风生水起：C2C

零售视角下的 C2C，是指“个体—个体”模式；而供应链视角下的 C2C，我们将其定义为“点—点”以及所组成的弥漫式网状分布结构，无论是天猫、淘宝还是京东的 POP 平台，均为供应链视角下的 C2C 模式。

淘宝的崛起爆发，其中最为关键的是作为支付工具的支付宝在功能上创造性地叠加了“担保交易”这一项制度设计，使得“三通一达”这些没有能力提供代收货款服务的物流企业成为有效供给。

“三通一达”早在淘宝成立之前就已完成了全国性网络布局，而 2005—2006 年，顺丰还是一家区域性快递企业，刚在华东和华北地区布局。因此，淘宝的“任一点至任一点”服务需求与“三通一达”的网络高度耦合，一发不可收。

遗憾的是，当时的邮政体系虽然具备全国性网络，但由于结构性缺陷和信息技术的落后失去了这一历史性发展机遇。时至今日，邮政依然无法重新获得相应的市场份额。

淘宝与“三通一达”之间的关系就是经济学上最基本关系——需求和供给的体现。在初期，快递企业的产能建设速度稍慢于淘宝，之后一直处于高度匹配的均衡发展中，并于 2017 年实现增速反超。拼多多的加入并没有使物流供给出现短缺，也避免因传统电商自身增速放缓而给互联网分析师们以“物流是电商瓶颈”的口实。正如马云先生所言，“中国快递是个奇迹”，阿里帝国正是建立在这个奇迹之上。

C2C 供应链优势给阿里巴巴带来了规模和效益上的巨大优势，但相较于京东的局部最优策略，在最后交付的消费者时效口碑上不如京东。

由于产业带的自然分布，生产者与消费者客观产生了物理距离，以“三通一达”的能力及成本限制，24 小时内将包裹送达用户手上的比例只能 40%，“时效提升”成为阿里巴巴的强烈愿望。在此背景下，中通快递适时提出了“次日可达”策略，帮助电商平台满足消费者的不同需求。

对于消费者而言，基本逻辑是在价格敏感度和时间敏感度之间寻求平衡，基于外部条件和自身消费能力做出理性判断。在价格无差别的条件下，自然是越快越好。但如果存在价格差异，就会对时效产生更大的容忍度。这就是为什么有人依然用集装箱进口大批量红酒而非随机购买，我们称之为“价格敏感度优先的计划性消费”。

从图 2-6 中可以看出，价格敏感度与时效敏感度成反比，极端的时效要求只有在便利店、杂货店才能得到满足。

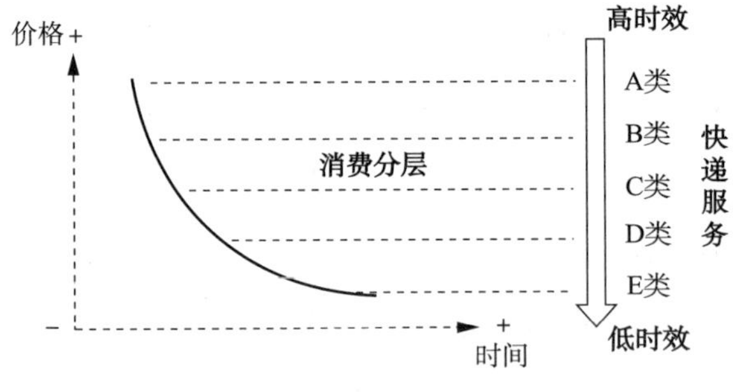

图 2-6　快递服务的价格—时效矩阵

过于强调时效，实际上是不理性的，且有误入歧途之嫌。我们不妨来看看之前国美、苏宁的物流供给模式：当时的商品供给是门店化的，商品陈列与库存于同一空间内完成，消费者于门店完成支付、提货后，出了门店就有三轮车、板车等运力可进行实时配送，从效率来看最为快速。但这种模式显而易见并不经济，分散的运力需求无法集中议价，缺乏与承运方的议价能力，因此迅速被国美、苏宁的集中配送模式替代。国美、苏宁当初的仓店一体，推高了店面成本，限制了商品数量。单一的门店，承担了销售、展示、仓储、运输等一系列职能，过多的功能加载限制了商品的丰富性与门店的扩张。单一追求时效目标，并不符合消费者的多层次需求，也不能很好地解决集约性问题，反而会约束自身的发展。

五、百货路径的供应链回顾与总结

从百货路径的供应链体系来看，针对不同模式，有着各自不同的安排，以 B2C 的京东和 C2C 的淘宝、天猫为例，就 B2C 的仓干配和 C2C 的网络型快递做一个总结分析，明确不同模式下的物流配送差异及优劣。

一是服务半径。作为仓干配的 B2C，只有小范围的区域覆盖，末端往往借助落地配来完成交付。但是落地配都是以省为单位，各省之间的落地配相互区隔，理论上每个省都需要有仓。支撑 C2C 市场的网络型快递，却能突破行政区域限制，实现跨区域覆盖，对于任意地点的仓库发运需求都能实现在 24 小时覆盖 500 公里的半径区域、48 小时覆盖 2000 公里的半径区域。

二是处理能力。落地配普遍规模小，对于货件的处理能力缺乏弹性，人员、设备的安排固化，而通达快递在面对如“双 11”大促活动时依然能稳妥处理。

三是运输向度。对于落地配或交付物流而言，直线化单向度配送提供退货服务的成本极高、效率极低，无法提供真正有效的逆向物流。但快递则能依靠灵活的收派机制，轻松实现逆向物流，变运输向度为双向，以满足客户、商家的退换货、返修等需求。

四是链接能力。对于 B2C 的配送网络而言，省与省之间缺乏正常的业务链接，对彼此间的调货、运输、运力补充造成困难，网络合力无法发挥；而快递网络是一张充满链接的网络，彼此间点对点连接形式进一步强化了协同、增进了合力，充斥着资源流动性。

除了以上几个方面外，二者在揽收能力、信息化水平、干线能力、单位成本等方面也存在差异，如图 2-7 所示。

	B2C物流（落地配）	C2C物流（快递）
半径区域	短、省内	长、跨行政区域
处理能力	弱、弹性小	强、弹性大（“双11”）
揽收能力	极弱、单向计划性揽收	极强、双向随机性揽收
逆向物流	无	极强
生存能力	脆弱、极度依赖1~2家客户	强大，以网养网、网络协同
非标服务	强	弱
区域深度	小、浅	大、广、深
信息化能力	弱、碎片化	强、完整性
区域干线运输能力	无	有
单位成本	高	低

图 2-7　B2C 物流与 C2C 物流对比

通过以上比较分析，可做以下两方面重要总结。

一方面，不同电商模式有着相适应的物流配套形式。对于京东的 B2C 而言，计划性仓干配，解决了标品的标准化管理与配送问题，用户的体验得到充分满足。但基于资源、能力等方面的限制，无法实现整体的最优，仅能聚焦特定商品、维持特定区域的优势，从而限制了自身外延性发展。作为 C2C 的天猫、淘宝，所采用的社会化物流从一开始就基于平台商家的空间分布（广覆盖）、商品属性（非标）等，物流安排符合平台属性，但面临的问题是服务的稳定性。

另一方面，不同模式下的物流模式选择，对于供应链的整体改善存在程度差异。C2C 模式中的快递服务，对“工厂—消费者”整个链路中的时限和环节进行持续优化，对于整个零售而言，特别是传统百货业，是实质性变革。

第三节 商超路径：几经波折后的觉醒

20 世纪 90 年代，国外商超模式被引入国内，同时将其配套供应链体系带入中国，为传统的供给模式带来了革命性改变，并形成了自身的竞争优势。无论是小体量的便利店、专业店，还是大体量的超级市场，作为商超体系，即使具有最广覆盖、最丰富商品的供给特点，背后依然需依赖供应链这一关键要素。

一、1 号店的挑战

2008 年 7 月，1 号店网站正式上线，为顾客提供一站式网络购物服务。1 号店建立初期，旨在实现线上销售商超的商品，通过削减渠道层级、降低场地硬成本、直接物流配送获得优于线下商超体系的发展。1 号店希望通过互联网企业擅长的补贴方式快速拓展市场，然而事不遂人愿，几易其主。究其原因，是其对于供应链认知不足，仅看到互联网成功渗透百货业的表象。

这里我们不妨拿其与“7-11”做个比较，来揭示其背后不为人知的商超零售业供应链。

其一，非标品毛利较高，增加了线下渠道的收益，线下适合销售非标品，而线上则不能；其二，从库存周转率来看，“7-11”的库存周转是 40 次/年，而 1 号店则是 18 次/年，两者在库存周转率上有着较大的差距；其三，作为线下店的“7-11”有着更多接触消费者的机会，较 1 号店能更好地满足消费者的即时需求；其四，最为关键的是 1 号店的物流供给主要还是自建或落地配，供给能力有限，成本较高，由此影响了其整体发展。

二、创新中的盒马鲜生

商超商品的线上改造遇到了物流、成本瓶颈，如何既能享有互联网红利，又能发挥传统商超的优势？侯毅所创设的盒马鲜生，集合了其在传统零售与互联网企业积累的双重经验，试图实现两者的融合与再造。究其本质，盒马鲜生实质是一类经过叠加的商超模式，采用“线上+线下、餐饮+商品、标品+非标”模式尝试突围。盒马鲜生在原本“客到店”消费模式上，增加了线上下单、门店就近配送的服务形式，因此改变了传统商超的供应链模式。前店后仓的模式大大提高了仓储效率，使得其经营空间被进一步划分，进店消费与送货上门消费的处理可以在一个空间内进行，并以“众包+自营”配送体系辐射三公里生活圈，既提高了便捷度，又控制了成本。

供应链的改变赋予了盒马鲜生迭代商超的原本机会与能力，这些能力建立于传统线下连锁与线上网络超市积累的供应链管理、物流体系等方面的经验之上。正是供应链的不断迭代，给予了盒马鲜生这类物种尝试的机会，盒马鲜生供应链模式如图 2-8 所示。

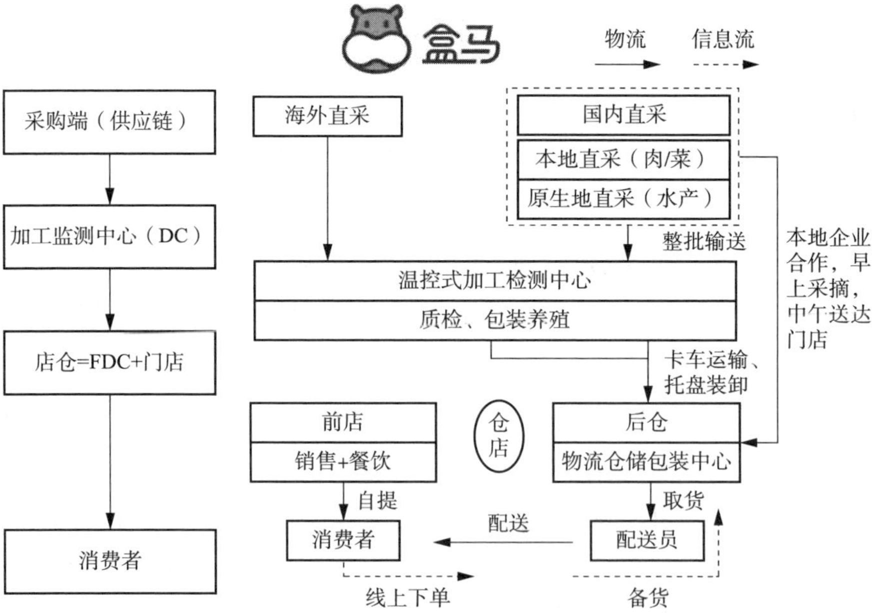

图 2-8　盒马鲜生供应链模式

三、“达达—京东到家”的赋能与改造

传统商超基于自身的供应链条件及门店用户自行拣取货物的模式，在有限人工和品类分布条件下无法满足线上订单的快速拣选与发货需要，因此无法满足O2O的服务需求。

“达达—京东到家”组合的出现，则提供了解决以上诸类问题的有效路径，是对于传统商超的改造与赋能。京东到家是O2O平台，达达是众包物流平台，两者的结合是对原有商流、物流、资金流的赋能与改造，从整体性上增强了供应链能力。

在此将京东到家、达达区分来看，京东到家提供了线下诸多商家的接入，涵盖了餐饮、面包店、药店等诸多类型，其中分布最广的还属商超，京东到家为传统商超提供了线上平台，省去了其自建线上渠道的精力，同时聚合了众多商家，保障了商品货量的充足。

有了线上商家，还需关注其商品如何完成落地运输、配送。达达作为众包平台，拥有260多万名骑手，进一步保障了运力的充足。在这一过程中，“京东到家—达达”的线上链接与线下配送，直接对传统商超进行了线上赋能，在不增加自有运力和额外基础投入的情况下，进一步拓展了其销售渠道，较好地结合了进店销售与上门销售。

盒马鲜生虽通过O2O方式满足了“人到店”和“货到户”的双重服务需求，但依然存在两个核心问题。其一在于门店仓空间、末端运力的充足性问题，这直接限制了仓、配的功能性发挥；其二在于模式复制的成本、速度，当前诸如盒马鲜生、永辉超级物种等都依赖于自有门店资源进行拓展，门店、配送、仓储等方面都需要建设，成本高、周期长，其高投入、低复制性是难点。

针对困境，沃尔玛山姆店进驻京东到家，并进行了“仓店一体化”尝试。这类赋能于传统商超的供应链改造，满足了消费者对于短距、高频、

快速的要求，使得更多的商品能被加载于该体系模式之上。目前，伴随着此类模式在其他商超品牌中的运用，并最终突破高复制性、低成本延展的瓶颈，赋予了整个商超体系更多的发展机会，而不是局限于某一体系中某类商超的提升，具有较广的适用性。

四、外卖市场的异军突起

餐饮虽同属零售业，但一直以来独立成系。随着外卖的兴起，恰逢O2O的尘嚣一时，隐约间又有了一个共同的故事："新"零售。承载这个故事的显性部分，正是穿梭大街小巷的外卖小哥们，而外卖的火爆又成了"新"零售成功的佐证。

事实上，外卖的背后逻辑与通达系相同，那就是市场需求和供给的有效结合，"宅经济"的需求是未来零售终端需要不断适应并满足的，这里需要纠正的错误认知是，消费者愿意为外卖配送费用买单，市场将其定义为消费的升级。实际上，是消费者逐步适应了用有限的现金支出来交换一个小时甚至更长时间用于烹饪或上街搜索饭店，这个交易是值得的，时间与现金之间存在着一定的替换效应。

同样了不起的是配送供给能力在短期内得到了极大提升，这无疑是社会化资源组合带来的经济效益，而这种模式的先发企业是达达、美团、饿了么等。

与此同时，我们需要了解通达系快递与美团、饿了么的服务对象存在差异，支持服务的能力结构也完全不同。通达系快递是规模化、长距离、低频次、低单价、高密度投放，而美团、饿了么的配送则是碎片化、短距离、高频次、高单价、点状或线状投放。当外卖的物流形成规模后，各类声音开始逐步出现，主要体现在以下两个方面。

一是仓干配将取代"通达"的市场，这是一个伪命题，在此需要强调的是，市场需求永远是不断细分的而不会形成大一统，不同的需求应由不同的供给形式去满足。因为市场需求结构是金字塔形的，即使是在居民收入和消费需求均为橄榄形的发达国家，其客单价分布也是金字塔形的，所以拼多多一定会有其市场并能不断扩张版图。基于产业带自然分布，一点发全国在未来很长时间都将是主流模式。

二是认为外卖人员在争夺“通达系”快递员资源，理由是外卖员的每票订单收入高。一般而言，对于基础劳动工作者群体而言，基于市场化的供需关系，基本根据收入高低选择职业，而衡量标准通常是单位时间内的收入水平。例如，外卖员一单挣 6 元，一小时 4 单计 24 元；快递员一单挣 1 元，一小时 25 单计 25 元，且行驶里程短，劳动者会做出自己的选择。

五、商超路径的回顾

对于商超模式，商品本身的属性很难改变，低毛利率、高成本需要借助供应链的不断创新与优化来加以改变。过往的线下、线上尝试，是对供应链体系的改造，通过不断迭代其形式与内容，发展至今已有了一定的积累，并在不断变化。

对于商超的商品供给，无论是线上、线下还是“线上+线下”，并不是哪个场景更适合的问题，而是在单一场景或组合场景下，哪类模式更有利于提升供应链的整体效率，以降低各维度上的成本，这是商超未来发展应关注的核心。物流在整个商超体系中发挥着核心作用，影响着商超业态的创造与转型，影响着商超业态的未来发展。

第四节 同框中的“新”零售与供应链

近 20 年来，我国零售业态的各种形态变化与模式的成功及失败，取决于其背后供应链的支持能力。同样，当我们讨论“新”零售时，必须把这个问题放在首要位置来研究。盒马鲜生或京东到家被视为“新”零售的样板，但最后能否成为主流模式，抑或是昙花一现的网红，还有待进一步观察。但我们还是希望可以通过其背后的供应链模式来一窥端倪。

今天的“新”零售，场景表现为线上与线下的结合，过去消费场景被切割为线上与线下，现在则要将二者再度融合。但从供应链角度来看，这是一场革命，不是以往模式可以承载的，盒马鲜生与京东到家做了很好的探索和尝试。但还远远不够，因为它们还仅限于商超领域，还有很长的路要走。

但同时我们看到了一些亮点和基本的逻辑，具体如下。

一、链接形式的重构

传统的零售渠道是长链条，随着零售规模的无限扩大，组织成本迅速攀升，因此试图重新寻求线上结合线下以获得“1+1>2”的效果。去中间层直达 C 端用户的网络零售 B2C、C2C 模式大大提高了流通效率，降低了交易成本。图 2-9 中 B2b2C 中的 B 是品牌商、制造商，而 b 为线下媒介，包括专业店、超市、社区店、无人超市等各类终端，C 则为最终消费者。

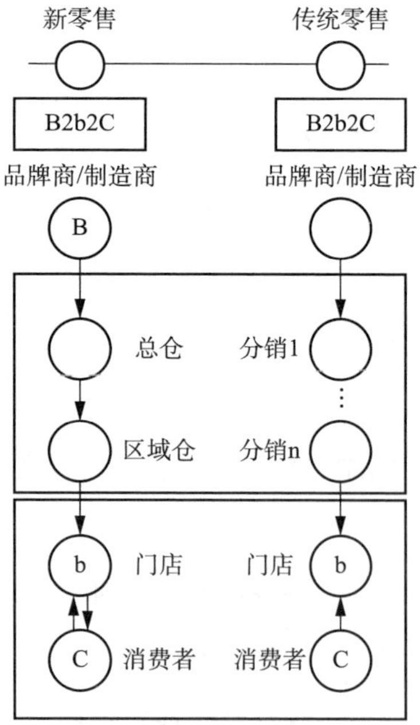

图 2-9 “新”零售与传统零售的渠道对比

在这方面，快消品行业做了很好的尝试并有了一些成功经验，同时传统的品牌商/制造商也开始了有益的尝试。

以美的集团的商业变革为例，美的作为品牌商，开始对其原来的分销结构进行改造，由“总部—省级经销商—地区门店”改为“总部—门店”的直供，省级经销商扮演了区域销售、协调、管控、结算的角色，渠道的缩减提高了效率，使整个通道变得更为顺畅，对于末端的信息反馈更为及时，促进了总部对终端市场的触达（见图 2-10）。其中的“T+3”模式，要求从客户下单、物料准备、成品制造到物流运输，在一个周期 21 天里完成下单到运输的整个过程，大大提升了流通效率。

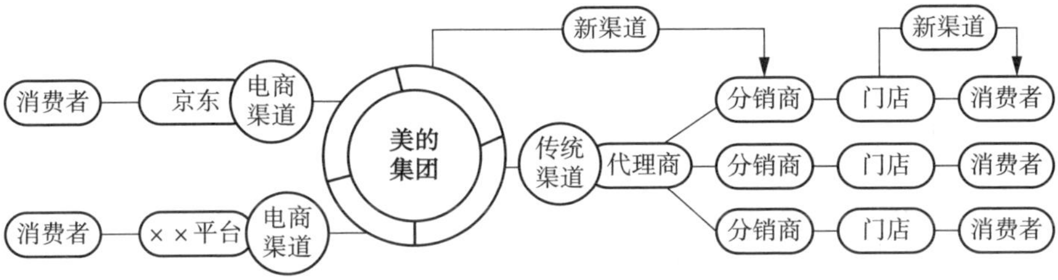

图 2-10　美的集团的流通渠道

在过往的流通模式下，需要历经“品牌商—经销商—零售商”等多个仓，其中涉及多次转运、进库、出库。但在“新”供应链模式下，整个流程变得更为简洁。由“品牌商—终端零售商”所构建的结构体系，缩减了诸多环节、减少了货物的搬运次数、避免了损耗、降低了成本。与此同时，线上、线下实现全渠道供给，即“一盘货”。

二、数据驱动的逆向传递

传统的供应链数据传递路径是自上而下，历经研发、采购、制造、分销、交付、服务等一系列环节，特别是在分销渠道阶段还要通过代理商、经销商、零售商等环节。链路过于冗长，存在以下问题：一是传递过程中的成本、效率问题；二是传递过程中的信息失真、缺失与不对称；三是上游企业难以及时获得末端消费者对产品、服务的反馈，无法判断产品的好坏与市场接受度。在整个层级传递过程中，由于缺乏对商品流通信息的掌控，无法及时知晓发生在中间阶段的商品积压、囤货等情况，从而影响了后续的生产与销售，进而影响到整个价值链的形成。

在“新”供应链条件下，渠道变得更短、信息传递更为快捷，基础条件的改变直接变革了供应链的传递方向，原本“B-C”的传递成为了“C-B”的逆向传导，这要求整个供应链体系更具柔性，以应对市场高时效、短周期的需要。传统供应链系统是推动式的，而现代供应链系统是牵引式的。传统供应链与现代供应链的链路对比如图 2-11 所示。

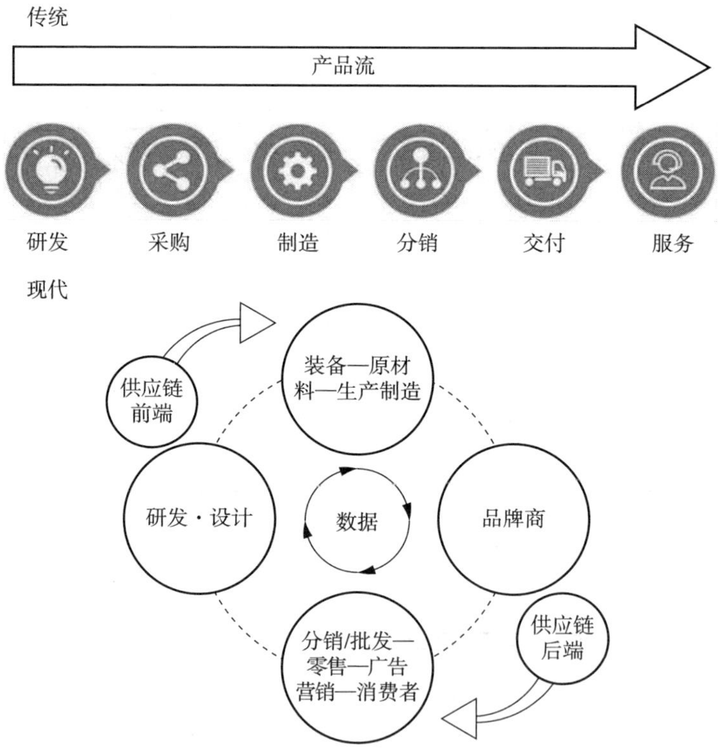

图 2-11　传统供应链与现代供应链的链路对比

柔性供应链的供给能力是 C2B 运营的前提保证。这里以一家全国有近千家门店的快时尚服装品牌企业的成功运作模式为例，其柔性供应链的运行逻辑是以“多款少量、快速返单”为主导核心，通过市场的逆向反馈，即“C B”，分别定位于若干类产品划分，有针对性地进行生产、调配与销售。通过供应链系统确定面料辅料，通过供应商协同系统进行端对端的订单分配，通过订单处理系统确定上新节奏，通过仓储管理系统确定返单……

强大的信息化系统保证了企业的信息流透明，但是痛点在于，有了信息物流如何进行快速响应？

在此以中通快递为例，阐释这方面的解决方案。作为柔性供应链的基础，信息系统、物流响应两者需要彼此匹配。首先需要打通信息系统。中通建立有自己的乌拉诺斯系统，旨在链接各类平台的物流订单信息，以实现物流需求与线下网点、运力的精准对接。该企业信息系统与中通系统直接对接，贯通了订单、物流信息，物流需求可在平台上实现快速传递，中通在第一时间通过智能系统匹配链接供需双方，以提供服务。其次则是线下密集的网点分布。对于上述服装企业而言，有着区域仓、工厂仓、门店等不同的节点设置，存在商品的调拨、补给、转运，这一切活动都基于多频、少量、短时的条件下，因而具有高密度的运力支撑显得尤为重要。中通的快递服务网络有着高密度、广分布、强运力、高时效的特征，能较好地契合柔性供应链的需要，以满足“仓—仓”“仓—店”“店—店”“店—消费者”“仓—消费者”的多重性需求。

由数据驱动的变革，使各类数据的获取、解读与运用方式正在发生变化。供应链平台虽然只是资源整合、数据沉淀的一类工具，但可以映射出“新”零售对于社会化物流、数据的迫切需要，以及物流在整个链路中的关键作用，这是实现供应链数字化转型的关键，如图 2-12 所示。

图 2-12　传统线性供应链向数字化供应链演进

三、物流企业的助推

一直以来，物流企业在零售业的变革中扮演着比较被动的角色，原因是其处于链路的下游。正是这个原因，当下物流能力的可及或不可及信息是不对称的，专业意见没有机会传递至上游，因为零售企业的过度创新和偏执行为造成重大损失的案例比比皆是。因此，对于显而易见的错误和悖论，我们有义务来纠正和宣导，以避免相关从业者重蹈覆辙。

1. 前置仓与去库存

这里以 Iphone X 为例，Iphone X 的生产周期为三个月，在首批产品投放市场前，根据销售预测数据，第二批零配件开始进场，即使实施VMI[①]策略，供应商们也需要在三个月前就开始准备了；而零配件中的上游芯片、半导体需要在半年前准备；广告公司全球同步的投放计划是全年的，广告内容也是早期设计制作的；物流企业的包机、干线、支线、店配的运输方案和合同同样至少要在半年前准备。当然还包括其他围绕供应链各个环节的配套。

若这款 Iphone X 突然滞销，整个链路上的参与者都会因此而崩溃。这还仅仅是爆款，充其量才几个 SKU。但是化妆品呢？服装鞋帽呢？

2. 平台上的阳谋：仓干配

京东凭借供应链末端最优化策略赢得了用户口碑，代价是规模受限且利润受损；而阿里巴巴实现了整体供应链的最优，使得小商家可以抗衡大B 的竞争，从而收获了规模和利润。但是鱼和熊掌要兼得，京东的策略是开放平台，阿里巴巴则是鼓励仓干配。我们来做一些比较。

2021 年，京东零售总收入为 8663.02 亿元，客单价为 500 元，品类以 3C、电器、图书标品为主，管理和运营的仓库面积超过 2400 万平方米；2021 年，阿里巴巴的零售总收入为 7172.89 亿元，客单价为 100 元，品类为大服装系列非标品，旗下菜鸟运营的仓库面积达 300 万平方米。

京东自营商城的商户是委托制，商户把货物交给京东后只有结算的任务；阿里平台的商家对营销、店铺管理及供应链均要自给，需要将部分货物存入阿里仓。京东自营配送是“自营团队+达达”；阿里“仓”闲时落地配，忙时“通达”。核心数据是库存周转率，京东和阿里巴巴官方均未披露，“7-11”便利店是 10 天。

3. “次日可达”与中通云仓及中通配

拼多多上市引发了消费升级与消费降级的争议，实际上消费层级是金

---

① VMI（Vendor Managed Inventory）是一种以用户和供应商双方都获得最低成本为目的，基于共同的协议由供应商管理库存，并不断监督协议执行情况和修正协议内容，使库存管理得到持续改进的合作性策略。

字塔式的。不同消费者在不同的时间和条件下可能涉足各个层级的消费，不能简单地以枚举法来论证，应用统计学的“概率分布”来展现。前文已经分析了价格敏感度与时效敏感度的关系，消费的者多样化需求被满足，前提是要符合成本与收益的逻辑关系。

经济学强调只有标准化才能规模化，同时边际成本降低，而非标化只能碎片化，且只能计算单次成本。产业带的自然分布与前置仓的不经济成为客观限制，中通快递适时提出“次日可达”应对不同用户在不同状态下的不同需求，而中通云仓承担了主要职能。

针对特定的商家对象提供优质服务，“中通云仓”更像以色列种植业的滴灌方式。中通全国96个去中心化的分拨枢纽均自带仓储功能，能为消费者提供稳定且快速的服务。同时，其确立了比竞争者具有更充分销售时间的优势。商家入驻这些仓库，热销产品库存可以为有限和少量，一般全国只要6个点有库存即能实现全国的次日全覆盖，而长尾商品可以集中放置在北京、上海、广州的任一仓库内。即使用户在22：00下单，也可以通过次日的早班机运到目的地城市，通过第二频次的分拨当天送达用户。这些商家在其各个平台的店铺中标注“中通配”，只要消费者愿意为更好、更有保障的服务支付费用，“中通配”则承诺必达。

这是一个革命性产品。

四、“新”零售下的7种同城配送模式

同城配送立足于精细化分工和比较优势的统一。各大平台根据不同需求进行市场细分，基于自身比较优势为社会提供多样化配送服务。

1.7类玩家逐鹿同城配送

同城配送，顾名思义，就是提供同一城市内A点到B点的物流配送。

俗话说：“外行看热闹，内行看门道。”从概念上来看，虽然非常相

似，但各企业有很多不同点，从各企业的结构特点来描述：

（1）同城快递——顺丰、通达系

同城快递，即在同一座城市内由快递企业进行配送，如上海嘉定—上海浦东等。相关运力主体是我们日常所见的传统快递企业，运力池为各企业快递员。

相对来说，顺丰因为频次较多，能满足消费者多时段收寄需求；而通达系一般承诺当天取件/当天送达或次日送达，对时间不敏感的用户，时效基本能满足。

可见，该种模式的特点为：价格便宜，有固定的运力池（各企业快递小哥），业务量巨大（2021 年同城业务累计完成 141.1 亿件），配送距离较远，集中高密度投放，如图 2-13 所示。

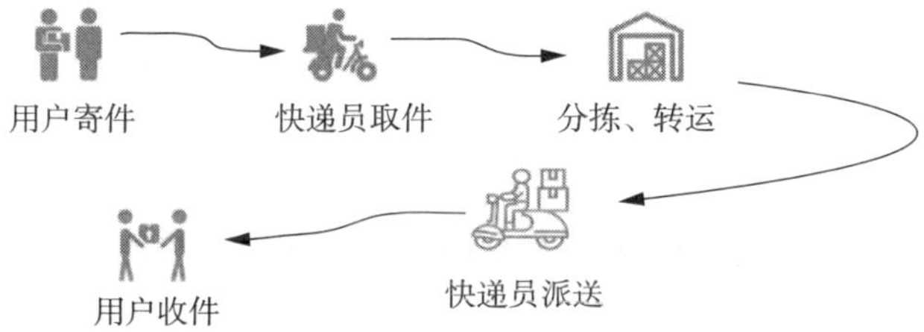

图 2-13　快递企业的同城配送业务

（2）落地配——丹鸟、京东物流

落地配是在货物到达目的城市后进行的配送，丹鸟、京东物流为此典型代表。

可以发现，以京东物流为代表的落地配模式与上文同城快递模式有相似之处，即二者均提供转运、分拨、配送等服务。

但也有不同，不同点在于：一是服务不同，落地配可提供更加精细化和个性化的服务，如电话沟通、开箱验视等服务；二是量级不同，无论是 B2C 结构还是自建物流，丹鸟、京东物流二者还只是停留在“仓干配”的“小的美好时代”，业务规模和通达模式不是一个量级；三是组织结构不同，通达模式能提供从始发地到末端包括揽收、中转、运输和配送的全流程服务，而落地配模式由于其仓配模式，提供的服务为只送不收。如京东物流，其派送端服务能力较强，但揽收端服务能力较弱，因为其缺乏车辆、路线、操作中心等。

该模式的特点为：业务量中等、运力固定、集中式高密度投放、运送距离较远，如图 2-14 所示。

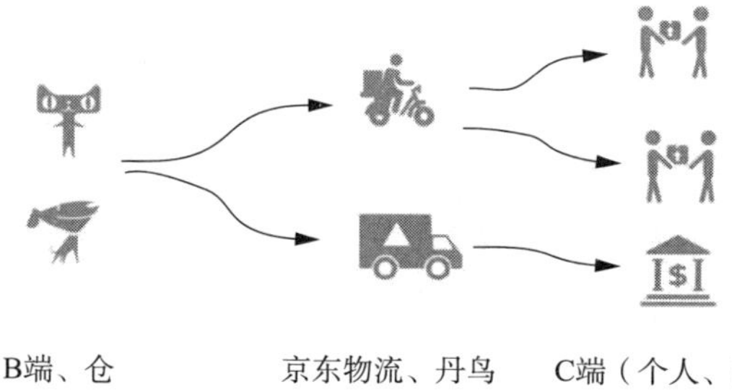

图 2-14　落地配——电商同城仓配当日达服务

（3）同城多频转运——东方万邦

同城多频转运，就是在同一城市内进行多频次转运，转运频次比快递企业更多，一般为半小时转一频，其典型代表为东方万邦。

东方万邦的业务流程为通过地铁、助动车等运输方式，通过设定的转运点和自身固定运力，实现城市内高时效配送。目前，该企业为 B2B 模式，即配送人员主要驻扎和穿梭于各大商务楼宇，为各企业提供便捷的同城寄送服务。

闪送、达达等平台则主要聚焦 B2C 和 C2C 业务。随着顺丰同城急送的入局，依托其良好的客户群和口碑，目前东方万邦的业务规模在逐渐萎缩，如图 2-15 所示。

（4）O2O 模式——美团、蜂鸟、达达、顺丰同城

O2O 即线上线下，随着社区团购的发展，O2O 市场迅速涌入大批玩家。目前，典型代表有美团、蜂鸟、达达、顺丰同城等，其他还有叮咚买

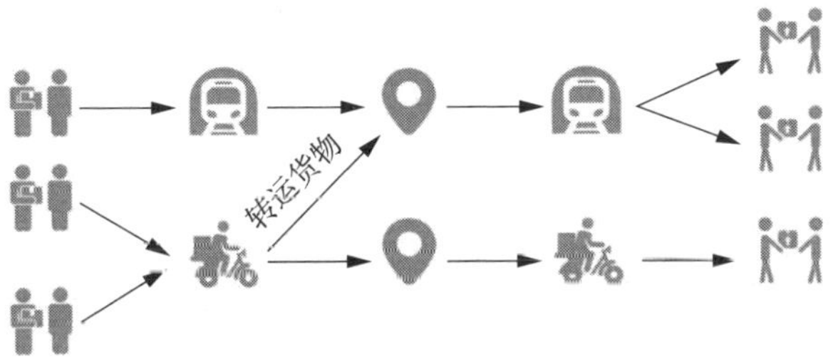

图 2-15　同城多频转运配送模式

菜等平台。

从这些企业的业务来看，虽然都是“线上下单、线下配送”的业务模式，但其服务对象和运力池还是有一定区别。

顺丰同城与肯德基、麦当劳、喜茶等品牌客户合作，其骑手一般为顺丰内部的专职员工。

美团、蜂鸟则背靠本地生活服务这个巨大流量池，围绕商圈 3 公里，提供餐饮外卖、商超、生鲜果蔬等配送服务，其运力池主要为专送和众包两种形式。

达达拥有京东到家、京客隆等大型平台的稳定客单，且与沃尔玛、永辉等商超合作，其运力池为众包和京东配送员。

可以看出，三者运力池不尽相同。相对来说，顺丰同城比达达骑手黏性更高；美团、饿了么骑手则主要驻扎在商圈范围，为“发散+集中”的供给模式。

该配送模式的特点：业务量巨大；运输距离近，一般为 3 公里范围内；配送物品多为非标商品；运力为区域性的固定运力；呈现为一种“区域性、发散+集中”的供给结构，如图 2-16 所示。

（5）直拿直送——闪送、达达、美团、顺丰同城

直拿直送是一种简单直接的配送模式，即用户下单后，由配送人员专人配送，过程无须转运、分拨。

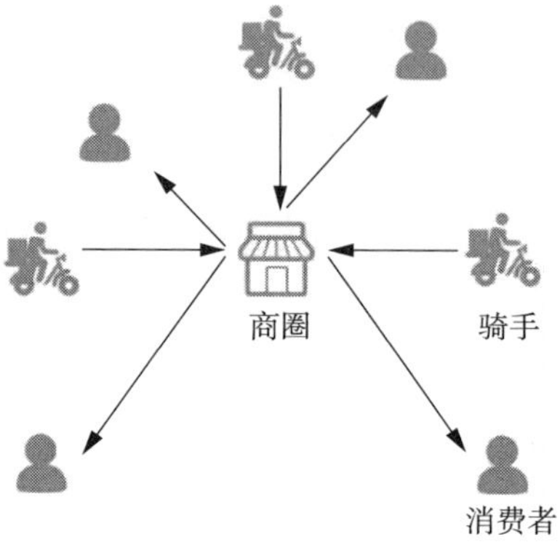

图 2-16　O2O 配送模式

目前，采用直拿直送模式的典型代表为闪送，其官网提出提供“1 对 1”服务，一般半小时响应，完成取件之后，大约 1 小时完成投递。其提供的主要为 C2C 业务，如图 2-17 所示。此外，达达、顺丰同城、美团等也提供相同的业务，只是各自的市场影响力不同。

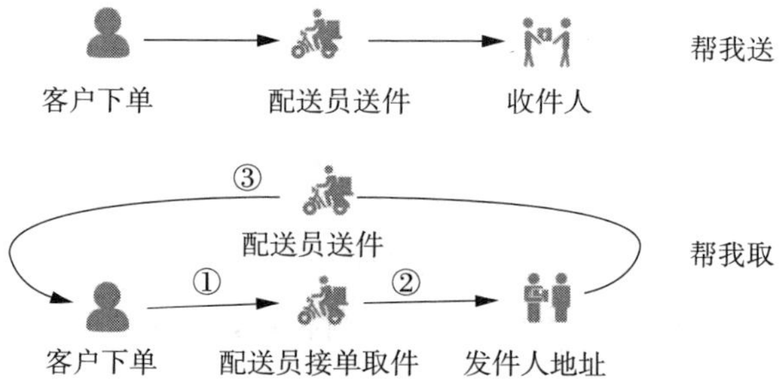

图 2-17　直拿直送——闪送“1 对 1”模式

（6）跑腿模式——美团、达达、蜂鸟

跑腿模式和直拿直送模式类似，但还是有区别。首先，跑腿模式是一种反向的订单模式，即用户下单后，配送员要根据消费者的需求，去指定或未指定地点购买指定商品，再进行配送；而直拿直送模式等，则为正向配送模式。其次，跑腿模式涉及代买、代排队、代缴费、代接送、代表白等，为 1 对多结构，价格较低。

目前，各大互联网平台如美团、饿了么、达达等均提供跑腿服务，邻趣曾经是跑腿模式的代表，但由于其业务单一，大量业务已被美团、饿了么等大型平台蚕食。

该业务模式的特点：业务量小；运输距离较近；多为私人需求或以物品为主；运力池与 O2O 类似，为“区域性、发散+集中”运力结构，如图 2-18所示。

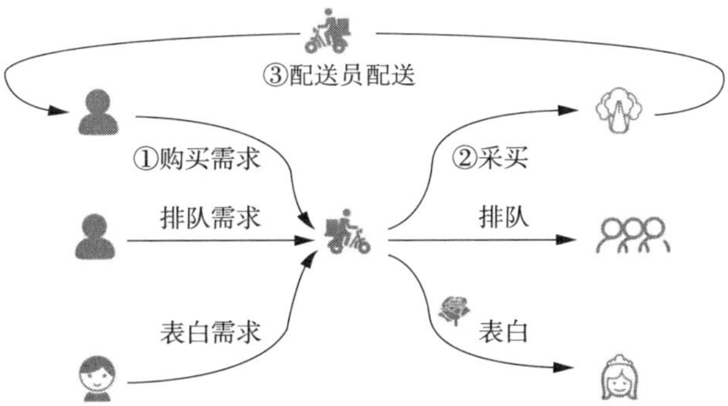

图 2-18　跑腿——邻趣业务模式

（7）柔性串联模式——大马鹿

柔性串联模式与同城多频转运类似，但同城多频转运有固定的实体转运点，柔性串联模式一般没有固定的点位，只是一些虚拟的点，如某个公路电话亭、地铁站点等。

大马鹿为此类型模式的代表企业，其运用运筹算法的智能调度系统整合车辆资源，利用包括汽车、电动车、摩托车在内的车辆协作来完成配送。司机只需要按照平台指令，在特定时间到达特定地点，收取或送出特定货品即可，是一种基于司机协作的送货模式。大马鹿配送模式如图 2-19所示。

2. 小结

上述七大模式各具特色，七种同城配送模式对比如表 2-2 所示。

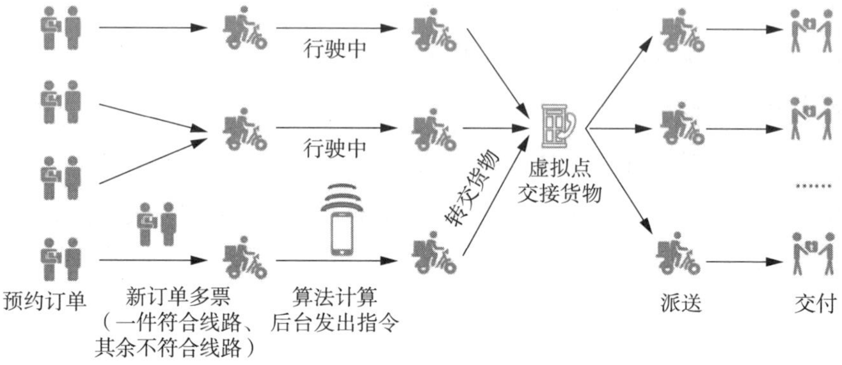

图 2-19　柔性串联——大马鹿配送模式

表 2-2　七种同城配送模式对比

类型	结构	规模	距离	快件属性	供给结构	运力池
同城快递	C2C	巨大	远	标品	集中、高密度投放	固化
落地配	B2C	中	远	标品	集中、高密度投放	固化
同城多频转运	B2C	小	近	商务文件、私人商品	分散、低密度投放	固化
O2O	B2C C2C	巨大	近	非标商品	发散、点状投放	区域性、发散+集中
直拿直送	C2C	小	近	商务文件、私人商品	发散、点状投放	弥漫性发散
跑腿	C2C	小	近	私人商品、非标物品	发散、点状投放	同 O2O
柔性串联	C2C	小	近	私人商品、非标物品	发散、点状投放	弥漫性

可以发现，各大平台虽涉猎多种同城配送业务，但其内部的调度模式和外部运力池都是独立的。

综合来看，高时效、服务稳定、需求随机分散、个性化强是同城配送服务需求的最大特征。随着“懒人经济”以及本地生活服务的快速发展，未来国内同城配送玩家将有机会获得更高估值。但在这条赛道上，能跑得更快、创造更大价值的，势必是那些拥有差异化“护城河”的玩家。

第五节　未来图景

对于零售业的未来发展，马云提出了“新”零售论点，各方也基于自身的角度不断引用，但迄今为止尚无人能表述清楚其内涵与外延。这使得很多讨论无法有效展开，为此我们尝试针对零售环节中的不同角色来做分别阐述。

一、重新定义“新”零售

“新”零售到底是一种什么样的业态或生态，我们可从消费者、商家、物流企业、商业平台、品牌商与制造商、社交电商六个方面来进行定义。

消费者。无界零售、全渠道等说法，试图阐述消费者在消费触点、机会方面的增进，归根到底无非还是“人到店”或“货到宅”两类模式。在新的供应链模式下，门店的商品成本将有望低于线上，有更多的因素（价格、体验、效率等）驱动消费者到店消费，此时“货到宅”服务成为需要额外买单的增值服务选项。当然，对于低频、长尾消费品，由于无法实现前置库存，还必须通过传统的快递来实现，时间容忍度与获取商品的成本成反比。同时，消费者除了潜意识层面的主动搜索之外，还会在各类信息的带动下进行无意识的被动消费，这是一个新的研究课题。

商家。随着线上获客成本的不断增加，其相较于线下门店的成本优势逐步丧失，线上与线下的结合成为急需，线上与线下互相引流。线下的商品成本及交付成本在“新供应链”模式下有望低于线上交付，从而吸引更多的到店消费用户。同时，“货到宅”的增值服务成为商家新的盈利增长点。反过来，随着移动互联网的深度渗透，一些原本不习惯线上消费的人群也通过门店被捕捉，通过学习与尝试转移到线上，接受并养成线上购买习惯。

物流企业。各种零售模式能否成功，取决于其背后供应链的能力。“通达系”的海量供给能力保障了线上零售的蓬勃发展，其低成本一点发全国、48 小时覆盖主要省份的能力，支撑了从工厂到用户模式的顺利实现。由于消费场景的多元化和消费需求的随机性，对柔性服务、综合服务能力的要求变得至关重要，既要满足规模化计划性需要，又要具有将碎片化的即时性要求变成供应链企业的基本功能。

商业平台。线上、线下零售都离不开商品的陈列、展示，而提供展示空间的是“平台”，在线上称为“线上平台”，线下则称为“商圈”或“门店”。平台提供空间与服务，同时收取租金与管理费用，无论是线上还是线下其本质都是相同的，即物业管理属性。只是一个在实体环境下，一个在虚拟环境中。平台即物业，管理好了，就有充分竞争力，而无关物业是谁的问题。

品牌商与制造商。相对于线上零售商的集中，品牌商与制造商过于分散，在线上零售商试图寻求最优解的前提下，通过渠道的强势地位压迫品牌商与制造商导致其供应链扭曲。同时，线下零售的多层级分销使得供应链冗长而低效。因此，改变现状实现整个生产消费领域的成本优化和企业利润收益增长是当务之急。一些强势品牌，尤其是快消品行业已经做了很好的尝试，在未来，品牌商与制造商通过与强势崛起的新物流企业合作，最终实现 B2b2C 的“新”零售供应链模式。

社交电商。传统的线上、线下商家面对获客成本的不断推升，试图通过融合联通、相互引流的方式降低成本。此时，社交电商横空出世使得整个商业为之震惊。所谓社交电商，是在真实或虚拟场景下，借助多种媒介形式（视频、图文等），经熟人或陌生人间的相互推荐、分享、交流，推动商品的销售。通俗地说，原本通过消费者被动搜索的获客方式得以颠覆，移动及社交工具的普及使得无显性成本的传播更便捷，通过传播者个人的信用背书使商品的真实性得以保证。

这同样是一场革命，如同线上零售突破零售的线下物理空间，如同支付宝的担保交易解决了 B 端与 C 端交易的地位平衡问题。这不是简单的廉价商品倾销，而是建立在无成本自带流量之上的获客方式，现实中得到了成熟物流体系的无限支持、拥有从商品源头（产地）直发的高效路径、没有中间商或平台的利润盘剥，无论是“平台+自带”，或类传销、散户型，相对于不同品类都有最佳的匹配，发展前途不可限量。

二、“新”零售的未来展望

我们将“新”零售定义为：基于现有技术和供应链能力，以最优“性价比”满足消费者在不同场景下商品获取需求的商业模式。

作为“新”零售的外延，O2O（盒马鲜生、京东到家）风头正劲但是规模有限，需要时间证明；无人零售正在转型；怡亚通、中商惠民线下平台整合也在路上；自带流量的微商模式异军突起，并形成了相当规模，无论你是否接受，它已经正式成为零售业态的一种模式。

原有产业链中的参与者更多考虑的是自身利益，而非上下游或整个链路的最优安排，久而久之造成整个链路的扭曲，并使得整条链路效率下降、成本提高。“新”零售的风起云涌，有助于打破产业链上零售端过于集中的状态。

零售端的竞争再度白热化，供应链的价值优势被凸显，这将决定具体零售业态的生存空间与发展速度。

第三章

运营：模式升级带来降本增效

第一节　“通达系”企业组织模式的历史演变

如今，快递行业可谓“风云四起”，前有邮政、顺丰、“三通一达”等传统快递企业你追我赶，后有阿里、京东、苏宁等老牌电商企业纷纷跨界物流，快递业竞争达到白热化。其中，“通达系”快递企业在这场竞争中具有碾压性优势，规模之大、组织之复杂惊人。数据显示，截至2021年，我国快递员人数超过200万，主要快递企业共有转运中心1014个，自有干支线运输车辆超15万辆，加盟商数量超2万家，末端服务网点逾11万家，服务网络覆盖31个省、自治区和直辖市，地级以上城市基本实现全覆盖，中通的服务网络更是通达全国98%以上的区县和近90%的乡镇。短短20多年，“通达系”企业建立了庞大的、地区差异极大的、复杂的全国网络组织系统。

一、从“分封制”到“郡县制”

普遍认为“通达系”企业之所以能在快递行业雄霸一方，主要在于规模经济和成本优势。但这只是表象，是结果，本质上还要归因于“通达系”企业独特的组织模式。本章参考中国古代社会分封制、郡县制的演变路径，结合“通达系”企业的发展背景和文化基因，剖析其组织模式变革历程，深层次地揭示“通达系”企业的优势所在。

缘起——文化基因和历史背景使然，“分封制”形态出现

分封制起源于夏商，成熟于西周。公元前11世纪初，周武王为了推翻商王朝统治，联合三千诸侯和部落首领一同伐纣。商王朝灭亡后，为了牢固控制东方的大片领土，同时安抚诸侯、巩固政权，周武王将宗族姻亲和功臣谋士分派到各地，建立诸侯国，开启了分封制治理模式。

西周实行分封制受制于特定的历史条件，而“通达系”企业施行“分封制”则源于文化基因和发展背景的共同作用。浙江人多地少，靠山临海，出行不便，但是浙江商人具有勇于冒险、开拓进取的精神。1992年，邓小平南方谈话后，来自浙江桐庐的“通达系”创始人发现商机，纷纷走出大山。但是个人的力量有限，要发展就需要有组织、有规模，浙江人求信、求合、重亲情、重友情、重乡情，大家彼此信任、相互帮助，当商机出现时，亲戚朋友都愿意跟着领头人干。逐渐“通达系”企业形成了亲戚、老乡、朋友和同学等“诸侯”林立的“分封制”模式。

西周时期的分封制，权力分散于各地方，诸侯对其管辖的地方实行自治，同时中央具有主导权，诸侯须履行为天子缴纳贡赋等义务。“通达系”企业的“分封制”，同样给予各地快递“诸侯”（网点）较大的自主权，各地快递“诸侯”（网点）均是自我经营、自负盈亏，总部进行统一管理，收取一定的转运费和面单费，总部不参与网点的日常经营决策，属于不同的经济利益体。同时，“诸侯”（网点）与“诸侯”（网点）之间不能相互侵犯、干扰对方的业务区域（跨区取件），这与西周诸侯之间不能相互侵犯的周礼约束是一致的。周礼是一种以道德为主体的文化理念，形成了严格的君臣观念，诸侯的土地只能由周王室分封，不能相互侵犯；否则就是挑战周王室的权威，会受天下人讨伐，为天下人所不齿。快递“诸侯”（网点）与“诸侯”（网点）之间不能相互干扰，则是受到浙江文化的约束。愿赌服输、重视游戏规则，这是“三通一达”快递圈的一种理念，并非写在规章制度里，而是一种约定俗成的文化观念。这种文化制约远比规章制度等有效得多，即使是领导者的亲信破坏了游戏规则，也要受到惩罚。

西周的分封制以宗法制和血缘纽带为基础，基于宗亲的文化基因，以同姓亲族为主体，依靠宗族血缘关系和“普天之下，莫非王土，率土之滨，莫非王臣”的周礼文化维护。早期“通达系”企业的“分封制”同样以亲情、友情、乡情为基础，以亲戚、老乡、朋友为主体，依靠亲情、友情、乡情和愿赌服输、尊重游戏规则的文化理念维护。在这种文化基因下，企业并不需要耗费太多的管理成本，人人都是遵守者，人人都是监督者。基于相同文化基因，强链接的“分封制”使得“通达系”企业早期可以近乎零成本进行网络扩张。同西周诸侯拥有自治权一样，加盟商拥有较大自主权，各加盟商独立核算、自负盈亏。加盟商的逐利行为促使全网效率达到最优，不断为“通达系”企业开疆拓土，网络广度逐步拓展。相同的文化基因又强化了网络之间的联系，网络的稳定性进一步提升。

“通达系”企业是在文化基因基础上，结合当时的发展条件，自然而然地形成了“分封制”组织模式。由于符合其发展需求，“通达系”企业迅速建立了全国性、联系紧密的网络系统。以中通为例，2002 年公司正式成立，2008 年下属规模性加盟网点达到了 1550 个，日均业务量达到 18 万件。“分封制”促进了“通达系”企业快速发展。但随着时间的流逝，企业在与“诸侯”（网点）一起发展壮大的同时，遇到了“诸侯割据”的问题。

过渡——如何“削藩”，是强攻还是智取

分封制下，周王室与诸侯之间的关系主要依靠宗法血缘、姻亲纽带、周王室威望和实力维持。随着时间的推移，周王室实力衰微、宗法血缘关系逐渐淡化，各诸侯国便割据一方，不再服从周王室管理，周王室与诸侯之间、各诸侯之间矛盾加剧。

“通达系”企业发展过程中也遇到了“诸侯割据”类似问题，但是与西周的诸侯割据起因不同。西周诸侯割据起因是周共王更改了“土地国有，分封臣下”的旧制度，允许土地私有买卖，导致各地诸侯不断进行土地兼并，诸侯规模实力逐渐扩张，不受控制。“通达系诸侯割据”则是由其独特的区位优势决定的。我国各地区发展不平衡，各地经济水平、对外开放程度、互联网渗透率以及电商推广程度有很大差异，某些地区（北京、广东等地）“诸侯”（网点）由于优越的市场环境迅速崛起，称霸一方。早期“通达系”企业依靠亲情、友情、乡情链接起家，随着企业规模日益扩大，中间环节越来越多，涉及的利益主体不断增加，加盟商和加盟商之间经常为了利益分配发生冲突；此外，由于加盟商和企业总部属于不同的利益主体，加盟商为了短期利益可能会牺牲企业品牌形象。随着加盟商实力的壮大，地方割据逐渐形成，“尾大不掉”，各自为政，企业总部的一些指令很难贯彻落实，执行效率大大降低。

面对兼并战争四起，诸侯无视王命的情况，西周周厉王进行了改革，他启用虢公长父主管军事，操练士兵，在军事上压制贵族和诸侯；任用荣夷公推出“专利法”，加强中央集权，收回贵族和诸侯的私田。改革无疑是夺了别人的“命根子”，遭到诸侯和贵族的强烈反对，最终贵族和诸侯群起反抗，周厉王被赶出镐京，强制收权以失败告终。“通达系”企业面对快递业“诸侯割据”局面，也纷纷采取“削藩”策略。但是怎么削藩，削到什么程度，每家快递企业各有不同。一些快递同行的做法与西周周厉王类似，强制收权。无论加盟商是否愿意，强制低价收购，抑或是成立新的转运中心，架空原有的加盟商，这加剧了加盟商和企业总部的矛盾，结果是双方均付出了惨重的代价。

在网络型组织中，全国范围内的网络平衡至关重要，一旦出现“诸侯”（网点）割据，网点与网点之间、网点与总部之间的平衡就会被打破。凯恩斯认为当市场失灵时，需要运用政府这只“有形的手”对市场加以干预。当“通达系”企业网点各自为政，网络平衡被破坏时，同样需要企业总部进行调节。变革必不可少，但须注意手段。周厉王、秦始皇采取强硬手段收服诸侯，而快递企业处于开放环境，像周厉王、秦始皇一样强权方式不但会损害企业的声誉和加盟商的利益，而且会遏制内、外部的投资欲望，致使外部的潜在投资人望而却步，内部原有的投资人丧失投资的信心和意愿。因此，企业要尊重网点投资人的权益，保障网点投资人的投资收益或向其提供合理、完善的退出渠道。这一点，中通的做法值得借鉴。面对快递网点"割据"的局面，中通以市场公允价值让利于民，在行业内率先进行网络股份制改革，通过交易方式完成了"削藩"工作，为"通达系"企业推行"郡县制"模式做出了表率。

变革——官僚政治取代贵族政治，"郡县制"应运而生

西周后期，分封制弊端愈加显现，周厉王的强权无法阻止西周的没落。春秋战国时期，"家族关系"的等级结构开始瓦解，新的社会形态——郡县制出现。郡县制起源于春秋，成熟于战国，完善于秦朝。秦始皇统一六国后，吸取周朝灭亡的教训，加强中央集权，在全国范围内推行郡县制，将全国行政区域划分为郡、县两级。郡守、县令均由皇帝直接任免，官吏只有俸禄没有封地，享有行政管理权，直接对皇帝负责。

为解决全国各网点"割据"状态，中通开始借鉴秦朝的郡县制组织模式。2010 年，中通快递董事长赖梅松提出了要走一体化发展道路，通过股份制改革，给予各大加盟商一定股权，对于不愿意入股的加盟商，中通以收购股权的形式让利于加盟商。中通的全网一体化改革，借鉴了秦朝郡县制的组织模式，实行派出机制，加盟商省总、财务、人事等重要岗位均由总部任命，同时赋予省总一定程度的治理权。中通以互惠互利的方式推行"郡县制"，使加盟商与企业从多个利益主体向共同利益主体转变，组成命运共同体和利益共同体。

中通全网一体化后，原来的加盟商角色发生改变。之前加盟商是从局部思考问题，加盟商与企业之间的关系从多个利益主体向共同利益主体转变后，交易的基础及共同利益锁定使得加盟商从企业整体利益出发思考问题，效率大幅提升。与此同时，中通的“郡县制”强管控更加便于规章制度贯彻落地，组织成本、交易成本不断降低。中通的“郡县制”模式推行后，中通市场份额由 2011 年的 7.6%，增长至 2021 年的 20.6%，包裹量稳居国内行业第一位，是全球首家年包裹量突破 200 亿件的快递企业。

二、让上令不止于“郡县”

在中通推行“郡县制”模式的同时，“通达系”企业纷纷进行“郡县制”模式改革。但郡县制的核心是中央集权下的科层制和官僚制，过于复杂的科层制度和冗杂的官僚体系导致政府、企业的管理成本巨大。此外，科层制会造成组织总部和基层的信息不对称，组织总部指令很难被正确执行下去。

“通达系”企业采用全国性网状组织模式，网络庞大复杂、网点分布密集散乱。面对如此庞大的网络体系，“通达系”企业总部的精力、人员和资金有限，在全国范围内推行“郡县制”组织模式相当困难。况且基层网点对当地民俗、经济文化以及办事规则非常熟悉，相比于总部，能够因地制宜、因时制宜。此外，“通达系”企业的文化基因决定了其必须实行基层自治。基层网点规模有限，网点负责人和员工大多是亲戚朋友关系，相互之间比较了解，彼此信任，可以相互帮助，心往一处想，件量和利润自然有保障。由于大家文化观念相同，沟通起来更加便利，减少了不必要的成本。在此文化背景下，企业总部只需要顺应现状，无须强行改变。实行基层自治完美地解决了加盟商与企业的矛盾，符合其文化背景，突破了地理限制。

在基层自治方面，中通的做法显然更胜一筹。中通不仅给予基层网点充分的自主权，而且采取多种措施赋能地方网点：禁止亏本快件流入网络，以保证末端派费高于同行，提高了员工薪酬福利；成立“网络管理指导委员会”，分析网络运营数据，为基层网点运营提供建议和指导；给予资金困难网点资金支持，协助网点办理贷款业务，适当上调派费，确保网点盈利；为网点提供技术支撑，全面推广移动终端设备及应用，规范网点操作，提高工作效率；还专门设立了IT团队，随时为网点提供技术支持。基层自治下的中通不仅变得更强，而且更加有韧性。乡情、亲情、友情比普通的员工情更具抗打击能力，中通的网点比其他企业更具有韧性，每年“双11”，中通网点的爆仓率要比同行低很多。网点、加盟商、总部织成了一张牢不可破的网络，数据显示，2018年中通加盟商换手率低于5.0%。

科层制通过全覆盖管理，可提高生产效率，为企业、为员工、为社会创造更多价值。但当组织规模不断扩张，组织层级越来越多，冗杂的科层体系不仅会导致信息传导不畅，还会给企业管理带来巨大的成本压力。著名经济学家罗纳德·哈里·科斯（Ronald H. Coase）认为当组织过大，达到某个临界点，组织内部的管理成本和沟通成本大于外部的交易成本时，就会出现“科斯天花板”，企业无法再继续扩张，此时需要将内部的事情交给外部去管理，实现人人自治，顺应客观规律。即便企业暂时可以承受成本压力，但当组织规模非常庞大时，企业没有足够能力了解当地情况，不能因地制宜，做出的决策难以符合实际。因此，“通达系”快递企业在基层应该实行政策兜底而非过度干预和强制分配。

唯物辩证法认为，世界上一切事物都处于不断运动变化中，一成不变、不运动的事物不存在。凯文·凯利在《失控》“九律”中提到要谋求持久的不均衡态，认为所有活着的事物都是不均衡的、变化的。“通达系”企业由小到大，由大到强，由强到韧是一个不断变化的发展过程。无论是“分封制”，还是“郡县制+基层自治”模式，都是“通达系”企业结合历史背景和文化基因，做出的最佳选择，无所谓好坏，也不具有可比性。此外，“通达系”企业是在当时环境下自然而然、无意识地做出的变革，造就了“分封制”“郡县制”“基层自治”等组织形态，是结果，而非目的。

第二节　“同建共享”理念引领下的“双创”经营模式

一、“同建共享”的背景

中通的发展是不断创新、不断变革、不断迭代的过程。中通最开始实施的是众包、众筹商业模式，依靠亲情、友情、乡情，大家彼此信任、相互帮助，基于独特的加盟制，实现近乎零成本的网络扩张。这是中通的“双创 1.0”经营模式，在此模式下，中通最早推行有偿派送，完美解决初期派费互免带来的利益分配不合理问题。有偿派送实施后，中通规模性加盟网点快速增加。之后，为了进一步加深总部与加盟商的联系，中通快递董事长赖梅松提出实行全网一体化战略，将多个利益主体转变为一个利益主体，在实现自身利益最大化的同时，让加盟商帮助中通发展壮大，这是中通的“双创 2.0”经营模式。全网一体化战略实施后，网点积极性被充分调动起来，中通的业务量和收入显著提升。为了让员工享受到发展红利，提高员工的积极性和主动性，赖梅松开始进行经营模式的更深层次变革，推出“双创 3.0”模式，内部分层级共享红利。现阶段，随着快递行业竞争加剧，中通把关注点再一次转移到网络上，推出“双创 4.0”模式，以资金、技术、管理经验赋能基层网点，在开疆拓土的同时帮助更多人就业、创业。

“双创 1.0”“双创 2.0”“双创 3.0”“双创 4.0”模式无不彰显中通快递“同建共享”的理念。“同建共享”可以解释为责任共担、成果共享，即从多个利益主体向共同利益主体转变，组成命运共同体和利益共同体，共同把“蛋糕”做大。中通的“双创”经营模式是在“同建共享”理念引领下一步步升级迭代，“双创”经营模式是工具、是举措，而“同建共享”理念是思想、是文化。工具、技术、手段会过时、会更新，就如“双创1.0”到“双创4.0”；但是“同建共享”的理念却一直在为中通指路，帮助中通由小到大，由大到强。

二、独具特色的“同建共享”理念

“同建共享”理念是中通倡导的核心价值观，是中通在不同发展阶段基于公司发展现状提出的理念。这一理念体现了中通快递董事长赖梅松诚信、分享、公平、共赢，不让任何投资者和合作者吃亏的文化基因，蕴含着深刻哲学、经济学和组织行为学理论内涵。

中通的“同建共享”理念充分体现了“激励相容机制”。哈维茨认为，每个理性经济人都是自私自利的，市场中每个人都按照自利规则行事。倘若有一种制度安排，能使行为人在追求个人利益最大化的同时，刚好帮助企业实现集体价值最大化，那这种制度安排就是“激励相容”。中通的“同建共享”理念与之不谋而合，从“双创1.0”开始，加盟商投资初创时期的中通，并不是为了信仰，而是为了获取利益，但是每个加盟商的逐利行为成就了中通。中通的“双创2.0”“双创4.0”同样遵循这一理念。

对于员工而言，则涉及委托代理关系。威廉·维克里和詹姆斯·米尔利斯认为，由于代理人和委托人的目标函数不一致，加上存在不确定性和信息不对称，代理人的行为有可能偏离委托人的目标函数；而委托人又难以观察到这种偏离，无法进行有效监管和约束，从而企业出现代理人问题。在代理人问题上，中通的员工属于代理人，企业则属于委托人，员工直接经营，熟悉业务状况，直面市场，因而对企业和股东而言，员工是更具有信息优势的一方。一旦其与企业的利益目标不一致，很容易进行逆向选择、产生道德风险。因此，企业要做的就是利用“激励相容”制度安排，通过“双创3.0”模式，绑定员工和企业的利益，实现员工利益最大化进而实现企业利益最大化。中通的“同建共享”理念一手连接员工，一手连接网络，通过“双创模式”完成员工、加盟商与企业的“激励相容”。

此外，“同建共享”理念完美契合“科斯定理”。罗纳德·哈里·科斯提出，当交易成本为零时，不管产权初始如何安排，当事人之间的谈判都会导致财富最大化安排，即市场机制自动达到帕累托最优。但在真实的世界里，交易费用大于零，企业可以纵向一体化（所谓企业纵向边界，是指前后相继的产业或生产阶段从市场合约的关系转变为企业内部关系的过程）方式合理配置资源，避免为确定多边交易价格产生搜索、谈判、度量等交易费用，这也是企业存在的原因。但是随着企业规模扩大，企业内部管理成本增加，当企业内部的管理成本大于市场交易费用时，企业便面临着边界性问题。因此，要实现组织的不断扩张，一方面可以选择降低组织成本，另一方面可以选择增加市场交易费用。

中通则是通过降低内部组织成本来实现业务的快速扩张。中通包裹中电商件占比85%左右，电商客户不同于商务客户，其成本敏感度极高，谁具有成本优势，谁便可以迅速占领市场，形成规模优势。中通通过“双创2. 0”，全面实施全网一体化战略，进行股份制改革，构造了总部、转运中心、网点纵贯分层的多重中心性管理模式，又称“联邦制”。所谓“联邦制”，是指由两个或两个以上的组织实体结合而成的一种复合制组织，组织中的各成员遵守着体系的一致性契约，既保证整体性，又保障各联邦成员的自治与自主，彼此之间不同于传统组织的纵向垂直，呈扁平化分布。

组织行为与人力资源学告诉我们，每个人的有效管理半径是6~8人，组织规模大了必然产生层级；而层级越多，信息的衰减和异化越严重，扁平化的网络组织模式使得信息传导十分便捷，简化了交易过程，节约了内部交易成本，并且由于网络组织模式扁平化，组织的管理层次大大减少，管理费用进一步降低。因此，稻盛和夫提出了阿米巴经营模式，张瑞敏提出了“人单合一”和“倒三角”理论。前者建立了内部的虚拟交易模式，后者还在探索中，如果成功了就是今天的“中通”模式。目前，中通管理者与基层员工的比例为1∶80，与全网快递小哥的比例为1∶600，是同行一级加盟商数量最多的企业，由此可以看出中通的网络层级少、组织更加扁平化。扁平化的组织模式使中通的内部管理成本低于市场外部交易成本，中通得以快速扩张。得益于规模效应，中通迈入了“成本低—规模扩大—成本进一步降低”的正向循环。

“同建共享”理念引领下的“双创”经营模式是一个不断寻求帕累托改进的过程。帕累托认为，一个经济系统如果要进一步改进，就必须损害至少一个人或一个群体的利益，经济系统进而达到帕累托最优状态；在经济系统未达到帕累托最优状态时，可以进行帕累托改进。中通的每一次经营模式变革都在不损害企业利益的基础上使网络合作伙伴和内部员工受益，实现共享，通过“双创”模式的更新迭代，寻求中通的帕累托最优。

三、“双创模式”促“同建共享”理念落地生根

1. “双创 1.0”经营模式

中通刚成立时，顺丰、申通已发展近十年，韵达、圆通也已建立好几年。当时，很多桐庐人来上海投奔同乡，中通并非他们的首选。那些想要加盟做快递的创业者或要发快件的客户，第一时间想到的可能也不是中通。中通通过众创、众包、众筹、众扶的加盟模式，实现了网络的快速扩张。中通加盟商的主要来源是亲戚、朋友，大家基于乡情、亲情、友情，彼此信任、相互帮助，这是“双创 1.0”经营模式。“双创 1.0”经营模式使中通的网络不断自我更新，每一个参与者都在寻求自身利益的最大化，适者生存。此外，中通网络以近乎零成本迅速扩张，加盟商自负盈亏，每一个末端都把降低成本做到极致，这对于面向电商市场的快递公司至关重要。因为电商客户的价格敏感度非常高，低成本竞争才是王道。

在“双创 1.0”经营模式下，中通最先推出了有偿派送。早期，行业内派件普遍采用“派费互免”模式，即派件是无偿的。有的区域是收件大户，有的区域是派件大户，互免导致区域利润分配不平衡，不合理的利益分配机制影响了网络的稳定性。2007 年，中通在全国网络大会上第一个提

出实行“有偿派费”，遭到了北京中通和广东中通的强烈反对。因为这两个地区是收件大户，“有偿派费”给其增加了很大的成本压力，赖梅松带着各大加盟商去偏远地区进行考察，各大加盟商最终接受了“有偿派费”，认识到利润均衡分配的重要性。

2007 年，中通在行业内率先推行有偿派送，将全国网络划分为 A、B、C、D 四个区域，对不同区域实行不同的派费标准，偏远、欠发达的地区派费高，以此保障网点收支平衡。“有偿派费”平衡了全网的利益分配，大大增加了不发达地区的收入，末端的网点积极性被充分调动。2008 年，中通下属规模性加盟网点达到 1550 个，日均业务量达到 18 万件。截至 2019 年 3 月 31 日，中通共有超过 4500 个直接加盟商和 29800 家揽件/派件网点，城市和乡镇覆盖率达到 98%以上，成为网络覆盖广度最大的民营快递公司。

2. “双创 2.0”经营模式

“双创 1.0”经营模式是中通网络迅速崛起的先决条件，同时平衡了全网的利益分配。为了加强网络合作伙伴与企业的链接，中通在“双创 1.0”经营模式基础上，提出了“双创 2.0”经营模式。中通快递董事长赖梅松认为，加强双方链接的最好方法便是实现利益主体从“多到一”的转变。2010 年，赖梅松召集实力雄厚的北京、广东等地加盟商召开专门会议，决定让出其部分干股，让加盟商做股东，实现利益共享，自此中通开启了“双创 2.0”经营模式变革。

2010 年，中通对全网进行了股份制改革，中通快递董事长赖梅松出让了 20%的管理股，并且对其和其他几个股东的股份进行压缩，共用 45%的股份收购了华南、华北、华中等地的分公司。各省市加盟商在股权激励下，纷纷投靠中通总部。2010 年底，赖梅松跟广东中通的吴传龙进行谈判，双方同意广东中通以 14.5%的股份入股中通总部，吴传龙退出。同年，湖北、四川、江西、陕西、吉林长春、辽宁沈阳、天津等地加盟商均并入中通总部。2011 年上半年，陈加海拟转让北京中通股份，其对北京中通的估价是1亿元。这在当时是个天文数字，赖梅松和另外两位股东各以3500万元的价格买下了陈加海的股份。2011年秋天，北京中通成功并入中通总部。2014—2016年，中通先后以股份收购了24家加盟商，以现金方式收购了1家加盟商。此外，中通还向加盟商支付了2.17亿股股票作为收购对价，因为收购产生的总商誉高达41亿元。

股份制改革让加盟商受益，广州中通就是最好的例子。中通全网一体化改造，快递重镇广东分公司的积极性得到充分调动，广东的件量从2012年的日均18万件突增至2015年的近300万件，行业占比提升到20%之多，业务量超同行其他公司，同时提升了中通的品牌形象；此外，股份制改革增强了中通网络的稳定性。加盟商持股及网点“证券化”运营（通过网络合作伙伴进入和退出机制、经营权的转让，网点可以实现价值增值，实现资产虚拟化证券化）使中通总部与加盟商的利益保持高度一致。一些快递企业因为加盟商的退出和网点的“停摆”遭受巨大损失，但是中通的网点基本没有出现问题，数据显示，2018年中通加盟商换手率低于5.0%。股份制改革还降低了中通的运营成本，获得了规模效应。股份制改革后，中通的组织模式扁平化，组织内部的交易成本和管理成本大幅降低。2016—2018年，中通的单件成本从1.56元降至1.41元，按照其2018年超过85亿件的业务量，节约成本超过10亿元。

3. “双创3.0”经营模式

“双创1.0”经营模式和“双创2.0”经营模式的成功，使中通摸准了经营模式变革的命门——“同建共享”理念。按照这一思路，中通董事长赖梅松不断推动经营模式的深层次变革，拓展“同建共享”理念的覆盖面；由网络推广至员工，提高员工积极性、保持员工稳定性、提升员工创新性，由此开启了“双创3.0”经营模式。

（1）权益保障

快递行业权益保障体系不健全、人员流动性相对较高。为此，中通不仅严格遵守《中华人民共和国劳动法》《中华人民共和国劳动合同法》等法律法规，而且为员工提供诸多福利。2011 年，中通在行业内率先推行“亲情 1+1”福利政策，每年年底，公司承担福利基金 1000 元、员工承担 1000 元，合计 2000 元，由公司转账给员工的父母，由此中通每年额外承担数百万元的成本支出；2011 年，中通成立了网络互助基金，用于社会重大灾难、网络安全调控、网点突发状况以及员工（包括其家属）意外事故等，目前已向社会、网点、员工及其家人提供数千万元资助；自 2013 年起，每年 5 月 8 日，中通为员工举办集体婚礼，并为之规划蜜月旅行。诸如此类福利还有很多，2018 年中通快递员工劳动合同签订率达 100%。

（2）员工成长

为了促进员工成长，中通设立了中通学院，上线“中训通”培训平台，培养了近 300 名合格讲师，开发了包括公共管理、专业管理共计数百项培训课程，切实推进“一个专业、两项创新、三大结合”活动，保障培训项目具体落实。2018 年，中通开展线上、线下培训 937 场，共计 40539 门课程，参与人员达 66761 人次；此外，中通还设置了“百优千人”计划，中通总部对员工提供集中培训、院校理论学习、课题调查研究、岗位交流锻炼等机会，培养优秀人才。2018 年 5 月 18 日，来自 30 多个省份的 70 名学员参与了“百优千人”计划第一期主管级培训。中通学院办学愿景如图 3–1 所示。

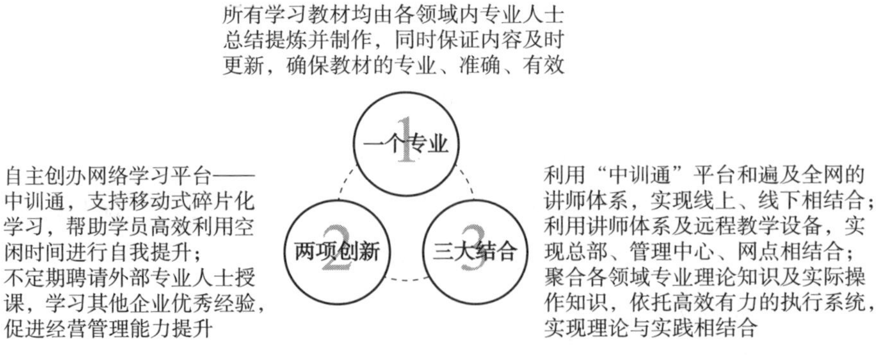

图 3–1　中通学院办学愿景

（3）职业发展

中通建立了完善的职业发展通道，搭建了“双通道”晋升模式，针对管理和专业两个方向的人才分别制定不同的发展机制；每年进行两次初级、中级专员晋升，一次高级资深专员竞聘和一次储备干部竞聘，为不同层级的员工提供发展机会。2018 年，共有 368 人参与竞聘初级专员、中级专员、高级专员、资深专员。搭建内部人才数据库，对满足入库条件的员工给予专业培训。中通“双通道”晋升模式如图 3-2 所示。

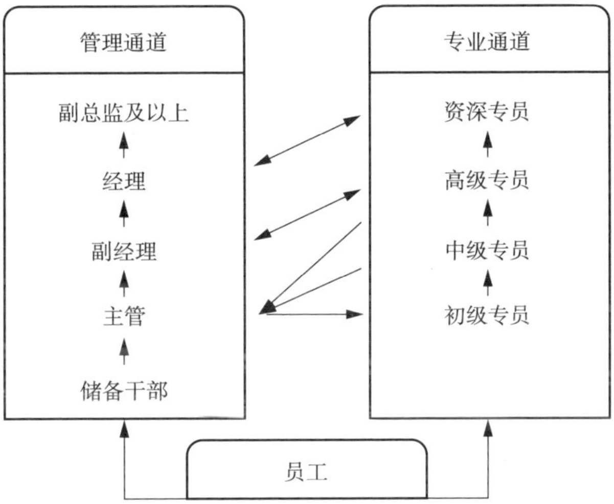

图 3-2　中通“双通道”晋升模式

（4）股份分红

中通上市前向 103 名激励对象一次性授予公司股份认购权，共预留了 360 万股股份。员工认购股份价格按照公司总体估值 100 亿元、总股本 6 亿股计算，即每股 16. 67 元。持股名单显示，除了赖梅松、赖建法和王吉雷等高管外，还有华南、华北管理中心管理人员及天津、长沙、成都、武汉等重点城市的总经理，同时还有少部分片区专员及一线员工。此外，中通允许员工入股干线班车，网络班车的运载率很高、利益丰厚。为此，中通辞退外包车，让员工投资车队，按照级别和贡献每人投入几万元到几十万元不等的资金，成为运输公司股东并享受30%左右的年收益率。

4. “双创 4.0” 经营模式

目前，中通已开启了“双创 4.0”经营模式，此举措主要针对网络，为更多的人提供就业、创业机会。通过网络合作伙伴模式，鼓励更多人加入中通，责任共担、利益共享。中通禁止亏本快件流入网络，保证末端派费高于同行，不断提高基层员工的薪酬福利；成立“网络管理指导委员会”，分析网络运营数据，为基层网点运营提供建议和指导。此外，中通还帮助网点进行员工招聘和业务人员培训，提升其综合服务能力；给予困难网点资金支持，协助网点办理贷款业务，适当上调派费，确保网点盈利；为网点提供技术支撑，全面推广移动终端设备及应用，规范网点操作，提高工作效率；还专门建立了 IT 团队，随时为网点提供技术支持。2018 年，中通新增网点 2000 多家、带动基层就业约 26000 人，集团总部及各直营公司新入职员工 25176 人，年度吸纳总就业人数达 5 万余人。

通过“双创 4.0”经营模式，中通网点收益大幅提升。以中通香格里拉公司为例，云南盛产松茸，但是松茸保鲜期很短，要发展此业务只能通过航空运输，若配送量达不到航空公司的要求，只能亏本自行配送。为此，中通开辟了“优先送”快递服务，将航空业务拓展至云南省内 12 个地州机场。香格里拉公司借助中通的航空资源，不断扩大规模，目前快件量市场份额已经跃居当地第一位。中通“双创 4.0”制度安排如图 3-3 所示。

四、成果与展望

“同建共享”即责任共担、成果共享。中通的“同建共享”理念不仅要求“同建”还要求“共享”；“同建”代表创业、创新，“共享”代表红利分享，一边连接网络，一边连接员工，构建了一个平衡、稳定的生态系统。中通基于“同建共享”理念，取得了巨大成效。2016 年至今，中通

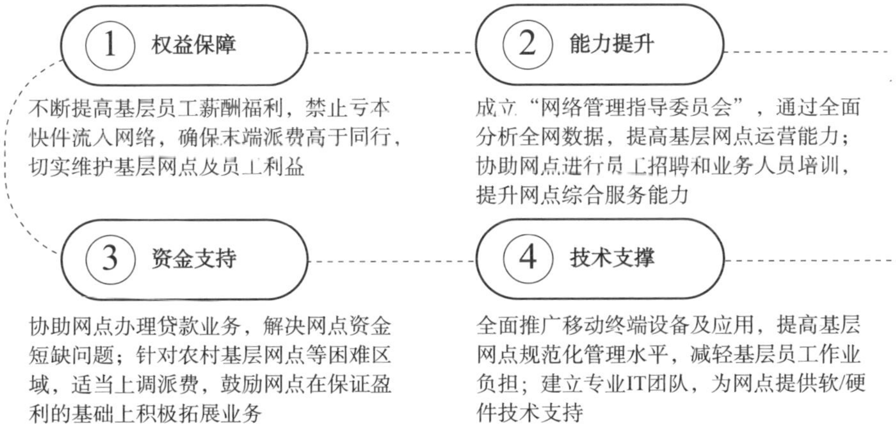

图 3-3　中通“双创 4.0”的制度安排

包裹量稳居全国首位，同比增速常年快于行业平均水平，2015—2020年，中通业务量年均复合增长率为32%。“同建共享”理念与“双创模式”如图3-4所示。

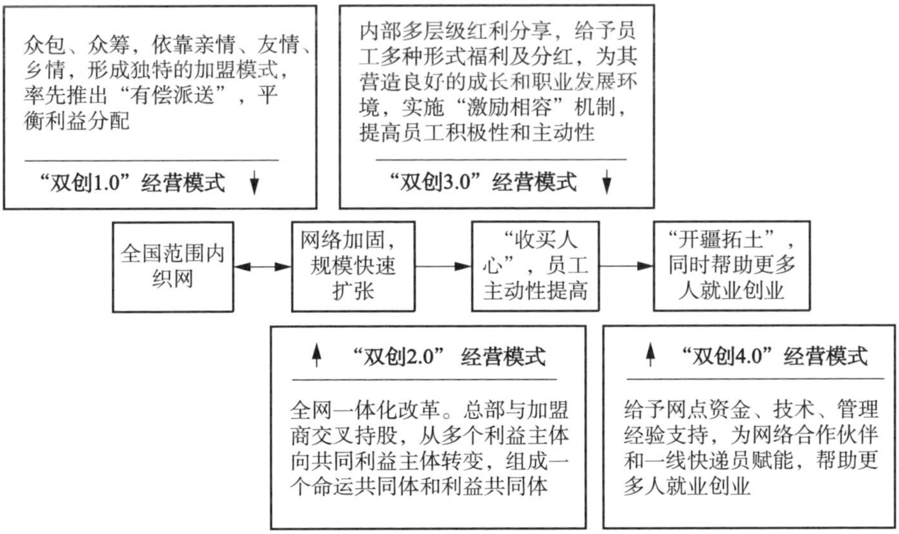

图 3-4　“同建共享”理念与“双创模式”

目前，中通的业务量稳居世界第一位，业务量增速保持在两位数以上。但是中通也遇到了企业扩张中边界性问题，如何突破企业的边界，是中通一直在考虑的问题。当企业内部组织成本等于外部市场交易成本时，企业面临边界问题。中通通过“双创 1.0”“双创 2.0”“双创 3.0”“双创 4.0”经营模式，贯彻落实“同建共享”理念，成功完成由多个利益主体向共同利益主体转变，形成命运共同体和利益共同体。利益统一之后，内部契约、规则形成，总部指令传递顺畅、网络稳定、不确定性降低，网点之间的磨合更加容易，组织成本低于市场交易成本，中通得以继续扩张。因此，“同建共享”并非形而上学，而是中通不断扩张边界的关键法宝。

凯文·凯利在《失控》中提及的九律与中通的发展模式、经营理念不谋而合，中通作为复杂、庞大、联动性强的组织，处处体现了凯文·凯利的九律。

（1）分布式

分布式强调去中心化，没有中心系统的组织很难被破坏。中通的“加盟制”构建的是扁平化组织模式，层级少、信息传导速度快，单一网络节点的混乱不会影响整个网络的运营状况。

（2）自下而上的控制

自下而上的控制强调基层的自由决策权，基层之间有充分的连接和沟通。中通的网络便是自下而上的控制，每个基层网点独立经营，网点负责人拥有领导权和决策权，个体决策促进整体最优。每年“双 11”大促，需要调度大量的车辆、人员，公司总部无法调度全网近 30000 个网点的资源，均由网点在“双 11”来临时自发调配车辆和人员，自下而上的控制使中通能够很好地应对“双 11”较平常 4~5 倍的业务量激增。

（3）递增收益

递增收益可以理解为规模效应，中通是规模效应的受益者，目前中通的业务量位居全球第一。庞大的业务量有助于中通不断更新自动化设备、提高车辆装载率和人员的利用率，从而降低单票成本。业务量又因为成本的下降不断扩大，从而形成了业务量增加—规模效应—成本降低—业务量增加正向循环。

（4）模块化增长

复杂系统一般应由多个独立模块组成，模块之间相互独立。中通的加盟商呈模块化分布，各个地区的加盟商之间、加盟商与中通总部之间相互独立、自主经营，既有共同的运行原则又不失各自独立性。

（5）边界最大化

中通通过自我驱动不断扩张网络边界和业务边界。目前，中通拥有超过 4500 个直接加盟商和近 30000 家揽件/派件网点，城市和乡镇覆盖率在98%以上，快递网络深度和广度在国内民营快递公司中居于首位。2006 年，中通每天业务量只有 6 万票，目前，中通每天的业务量为 3600 万票，超过了 UPS 和 FedEx 业务量之和。

（6）鼓励犯错误

网络、企业和产品需要容忍错误，只有通过犯错误才能发现存在的问题和可能的机会，发展的过程就是自我驱动下不断试错的过程。中通作为业务量位居全球第一的快递公司，并没有合适的参考对象，更需要通过创新、试错寻找潜在的机会。

（7）不求最优化，但求多目标

复杂的系统需要不断迭代、不断进化，不能只设定一个目标。中通便是最好的证明，从“双创 1.0”经营模式到“双创 4.0”经营模式，不断更新、迭代。此外，中通还构造了“一体八翼”的生态体系（一体即中通快递集团，八翼即国际、快运、云仓、商业、金融、传媒、航空、智能），通过“一体八翼”生态，寻求多目标发展。

（8）谋求持久的不均衡态

生物都处于不均衡状态，中通也处在持久的不均衡态。随着业务量快速增长，每年“双 11”“双 12”活动期间都是业务量波峰，不均衡状态要求中通不断更新设备、场地，成长壮大。

（9）变自生变

变自生变即企业不仅要了解游戏规则，还要善于打破规则。中通就有多次打破规则的善举，比如，在早期行业派费互免的基础上实行有偿派送，超前布局省际班车，大胆购入转运中心土地，等等。中通因此成为第一个“吃螃蟹”的企业。

新时期，国家鼓励企业提供全方位的创新创业服务、鼓励大企业开放创新资源，发展平台经济、共享经济，促进大众创业、万众创新上新水平。作为中国快递行业的领跑者，中通将继续贯彻“同建共享”理念，不断升级“双创”模式，帮助更多人就业、创业，为行业、为国家、为社会贡献自己的一份力量，造福更多人。

第三节　基于实体区块链理念的共创生态系

一、有关区块链的若干概念

1. 缘起

全球新一轮产业、技术革命，加速了产业格局的重塑，创新成为发展的新动力。在这一轮变革中，信息技术成为最集中、最活跃、最广泛的领域。区块链技术引发了科技界的广泛关注，被认为是开启下一轮发展的新动力。

区块链技术，源于对比特币一系列技术、概念与方法的凝练，是分布式数据存储、点对点传输、共识机制、加密算法等技术的集合，是一类基于时间将数据区块以顺序相连方式，组合而成链式数据结构，并以密码学方式保证其不可篡改、不可伪造的分布式账本。

初期，业界较多从技术层面对其进行总结与定义，在一定程度上狭隘化了区块链。伴随着探讨的深入，其逐步延伸至对创新的模式观察。究其根本，区块链的构建包含两个方面：首先是技术层面，其次是模式层面，二者共同凝聚而成了区块链的创新。技术层面是指其数据库、算法、密码学等技术，是构建区块链的技术工具，被视为实现的路径。模式层面是指其表现出来的去中心化、去信任化、集体维护的一系列特征。去中心化是对于原本链接方式的改造，不同节点间的链接变为自由而无阻，由过往的强管控转向弱管控；去信任化是在成员相互监督的场景下，脱离对第三方的依赖，彼此间互为背书，以确保整个体系环境的安全、有序；集体维护是基于成员对于共识规则的 ·致性认同与遵守，每个个体的参与行为，既要有助于自我的目标达成，也要确保整体的利益维系，自觉、自愿地对体系内数据、信息及规则进行维护。这三个重要特质是区块链通过技术工具所达成的模式呈现，区块链模式如图 3-5 所示。

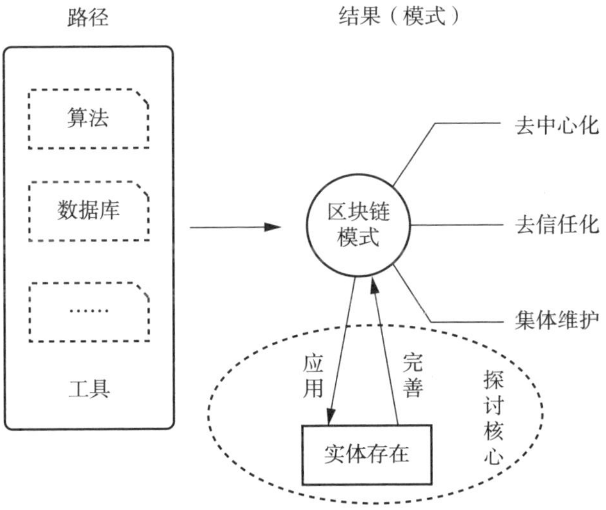

图 3-5 区块链模式

区块链嵌入体系运行，通过技术、模式共同作用。但是技术仅仅是促成模式的基础，有多元的路径选择，并非单一化、标准化，而是一个内生变量。对于模式而言，区块链有较强的稳定性，是一个常量，是直接影响体系运行效率、成本的关键，发挥最为直接的影响作用。因而，对于区块链的探讨，更需要把握模式层面，而并非技术本身。毕竟技术仅仅是路径，模式才是区块链的本质核心。同时，当前区块链被局限于互联网层面应用，大大限制了其应用空间。将其拓展至线下实体进行探寻，以发掘模式是否存在更好的应用与创新，是我们探讨的重点。

2. 应用

区块链技术从初期的比特币开始，已经逐渐延伸至社会的各个领域。例如，金融领域的票据服务、证券交易、保险理赔、跨境支付；公共服务领域的知识产权保护、学生信息档案、产权登记、健康管理；物联网领域的产品追溯、防伪、认证；文化娱乐领域的版权维护、数字内容确权、软件传播追溯等。除金融领域的区块链技术应用相对成熟外，其他行业的应用尚处于探索与构思阶段。区块链技术虽已有雏形，但由于行业间的差异，会遇到诸多落地性、适应性困境，实现其在更广、更宽领域内的运用，这成为下一阶段的目标。

二、辨析比特币背后的区块链模式

目前，许多人将比特币错误地等同于区块链，出现了内涵与外延的重叠。虽然区块链的概念凝练源于比特币，但是其本身具有丰富的外延应用，比特币仅仅是其诸多外延应用之一，且属于公有链的范畴。即参与者介入与退出享有绝对的自由，扁平化结构实现了彼此的互联，虚化了中心性的存在。同时，有人将比特币的技术运用等同于区块链的全部，这大大降低了区块链的创新意义，通过这些技术呈现出来的诸多模式特征，才是区块链的本质核心，需要加以重点讨论。

对于比特币的优势，集中于在虚拟环境下的货币发行、交易、信用等一系列关系、模式的改造，这一切依赖于技术的支撑与运用；而去中心化、去信任化、集体维护（共识机制）的存在，则是区块链模式的集中表现，相互之间是路径（技术工具）与结果（模式特征）的关联。比特币唤起了区块链模式，但是其在运行过程中的效用到底如何？存在哪些优劣？在此做一全景化辨析，以更好地理解区块链模式本身。

1. 机理剖析

首先，发行、交易的去中心化。比特币的发行没有特定的发行主管部门，这与传统的金融体系中心化管控有很大的差异，基于对算法（产生货币的技术方法）的共识。这个共识是多方参与者经过博弈后的一致性认同，凝聚着多方（包括矿工、开发者、比特币持有者）的共识。整个体系按照线性递减的方式发行比特币，货币总量控制在2100万个，从发行数量、形式、步骤来看，不以外部力量为推动，充分发挥了市场的自生产与调节作用。

在比特币的交易过程方面，支付的请求是由网络中的“矿工”（网络节点）来处理。所谓“矿工”就是提供交易处理的服务机器（参与者），它们遍布全球各个角落，每个“矿工”都是平等的，它们会互相竞争，处理交易最快、最好的“矿工”会获得一定数量的比特币作为奖励。自由、自主地参与行动被充分调动，促进了市场的活力。在比特币的网络空间中，每个参与者不受任何人或组织的推动，是自觉、自愿的市场参与者。

去中心化概念源于自然科学的生态学理论，是指在一个分布有众多节点的系统中，节点之间彼此可以自由连接，形成新的连接单元。任何一个节点都可能成为阶段性中心，但不具备强制性的中心控制功能。可以看到，去中心化是一类结构的分布形式，其有助于产生协同。但是去中心化并不意味着对中心化的完全否定，只是特定条件下的不同中心性需要。中心本身不可能完全消失，即使在弥漫分布的互联网中，任何言论、信息的传播，看似无中心性，背后实则依然有着信息源的集中，或是组织，或是关键意见领袖（KOL）。在比特币场景中，算法使得机器替代了人工，去除了发行、监督等中心机构，试图通过用户直接的交互（P2P）去除中间人，使去中心化有了存在的可能。但需要关注的是：其专业性如何保障与延续？交易、交互成本是否有实际的降低？去中心化的初衷是降低成本、提高效率，一切都需要立足于数据来加以验证。

其次，全网共享性的去信任化。在比特币网络体系中，每一个节点都能存储全网发生的历史交易记录与账本，个别节点的账本数据不会影响全网总账的安全性。以人际共享、互为监督为基础的比特币网络，使信息被展现于公开的网络中，彼此间的信任建立于网络体系的内生监督机制，而不是以第三方监督、管控为基础。每位参与者都是嵌入体系内的基本信用单位，为自己、他人提供着延绵的信用流。在这样一个开放、共享的网络内，自我监督、约束机制保障着彼此间的交易安全。

区块链模式强调的去信任化，实质是集体约束与个体自律的结合，以降低对第三方或其他信用方式的依赖，这是一类创新。搁置于网络环境下，每个人在记账技术的约束下都能确保很好地记录信息，但能否确保其记录内容真实、客观？是否存在人为的主观造假或无心之过？仅凭借对记录信息进行评判，淡化对于过程、内容的甄别，会对信用本身产生影响。因而，去信任化并不是完全排斥其他信用方式的存在，而是要强调不同机制间的彼此配合。其中，以成员的集体约束、个体自律为核心，其他诸如第三方、人情信用等则作为辅助来加以共同维系。

最后，基于共识的集体维护。比特币之所以能正常运行，离不开自身的运行规则，就是参与成员的一致性认同，即共识机制。成员对于比特币生产、交易、流通等一系列规则的认同与遵照，提供了良好的运行环境，其形式不同于常规的强制性规定，是自觉、自愿的。比特币的规则一旦被预先设定则不能随意改变，成员可以自由地选择参与或退出，以此来表达对共识规则的接受或否定。整个体系内的数据、信息、规则不依赖于特定的主体，是集体的自我生产与维护，这与传统的体系运行有很大的不同。

共识机制、集体维护充分发挥了集体的力量，调动了个体的主动性。但综观比特币的市场走势，其呈现出较大的波动性，而且十分剧烈，甚至是投机性的。在整个币圈，存在两类模式：一类是基于平台、币和社区的“三位一体”，通过共识基础来建立一个数字经济体，通过集体维护为参与个体的真实、合理需求服务。另一类是不需要“三位一体”，只想着套现走人即可，有着鲜明的短期逐利性。两类模式都有共识机制和集体维护，但是背后的参与初衷、需求各不相同，这直接决定了产生何种性质的共识，以及参与者抱有何种心态来进行集体行动。仅有共识基础、集体维护只能确保运行的基本良好，无法保障参与者初衷、需求的合理与良好，进而会影响整个体系的可持续性；一旦发生偏离，则共识机制、集体维护也会随之崩溃。因而，参与行为的初衷是否合理、良好显得尤为重要，将决定不同属性的体系规则、共识的生成，以及彼此的合作能否真正增进组织、体系、社会的进步。

2. 反观与启示

比特币背后的公有链属性，虽较过往传统体系有所创新与提升，但依然存在一些潜在问题，如偷盗货币行为的身份追溯困难、自调节机制失灵下的资产价值（货币价格）震荡等，这直接影响区块链最终功能的发挥。区块链在实际场景中的运用，关键还在于效率、成本这两个维度上的改善。但是从当前的比特币来看，仅存有较多的模式推演与论证，还有待相应的数据来加以印证。

一系列比特币技术的运用，促成了区块链模式的呈现，这是网络环境下的积极应用。但当模式特征嵌入比特币时，依然有诸多可以提升的空间。是模式在比特币中存在应用性困境，还是模式本身仍存在改善的空间？这构成了对区块链模式本身的反思，由此触发了新的思考。在当前的商业环境下，是否存在符合或类似区块链模式的成功案例？这类模式是否可以跳出虚拟的环境而进入真实的场景运用？又以何种形式存在？在此，特别选择中通快递来观察，从中可以获得诸多的启示与印证。

三、“联邦制”中通快递：还原实体化区块链的成功运用

中国快递的崛起与发展，历经了一系列自我创造，是特定时期组织的迭代与演变成果。加盟制，被认为是快递业的重要创举，而在当前阶段，

则需要对其有新的审视与理解，中通快递尝试运用“联邦制”来重新定义与诠释加盟制。所谓“联邦制”，是指两个或两个以上的组织实体结合而成的一种复合制组织整体，该组织中的各成员遵守体系的一致性契约，既保证了整体性，又保障了各联邦成员的自治与自主，不同于传统组织的纵向垂直，呈扁平化分布。加盟制与“联邦制”的最大差异在于生成性基础的不同，加盟制是引入外部参与者的合作共创，组织的存在先于合作成员间的链接，是外生性的弱链接，是纵贯的直线管控；而“联邦制”则是组织内部的体系裂变，成员链接同步于组织的建立，是内生化的强链接、互为链接，与组织之间是顺滑共生的，呈扁平化的网状分布。对于“联邦制”的解读是基于中通快递自身的分布式自治组织（DAOs）形式，这与区块链中呈现的分布式、P2P 特征有着高度的重合。传统商业范式下以控制和权力为核心的公司制度，被以社区化、民主化为核心的新型链接方式所替代，不同于传统模式下的加盟制，标志着企业组织结构的变迁、共建、共创、共享。

直至近几年，区块链才逐步进入公众视野，且局限于虚拟环境中。殊不知，其所构建的底层逻辑与模式早已在中通快递内有所呈现，并成功运营了十余年。在此过程中，内生的实体化区块链形式较虚拟环境下的区块链有更多的优势，呈现了联盟链的特征，即参与者对于网络的介入和退出需要经历审核与授权，这与公有链有很大的不同。在当前的实际运用中，联盟链较公有链有着更多的运用领域，且在企业中的运用更具有落地性。其不是单纯的底层技术运用。中通快递的“联邦制”模式，为实体化区块链提供了重要载体与落地场景，使得虚拟的环境成为现实，并以实体组织作加载，渗透于组织结构、管理方式、运营能力等进行全方位的赋能与变革。

国家邮政局为快递行业制定了“打通上下游、形成产业链、画大同心圆、构建生态圈”前瞻性规划。中通快递的实体化区块链应用，为促进同心圆、生态圈的形成奠定了坚实基础，其提供的链接与延伸能力，将各方参与者有机地联结在一起，秉承了中通快递一直以来所强调的“同建共享”本质。在此，就中通快递“联邦制”模式所呈现的实体化区块链，做一个全景化阐释。中通快递的实体化区块链应用如图 3-6所示。

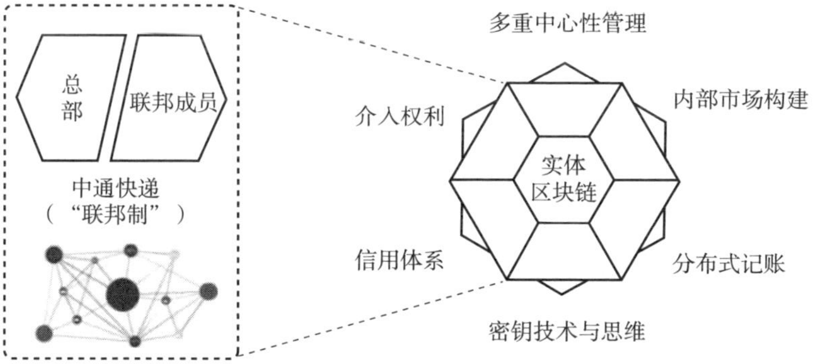

图 3-6 中通快递的实体化区块链应用

1. 多重中心化管理，引领组织结构、管理模式创新

在区块链模式中，去中心化是其重要属性，但其本身存在两面性，并非一味单向度积极或消极。去中心化仅仅是某种制度安排，是一个需要系统思考的内生变量，在不同环境下其发挥出来的功能有所差异。远古时期的部落就是点对点的，完全去中心化的，但为什么落后？是因为其网络过于稀疏，没有协同，农业的核心基础是点，能够自给自足就不需要中心化了。但步入工业化时代后，则需要大规模的生产协同，这个时候强调的是线和链接，因而中心化程度进一步提升。人类社会发展至今，需要对工业化时期的过度中心化进行解构，而非简单的去除，因为其有存在的必要性。对于中心化需要程度，需要将其搁置于历史时期、生产阶段来综合考察，是一个动态性变量，而非绝对。

作为“联邦制”的中通快递，其内部网络体系是由众多转运中心、网点等节点链接而成，共同编织成一张庞大的协作网，实现信息、资金、物流的三者汇聚。简单地依照去中心化管理，会使上万节点出现混乱，彼此间的链接也会变得无序，效率、成本都会受到影响。因而，需要对去中心化进行重新审视与优化，从而创造性地实施“多重中心性”管理，这是对虚拟环境下区块链模式的完善与改造。所谓多重中心性，是指依照管理覆盖、事务具体性两个维度来重构不同层级上的中心化程度。

管理覆盖越大、事务具体性程度越低，则越有去中心化的需要，面对庞大的组织网络与节点，会产生巨大的直属管理成本，效率也会伴随着逐级传递而降低。在中通总部层面，强调的是对于基本制度、规则的制定、管控与协调，以较好地实现面上管理；而对于管理覆盖小、事务具体性程度高的转运中心、网点而言，则需要突出中心化，转运中心、网点需要结合本地区实际实现本地化运营，以提升管理的针对性、适应性。

中通总部与各网络节点间的组织结构、管理方式定位，规避了去中心化或中心化单一选择下的弊端。中通总部、转运中心、网点纵贯分层的多重中心性管理模式，相较于采取单一中心化的直营快递企业而言，有成本、效率、自主性等多方面的优势。中通快递推行的省级直管，正是其“多重中心性”的具体落地，是统一与自主的有机结合和表现。

中通快递的“多重中心性”（见图 3-7）的主要优势在于：首先，规避寻租风险。中枢化管控意味着权力的集中，为权力寻租提供了条件，多重中心性则将权力在组织内部从横向、纵向两个维度进行分散，很好地避免了权力集中所造成的寻租行为，降低了大量的监督成本。其次，互为链接能力的强化。中通作为一个网络化企业，考验的是各节点间的无阻链接能力，传统组织中的纵贯式链接，虽保障了指令贯彻，但却损失了效率，提高了组织的动员成本。多重中心性的分布式链接，为整个网络体系提供了实现 P2P 的条件，信息变得畅通、动员速度有所提高、组织活力得以激发，在瞬息万变的市场面前，显现了高度的灵活性和整体动员能力。最后，激励模式再造。直营体系下的强中心化管理，在一定程度上抑制了成员的自主性、创造性，很多制度、流程在属地化落实中会遇到诸多不适用的困境，大大降低了组织的运行效率。在对成员的诸多激励方式中，授权激励是一项非常重要的措施。中通快递的多重中心性安排，背后蕴含授权激励的运用，使得各层级节点有了与之相匹配的权利、义务赋予，大大调动了成员的积极性，更易触发创新。实践证明，许多创新制度、流程、方法都离不开这类环境的营造，激发了组织的活力。

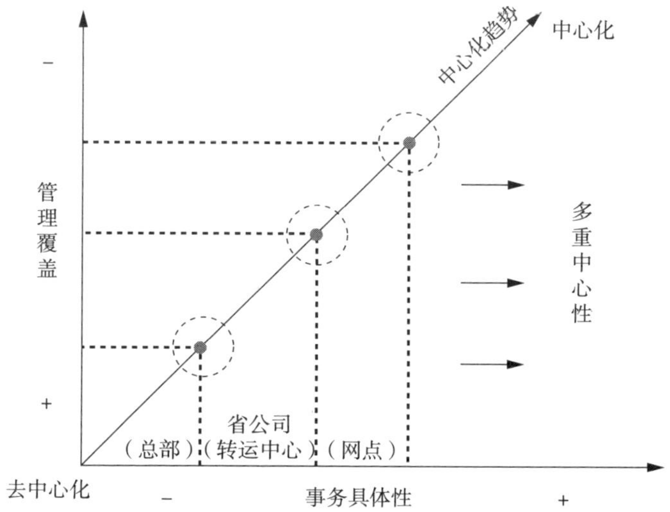

图 3-7　中通快递网络的多重中心性

除了在组织结构、管理方式方面外，多重中心性优势还体现在具体运营层面。以“双 11”的快递配送为例，中通之所以能多年稳固货量第一，是因为其网络链接能力。面对“双 11”陡增的货量，即使某一网络节点出现异常，也不会影响全网的正常运营，背后有区块化的运用。在整个网络分布中，每一个节点都有特定的若干链接对象，它们以区块形式存在，一旦出现问题可以迅速在网际进行信息传递，通过路由的重设，即可绕开相应区块、节点，直至状况的恢复。站在中通总部层面上看全网，整体网络是弥漫性分布的；而如果立足于宁波、武汉、北京这些节点、区块上来看，那就是点和点的线状关系，应对突发情况更为容易，无须牵一发而动全身，只需要进行区块调整即可。如果没有区块化设定、多重中心性响应，要在如此庞大的网络体系中进行重设，其难度可想而知。比较中通快递与 FedEx 各自的路由规划，中通快递秉承的 P2P 链接方式和 FedEx 的集中性拓扑相比，有更大的灵活性，在面对突发事件时，可避免中心化所带来的局限，应对起来更加自如。

2. 构建内部市场，交易成本的持续降低

阿里巴巴曾鸣教授提到：“区块链让点对点之间的交换和合作成本大幅下降，也就是交易成本的下降，这将极大地推动分工的进一步细化……要用网络协同来取代传统的供应链管理方法。”区块链构建了一个协同合作的体系环境，为相互间的合作提供了便捷，交易成本的降低对企业运营有着至关重要的作用。中通快递在降低交易成本方面，主要通过创建内部市场以实现资源配置的最优化。

依照经济学原理，组织规模的扩大，伴随着组织成本、管理成本的增加，有效控制组织成本成为塑造竞争优势的关键，其解决思路是将组织成本向交易成本转化与替代。中通快递的“联邦制”模式通过在体系内构建内部市场，在组织规模扩大的同时，不触及组织成本的上升，替代的是内部交易成本。

依照科斯的制度经济学，交易成本（费用）对资源配置有重要的影响，各类参与者在内部市场中通过自发调节，实现交易成本（费用）的降低，从而推动了资源的最优化配置。因其秉承了市场化规则，进一步优化了整体组织的资源配置、成本管控。

基于稻盛和夫所提出的阿米巴经营模式，小型组织单位更有助于效率提升、成本降低、全员参与，能够发挥组织更大的创造力，并持续提高组织运行效率。中通快递内部的阿米巴组织分布，使得每一个参与者（“联邦成员”）都成为基本经营单位，依照市场规则调节自己的交易成本，以实现资源配置的最优，通过个体最优实现组织的整体最优。这一点在直营体系中是难以做到的，因为其缺乏内部市场的自调节机制，组织成本向交易成本转移过程中存在天然的屏障，因而其在扩张过程中必然伴随着组织成本、管理成本的迅速提高。以企业的人员数量为观察维度，可考察不同体系快递企业在组织成本与交易成本转化过程中的具体表现。顺丰快递与中通快递员工数量对比如表 3-1 所示。

表 3-1 顺丰快递与中通快递员工数量对比

单位：万人

类型	企业	员工数量
直营模式	顺丰快递	17.71
“联邦”模式	中通快递	2.25

资料来源：公司财报。

可以看到，作为直营模式的顺丰快递，人员数量是中通快递的数倍，人工成本处于高位，从而提高了组织成本，组织成本无法转化与替代；而中通快递则将人工成本控制在一个较低、合理的水平，从而平稳了组织成本，关键在于组织成本的单位化分散，组织成本顺利向交易成本转化与替代，为资源配置的最优化、盈利能力的增强、竞争力的持续提供了支持。

3. 分布式记账，营造良好的信息化环境

区块链的另一重要技术分布式记账，直接改变了原本中央处理的高负荷运算困境，使得信息能被分散存储，避免了信息、数据的过度管控。当前的大数据分析、商业智能（BI）大多基于在线分析处理（OLAP）。

在中通快递的信息平台中，每天运行着数千万的信息流，这些信息由各个网络节点所传递，确保其通畅、安全、准确，尤为重要。在过往数十年的运营中，中通快递未曾发生过一起因为数据传输而导致的全网停运事件，其背后蕴含着信息技术、营运能力等多方面因素。中通快递之所以能确保运营安全有序，基础是类似分布式记账技术的运用。在网络体系中，每个网络节点都能在系统中实时记录自身的货件信息，即使出现网络传输阻碍，也被存储于本地，一旦系统环境恢复，依然能对记录于本地的数据进行激活，从而实现回溯传输，以实现共享，不影响正常运营。在此期间，对于货件的操作，凭借对实物的审核，能最大限度地保障数据记录与运营有序，这与区块链分布式记账有诸多相似之处，并在此基础上给出应对突发情况的解决之道。中通快递基于实物与信息的双重复核机制，直接解决了信息记录准确性的问题，能够100%确保记账信息的客观、真实，而不仅是有效记录。

4. 内生性信用约束，促进内部市场的链接

传统的信用体系建立，或基于第三方机构的信用背书，或基于主体间的人情信用，或基于第三方担保等，存在着信息不对称、评估能力缺失、流程手续烦琐等不足。作为网络化快递企业，成千上万的参与主体构成了企业的内部市场。在这一市场中，每天进行着大量的结算、交易与合作，要调节如此庞大的关系网络，传统的信用体系方式是难以应对的。

区块链模式的去信任化特质，基于网络信息技术的运用，使每一个参与主体都拥有共享信息的机会，并实现对于网络参与者的共同监督；一旦出现违规，会被及时识别与通报，从而维护整个网络的信用体系，这一切都是在虚拟环境下发生的。但在中通快递，实体化区块链使其成为线上网络与线下实体的结合体，共同维系着全网的信用体系。

中通快递通过统一的内部信息平台，为上万个网络节点提供了信息共享的机会，避免了信息的不对称、不透明，大大降低了内部运营的交易成本，增进了彼此间的信任。作为一个链接上万节点的网络，内蕴着复杂的关系基础，依靠道德、制度、信息技术共同调节，能在一定程度上降低交易风险，但并不完全；网络的内生约束机制，对于风险的规避起着关键性作用。以中通快递的建包操作为例，始发地网点将若干货件集包后进行转运，经过若干节点直至目的地网点，在拆包扫描时若发现货件短装，则会启动追溯机制，对各个流程环节进行追溯，直至发现问题所在。在此过程中，点与点之间实现了自由链接，对于货件实现彼此监督，且可回溯。对于整个体系网络而言，如若发现某一节点经常出现此类情况，则会被体系共知及识别，总部会对其有所安排与处理，确保整体秩序的维系。整个网络的信用体系得以营造与稳固，可对网络中各节点的行为进行规范和约

束，增强彼此间的信任。中通总部在此过程中，不是一个管控者，而是信用体系的维护者、调节者、传递者。整个过程是线上与线下的结合，发挥了网络内部的自约束机制，提高了成员对整体网络的信任度。

除了行为规范调整方面的运用，中通快递还采取了加盟商派费互为结算的机制，这是一个非常考验交易环境下信用体系的举措。各个网点都会与其他若干网点直接进行业务结算，借助内部信息平台建立虚拟银行，为网点间的交易提供技术支持。其中，既有便捷性的考虑，又降低了彼此间的交易风险，在整个交互、交易过程中，历史交易记录、行为痕迹及口碑，为其提供了有效的信用背书，确保了参与者的交易安全、有序，使风险大幅降低。那些出现信用问题的参与者会被网络的自发调节机制所识别，使其无处遁形，确保了整个网络的信用体系不被破坏。

区块链模式完全脱离第三方监督，具有一定的潜在风险，这一点在比特币中已有呈现。针对这一问题，中通快递内部既有体系的自约束机制，也有总部层面的环境营造，其不同于传统的强管控，而是虚化存在的弱管控，旨在对制度、规范的制定、协调与维系，是一个相互结合的过程，在很大程度上弥补了因缺乏第三方而带来的不足。

5. 介入权利的平等享有，支撑网络体系的稳固与延伸

区块链的前提条件是规模化，而规模化的前提是平等、公开的介入权利享有，这也是“联邦制”的内核要素。对于封闭的直营快递体系而言，介入权利的不足是影响其延伸的重要因素。在一个强调空间、时间为发展基础的行业，服务网络的延展性、覆盖率直接决定了其服务公众的广度、深度，反映其服务社会的能力。中通快递凭借介入权利的开放化享有，在服务的覆盖率方面拥有一定的先发优势，县级以上城市覆盖率达 99.80%，在“通达系”企业中居首位，相较于封闭的直营快递体系，优势更加明显。2021 年主要快递公司县级以上城市覆盖率如图 3-8所示。

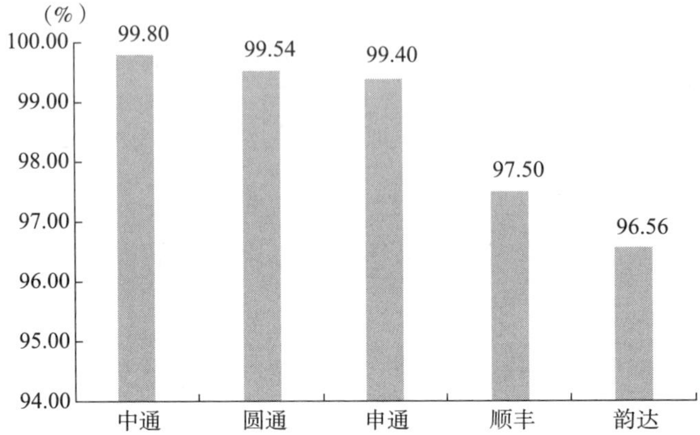

图 3-8　2021 年主要快递公司县级以上城市覆盖率

资料来源：上市公司年报及公开报道。

封闭的直营快递网络体系，其网络节点来自自上而下的设置，有着较强的管控渗透，其本身的自我复制与拓展能力难以发挥。对于“联邦制”快递而言，开放的体系为参与者提供了更多的介入机会，有助于服务网络的进一步延展。同时，因为介入权利的平等、公开，当网络节点出现更替、转化时，外部参与者同样有机会参与其中，维系原网络节点的正常运营，对原本的节点进行快速、及时的修复，以确保全网的完整性，使网络具有较强的自我修复能力。中通快递在保障公开、平等的介入权利同时，出于组织进化的需要，会对整个体系内、外部参与者进行适度的优劣甄别，以确保整体良性发展。直营制与加盟制组织网络对比如图 3-9 所示。

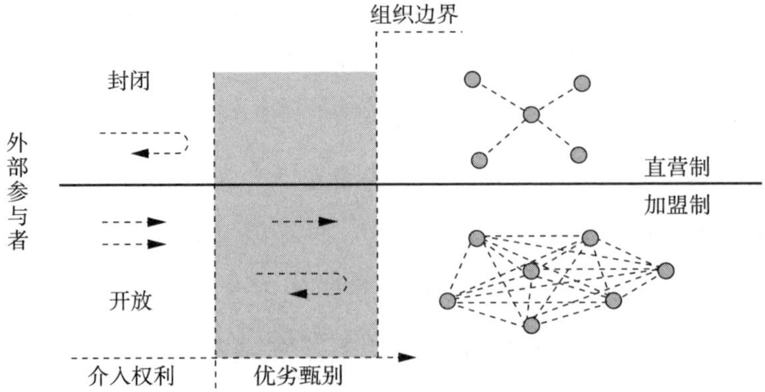

图 3-9　直营制与加盟制组织网络对比

一贯尊崇自营体系的京东物流，后期也提出要对社会物流开放；以直营起家的德邦，已实施“事业合伙人计划”；甚至是直营快递的顺丰，也打出了“伙伴计划”。从这些直营体系策略的调整来看，开放原本封闭的组织体系，背后透露出对于公平、公开的介入权利的关注与重视。在强调共享的时代背景下，资源共享、联合协同是趋势与基础，实体化区块链所倡导的介入权利，顺应了社会发展、企业演变的需要，组织形式的“封闭—开放”变化不仅发生于快递行业，在房地产、教育、零售等行业也逐步延展开来，成为组织变革的趋势。各类主体合作组成了网络，共同维护实体化区块链的健康运转，充分调动了各类参与主体的积极性，推动了网络体系的完善与提升。参与主体数量的增加不仅是介入权利享有程度的体现，也是市场认可度的重要体现。中通快递这方面的优势较为明显，其以开放态度，使网络体系不断延伸、市场不断拓展，确保了市场占有率第一的位置，这是身后诸多参与者共创、认同的结果。

6. 融入密钥思维，提供“信息流+实物流”双重保障

安全性是区块链的一个重要优势，其基于公钥与私钥技术的结合运用。公钥用于网络中公开的交易行为信息，每个节点成员都可以看到交易状况，而对于节点自身的专属化信息，则运用私钥匿名化，密钥的运用很好地解决了公开与专属的双重性，在很大程度上降低了风险，但依然存在瑕疵。日本曾发生被偷盗价值620亿日元比特币的事件，主要原因在于公开交易信息与私人信息虽由密钥加以保护，但是缺少彼此间的互验机制。个人信息在公开平台上不能被验证，一旦被偷盗，平台系统对个人的信息很难追查。

在实体化区块链中，也融入类似公钥与私钥的运用思维，并很好地克服了缺乏“虚拟—真实”信息互验的不足，进一步提高了安全系数。以中通快递在货物转运过程中的实际场景为例，在整个运输过程中，中通快递对于各运输节点都设定货件信息的预报制度，当货件从始发地网点、

中心发出时，需要通过信息平台提前向目的地网点、中心进行信息传输，货件信息被共享于网络平台中，目的地网点、中心可以通过信息平台提前获知信息，以做好到件准备。这如同区块链中的公钥运用，是公开共享的，网络中成员都可以看到；而当货件抵达目的地中心、网点时，操作人员则需要对单个实体货件与平台上的虚拟货件信息进行一一比对，每个网点、站点都有其自身的专属信息，每个货件也被赋予了专属标识，对于这些信息的解码就如同私钥的运用。通过平台公开信息（公钥）与线下实物信息（私钥）的交叉检验，可确保每一票货件的安全（见图 3-10）。

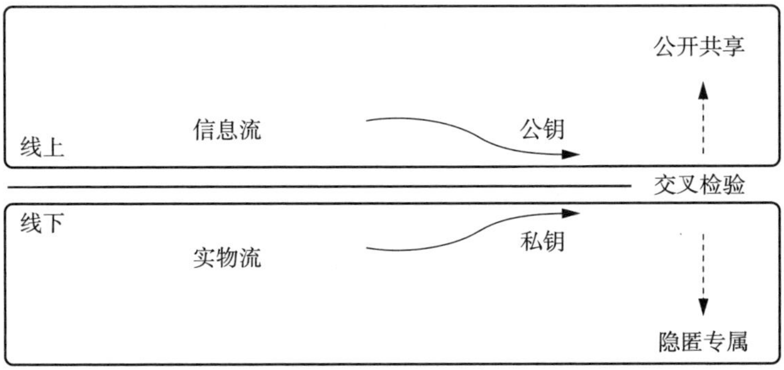

图 3-10　线上公钥与线下私钥的交叉检验

中通快递以“联邦制”内聚的联盟链属性，为实体化区块链提供了存在、演变与发展的基础。不同于公有链，其对公有链不足之处进行了改善与提升，特别是在中心性、信用体系、记账规则等领域。更关键的是其突破了技术局限，拓展至整个组织体系。多重中心性管理、内部市场、分布式记账、信用体系、介入权利、密钥技术与思维，是其具体运用，对于整个组织的管控、架构、链接等起到了积极作用。实体化区块链相比虚拟情景中的区块链（见图 3-11），在模式特征上有了进一步延续与改善，增进了其在实体组织中的运用。

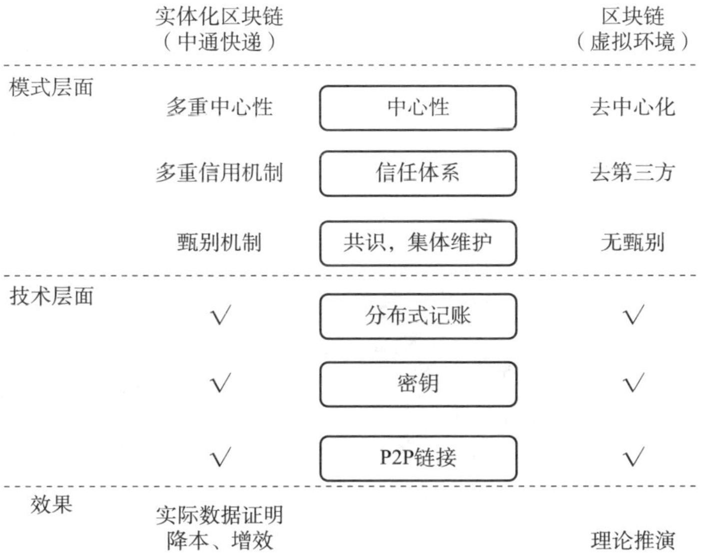

图 3-11　实体区块链与虚拟区块链的对比

四、“降本增效”的共生共荣

2017 年，国务院办公厅印发了《关于进一步推进物流降本增效促进实体经济发展的意见》（国办发〔2017〕73 号），旨在进一步降低社会物流费用，提升快递物流行业的整体运行效率，促进产业结构调整与区域协调发展。由此，“降本增效”成为快递企业开展各项工作的重要指向与抓手。中通快递在此指引下，凭借“联邦制”这一特有组织形式，将实体化区块链运用至实际工作中，取得了切实成效。

1. 实体化区块链的贡献

快递企业对于成本、效率的追求，是其当下构建核心竞争力的基准要素，区块链的各类属性、功能在不同方面的贡献度有所不同，但是其较好的组合效应对于降本、增效起到了积极作用。降本、增效不仅是企业自身运营层面的，其影响还涉及内、外部的多元参与主体，整个过程需要实现多赢，这是中通快递所秉承的原则。在此，基于总部、加盟商（“联邦成员”）、消费者三者为主体，分析实体化区块链在成本、效率两个维度上的实际贡献（见图 3-12）。

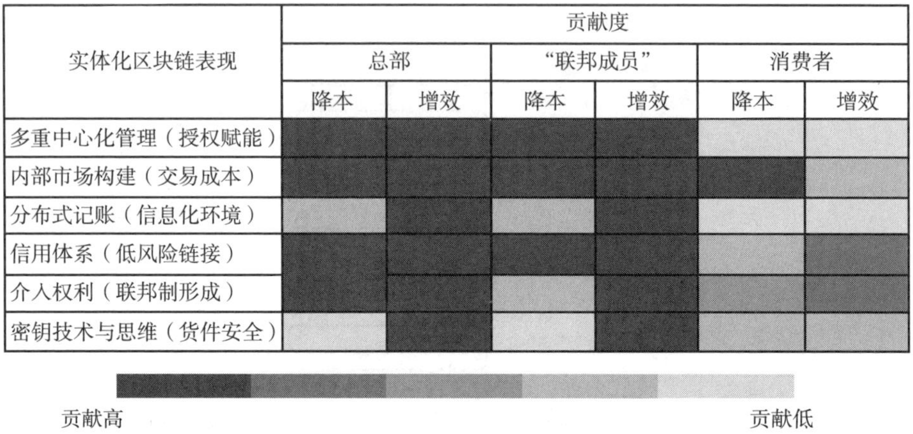

图 3-12　实体化区块链不同功能模块对于降本增效的贡献度

首先，内部优化向外部利益传导的效应明显。中通快递的实体化区块链应用，始于其对内部组织结构、管理方式、运营技术等方面的安排与设置，作为内部主体的中通总部、加盟商（“联邦成员”）有着较为直接的效用传导效应。通过自身能力的增强与优化，最终传输至末端消费者，为其带来了成本、效率两个维度上的提升，相互之间实现链式贯通，推动了利益共同体的形成。

其次，整体与个体收益的一致性。可以看到，在组织内部，实体化区块链的运用不仅给中通总部带来了降本增效的实质性收益，同时也给加盟商（“联邦成员”）带来了收益，而且两者在不同维度上的收益具有高度重合性。这表明实体化区块链的不同功能较好地兼顾了整体与个体的利益，避免了整体与个体目标、利益不一致所触发的诸多问题，为日常各项措施的推广与实施奠定了基础。

最后，组织体系营造相较于具体技术更具有贡献度。可以看到，多重中心性管理、内部市场构建、信用体系三者均属于组织的体系化建设，对于成本、效率方面的贡献是全方位的，组织体系的有效设置直接决定了其运行效率。密钥、分布式记账等属于具体的技术运用，在某些特定维度上有着较为直接的改善作用。由此可见，实体化区块链的功能表现，对组织的影响有着点和面上的差异，关注于组织体系整体层面的区块链模式嵌入，对组织的降本增效越发有利。同时，点和面的综合，切实解决了不同层面上的问题，以实现整体优化。中通快递在过往的发展过程中，多次重构组织体系，每一次都是对原本体系的迭代与演变，以推动可持续的发展与提升。

2. 历史的实证比较

实体化区块链在降本增效方面的运用，搁置于历史的经验场景之中，依然能凸显其独特优势。在此，从成本、效率两个方面加以分析。

其一，中通与顺丰的成本分析。直营的代表为顺丰，“联邦制”代表为中通，两者之间存在着模式上的差异，这决定了双方不同的管理运营方式，在成本管控方面也有着较大的差异。2020 年各快递企业单件成本见图 3-13。

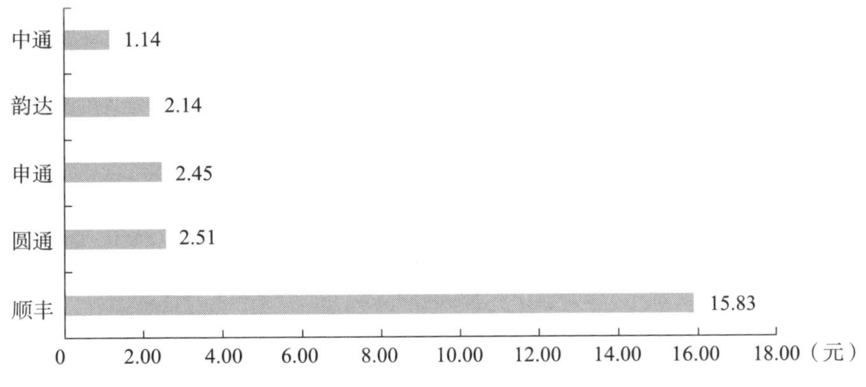

图 3-13　2020 年各快递企业单件成本

资料来源：Wind、中邮证券研究所。

采用直营模式的顺丰，在单件成本上明显高于“通达系”快递企业，顺丰的单件成本是中通的 13.9 倍，成本差距较大。通过分析企业成本方面的管控，可考察企业在盈利能力方面的差异。中通在所有快递企业中，有着突出的盈利能力表现，其毛利率多年来均高于其他快递企业（见图 3-14）。

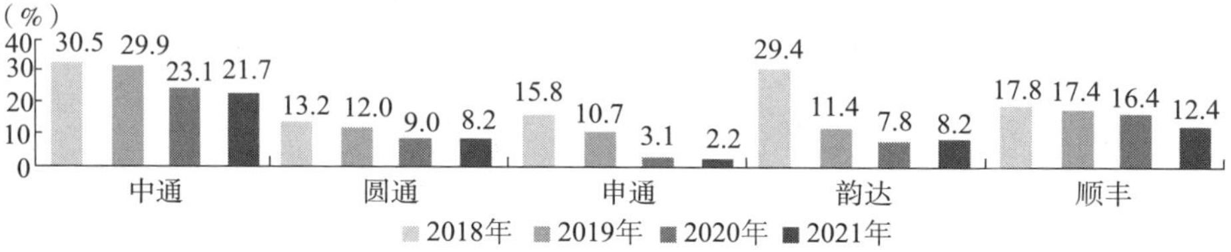

图 3-14　2018—2021 年主要快递企业毛利率对比

资料来源：头豹研究院。

究其缘由，在于伴随快递企业组织规模的进一步扩大，其管理成本也会提升，这会直接削弱企业的收益与竞争力。中通快递的“联邦制”模式有效地克服了规模与成本之间的矛盾，联邦制使得整体网络被细分为若干个区块，各区块（中心、网点）成为基本核算单位，其组织规模与成本被控制在一个合理的水平，细分的单位区块在应对市场变化、组织变革等方面有着较好的表现。相比较而言，整体组织为核算单位的直营体系庞大的组织体系消耗了大量的资源，在一定程度上抑制了参与主体的主动性、创造性。

顺丰与“三通一达”之间的服务覆盖，在空间上有不同分布。对于以商务件为主的顺丰而言，更多地集中在城市、商务楼宇之中；而“三通一达”则有着更为广泛的服务覆盖，城郊、农村、住宅等都是其重要的空间。两者在区域覆盖、客户类型等方面都不同，“三通一达”的广覆盖需要有更为灵活与集约的链接形式、结构，这也是产生成本差异的原因之一，实体化区块链所赋予的集约化经营单位在成本管控方面有突出的表现。

其二，中通快递与 UPS 的效率比较。全球快递巨头 UPS，基于科技、基建、设备、技术等一系列的要素支撑，以高效的货件处理能力居行业领先地位。作为本土化企业的代表中通快递，在发展基础上并不占先机，但在不断演进中，已开始崭露头角。以日均包裹量来分析，2016 年的财报数据显示，UPS 每日货件量约为 2000 万件，而中通快递在 2014 年的“双 11”活动中就已突破这一数字，达到了 2420 万件。再比较一下双方投入的资源情况，UPS 有 43.4 万名员工、11.4 万台车辆，以及上亿美元的信息、科技投入；而 2014 年，中通快递全网人数（直属员工 11605 人）为 16 万人，仅凭这一项就足以说明双方在资源禀赋上的巨大差异。在资源投入相差如此悬殊的情况下，中通快递却能完成更多数量的包裹处理，无疑内蕴着高效率。

面对巨大的货件量，UPS 以单一组织的力量来应对，而中通快递则由庞大的参与者群体联合应对，其产生的合力效应，弥补了资源方面的不足。UPS 历经百年发展，每年在技术方面的投入以数亿美元为计，被认为是一家先进的科技化公司。对中通快递而言，UPS 在科技化方面依然有诸多可以学习与借鉴之处。但是中通快递凭借现有资源所释放出来的高效、高能不容忽视，其具有了和世界快递巨头齐肩比拼的基础与能力，这一点为中国快递业的未来发展注入了信心。

五、未来的想象

中通快递的“联邦制”赋予其发展的动力与活力，内蕴的实体化区块链模式，既为快递业的发展提供了经验参照，同时也为未来变革提供了想象空间。联邦的形成离不开对于共识的尊重，这是实体化区块链之所以存在与延续的根本。以比特币为例，共识机制生长于机器认知基础之上，凭借的是算法、系统、平台、网络等技术，工作证明（Proof of Work，POW）、权益证明（Proof of Stake，POS）成为维系参与者共同存在的认同规则。在中通体系内，其凭借的并非生硬的技术支撑，而是混合契约的共同作用，其中既包括强调道德、人情、习惯的社会性契约，也包括法律、条例、规定一类的规范性契约，共同构建了实现共识的约束力量。作为共识的具体表现，有服务证明（Proof of Service，POS）、收效证明（Proof of Benefit，POB）、循环证明（Proof of Cycle，POC）三个维度上的保证。从中通快递的共识链（见图 3-15）来看，个体的收益增进离不开全网合作的参与，体系不断赋予个体在服务品质与能力上的提升，帮助其实现业务延展，且整个过程在全网体系内被循环复制，以最终实现个体与整体的最优。

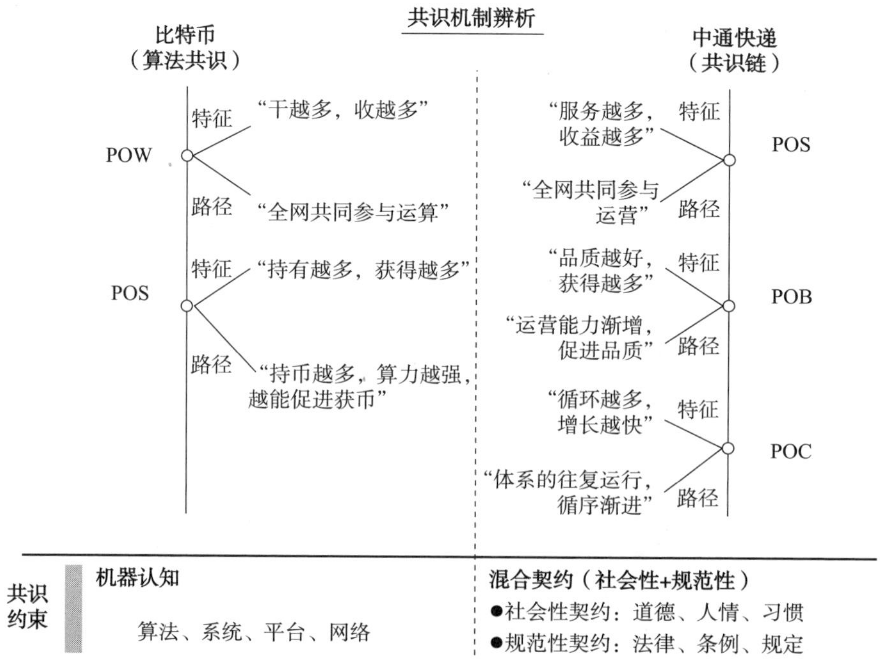

图 3-15　中通快递的共识链

共识为中通快递奠定了良好的发展基础，中通快递尝试运用信息系统、IT、人工智能等一系列技术革新，进一步探索区块链在快递场景下的应用，其中蕴含着丰富的想象。

1. 特色农产品的品质化链路

国家大力倡导从田间到餐桌的农产品供应，其中有两个核心难点，即品控与运输。品控在于田间地头，而运输在于快递企业，两者之间有分离，如何建立全链路的链接，以确保农产品的全程化质量保证？中通快递在这方面有天然的链接优势。当前，农业虽有多种合作经营模式，但归根结底离不开农户、合作社、政府、龙头企业（深加工）、经纪人这几类主体。产品的品质需从源头抓起，快递企业和合作社、龙头企业、政府通力合作，对产品质量进行源头把控，共同确立标准并检验，对品质负责。快递企业负责提供针对农产品运输的系统平台，设定身份认证、流转过程识别码，身份码经由各类组织检验合格后被确认与记录，随即启动运输流程，各环节都要对其产品身份进行识别与确认。运用流转码，记录了整个运输过程，通过“身份+流转”确保整个过程中的产品品质、运输效率。系统平台通过对各类主体进行信息记录，确保了各环节的质量，这在过往是难以实现的。因为生产、运输、销售是多主体的，互不相连的；而中通快递的这一创新将多元主体连接在一起，各自完成对节点的记录，形成了较好的共识机制，共同构建起一个信用体系，确保了产品的品质。伴随着模式的日益成熟，系统平台上的主体会越来越多，彼此之间的 P2P 链接为资源的进一步共享、整合提供了可能，为特色农产品的品牌化建设提供了支撑，进而拓展了产业规模。区块链在农产品供应链中的应用如图 3-16 所示。

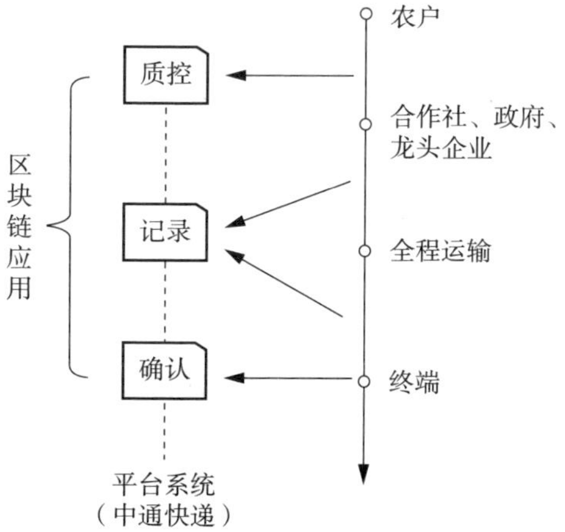

图 3-16　区块链在农产品供应链中的应用

2. 跨境电商的链式贯通

跨境电商的快速发展，既创造了商业机会，也带来了不少问题，如虚假路由信息、产品追溯困难等。虽然物联网的概念已提出多年，但是实际落地依然十分困难。跨组织、全流程、技术化是物联网的必需，同时也是难点。就涉及的主体而言，生产商、快递企业、海关等是各个环节信息记录的核心，商品信息在每一个环节都可以被记录，且这些信息是多元数据库的汇聚，而不是单一主体的编写，一旦形成不可被随意篡改，确保了信息的真实以及产品信息的可追溯，蕴含着信息流、物流的共同汇聚。中通快递在整个体系中起到了重要作用，使商品在透明、公开的环境中进行流转。链接体系中的各节点相互沟通，提高了彼此的效率，关键在于物联网的使用不再停留于理论层面，可在真实的场景中实现。区块链在跨境电商供应链中的应用如图 3-17 所示。

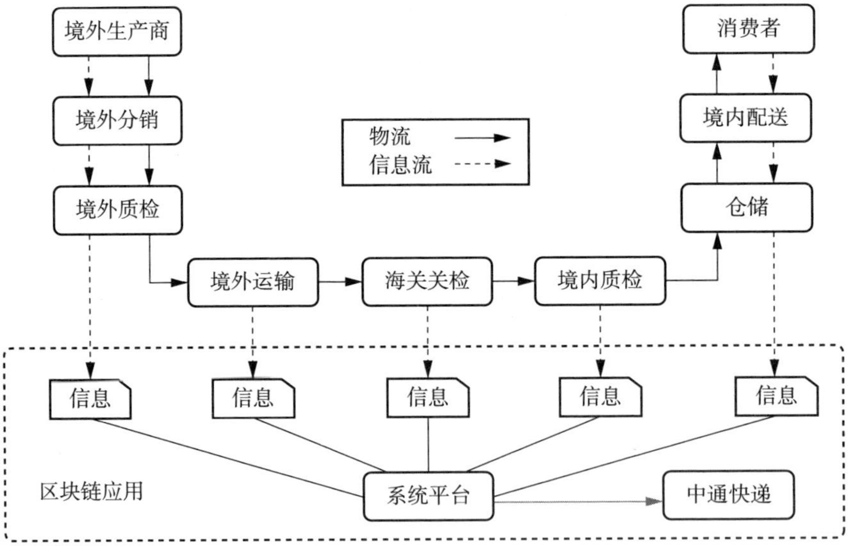

图 3-17　区块链在跨境电商供应链中的应用

实体化区块链在中通快递体系中的生成与发展，并不局限于技术上的支撑，而在于区块链模式在实体组织中的延续、改造与提升，对于整个组织生态系进行赋能，将其推向与其他快递企业不同的组织演化路径。快递企业的发展，类同于生物体的进化演变，内生系统的属性直接决定其最终的进化阶段。中通快递的多细胞特征，大大丰富了其内在的构成，为其功能进一步分化与内裂式发展提供了先赋条件，这进一步推动中通快递向下一阶段进化。在整个组织生态系中，结构性、链接力、规则度是三项基础要素，实体化区块链的存在意义便是在这些关键要素上的功能发挥，促进整个生态系的良性发展。工业化时期提出的科层制，契合了特定时期、行业的需要，但其单维度的纵向链接、单一的合作形式，限制了其组织功能的最大化；在面对市场变化时，整齐划一的组织形式看似很稳固，但是本身缺乏张力，反而会使其陷入困境。而“联邦制”自身的多维网状链接、多形式的合作，增强了组织柔性，内部生态体系可以顺应市场需要进行调整与形塑，具有高度自适应能力。这在中通快递过往的历史发展中有较好的呈现，未来将有进一步的深化与延伸。

第四节　共享经济模式对物流企业的启示

蒸汽技术带来了第一次工业革命，电力技术带来了第二次工业革命，互联网技术带来了第三次工业革命。第一次工业革命和第二次工业革命创造了大量的工厂与集中化生产方式，为资本主义①最终战胜封建主义提供了坚实的物质基础，第三次工业革命基于信息技术以分散化、协作式的生产方式，为协同共享的新型经济模式提供了充足条件。随着物联网/免费能源矩阵的进一步发展，协同共享未来很可能成为全球范围内主导性经济模式，而当前火热的共享经济便是新型经济模式的雏形。

① 资本主义是少数剥削阶级通过掌握绝大部分生产资料控制社会分配，用雇佣劳动方式剥削工人阶级，攫取工人剩余价值的经济制度。

一、互联网运营模式演变

共享经济起源于互联网，属于互联网经济的一个分支，是互联网经济的衍生产物。因此我们需要从互联网谈起，介绍互联网企业的发展历程，以便对共享经济有更深入的理解。

1. 互联网企业运营 1.0 版本

我国互联网发展始于 20 世纪 90 年代初期，1994 年之前，中国互联网领域属于蛮荒之地，当时使用互联网者多为科研人员和计算机专业人员，国内尚没有规模化网络接口。直到 1993 年，美国宣布实施“信息高速公路计划”，中国毫不犹豫地抓住了这次机会，决定让互联网落地中国。1994 年 4 月 20 日，一条 64K 国际专线接入中国，中关村地区教育与科研示范网络成功实现了和互联网的全功能连接，迈开了中国通向国际互联网的第一步。1995 年 1 月，中国电信开通了北京、上海两个接入 Internet 的节点，尝试向社会提供国际互联网接入服务。同年 5 月，中国电信开始大规模建设互联网基础设施，普通人只要缴纳一定费用即可成为互联网用户。据统计，1995 年 3—7 月，我国互联网用户由 3000 多户增加至 4 万多户，中国互联网商业化运营自此开始了。

我国互联网基础设施搭建完毕后，互联网企业最先开启了虚拟经济的运营模式。早期，我国互联网用户接收信息的过程都是单向的、被动的，对于用户而言，互联网的主要功能是获取信息，此时门户网站比较受欢迎。1997 年 6 月，丁磊创立网易；1998 年 2 月，张朝阳成立搜狐；1998 年 12 月，王志东创立新浪。2000 年，网易、搜狐、新浪纷纷在纳斯达克挂牌上市。我国早期互联网发展历程如图 3-18所示。

随着互联网的普及和发展，用户需求有了深层次的改变。之前互联网用户是被动地接收信息，现在用户主动寻找符合自身需求的、快速高效的信息，不再满足于单向地接收信息，渴望双向互动。因而搜索网站、即时

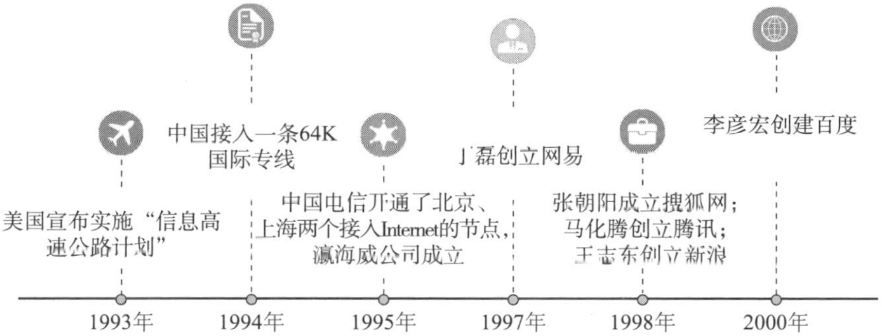

图 3-18　我国早期互联网的发展历程

通信变得十分火热，百度、腾讯等网站纷纷崛起。2000 年成立的百度，凭借鲜明的中国特色与谷歌（Google）平分秋色，并于 2005 年在纳斯达克上市。1998 年成立的腾讯，凭借 QQ 和微信奠定了即时通信领域的霸主地位，并于2004 年成为第一家在香港上市的内地互联网企业。2009 年 9 月 15 日腾讯市值超过 300 亿美元，成为全球市值第三大互联网公司，仅次于 Google 和亚马逊。互联网虚拟经济的三大表现形式如图 3-19 所示。

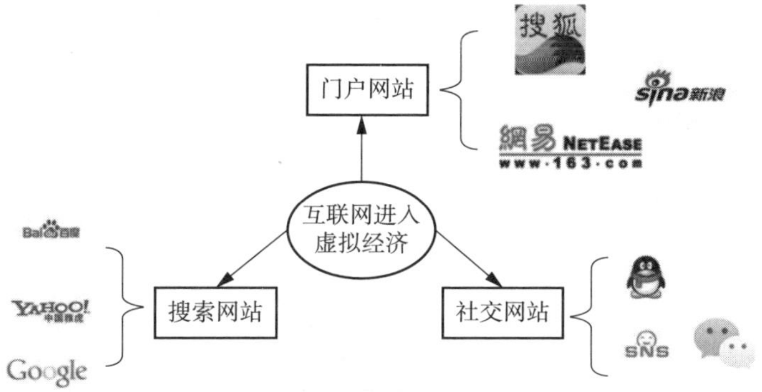

图 3-19　互联网虚拟经济的三大表现形式

门户网站、搜索网站和社交网站是互联网虚拟经济的三大表现形式，这些企业早期以信息、内容为王，并未涉及任何实体产品运营，利用信息的不对称获取了互联网时代的红利。这种模式下的互联网公司其实是一种信息共享公司。张朝阳说过搜狐的成功便是把握住了互联网发展的本质，即互联网是共享的，用户到搜狐不是为了看内容，而是去享受网上各种各样的新鲜事物，全球用户共享一个平台。这种模式在早期是非常成功的，相比实体企业的重资产投资，互联网企业运营边际成本极低，依靠广告收入和一些增值服务，便能实现快速扩张。

2. 互联网企业运营 2.0 版本

早期互联网企业取得了巨大成功，三大门户网站、社交网站和搜索网站纷纷上市，给无数的创业者树立了榜样。人人都想做下一个新浪、搜狐，幻想一夜暴富，很少有沉下心做实业的创业者和投资者。2000 年 4 月 10 日，纳斯达克股市飞流直下，半年内纳斯达克指数跌了 40%，8.5 万亿美元的公司市值一夜蒸发。同期，中国互联网也进入了漫漫严冬，互联网企业纷纷倒闭或大幅裁员。互联网技术成熟度曲线（见图 3-20）由期望膨胀期进入泡沫破裂谷底期，国内创业者认识到互联网自身无法有效增值，纷纷向传统企业寻找比较优势。互联网不再只是信息传播的工具，开始介入实体经济，通过建立第三方平台，扮演中介角色，连接消费者与商家。在这种模式下，互联网成为拓展实体企业功能的重要工具。

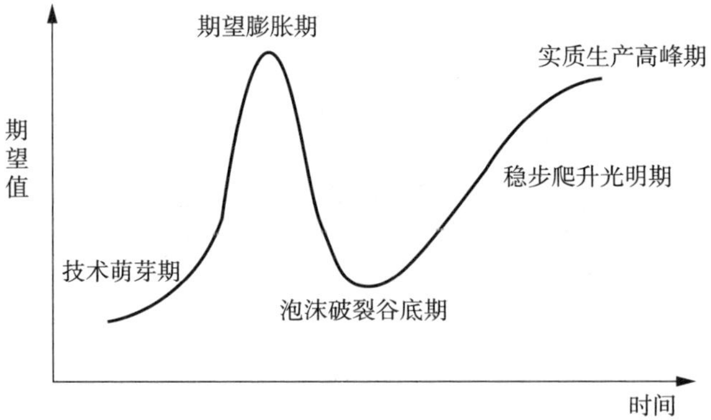

图 3-20　互联网技术成熟度曲线

携程便是互联网介入实体经济的代表性企业。2000 年初，互联网浪潮达到了顶峰，几乎所有创业者都基于“提高点击率—融资—套现”这一逻辑；而携程的创始人梁建章和季琦经过冷静思考，认为互联网需要回归商业本质，找到可持续性产生收入的业务。当时的国内市场，酒店数量供应出现短期过剩，空房率在30%以上。酒店急需销售出更多的房间，而旅客有挑选优质房源、预订酒店的需求，但由于信息不对称，供给和需求很难匹配。为了解决这个问题，携程建立了第三方平台，通过在网站上发布酒店预订信息，以中国特有的电话呼叫中心与网络相结合的预订方式，为消费者提供相应的酒店预订服务，向酒店收取佣金为主要盈利模式。1999年成立的携程并非传统意义上的“. com”公司，而是一家以互联网为工具的旅行服务企业。携程并不参与酒店运营，只是辅助传统酒店销售的一大工具。携程的商业模式如图3-21所示。

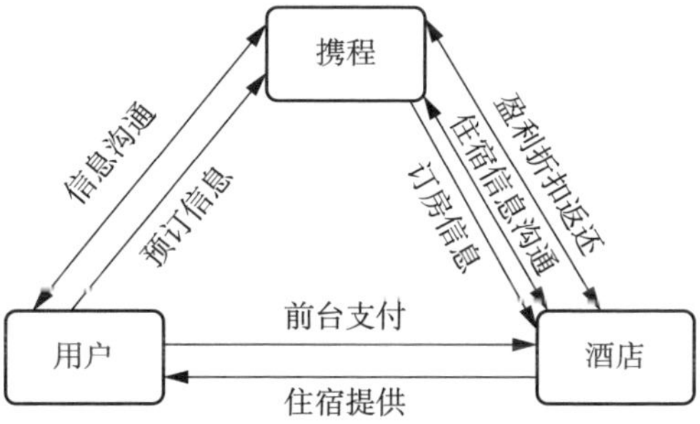

图3-21　携程的商业模式

支付宝、财付通等第三方支付也是互联网介入实体经济的代表。传统的支付方式是简单的、面对面的即时性支付，买卖双方可以实现票、货同步交换；即使是异步交换，在现实的有形市场，也可以通过附加信用保障或法律支持进行。随着电子商务等无形市场的发展，面对面支付变得困难，网银虽可以解决异地支付问题，但是存在诸多弊端并没有得到大力推广。

首先，网银使用起来并不便利，需要安装相关控件，并且需要输入银行账号、密码等各种信息，需要耗费一定时间。其次，网银支付需要支付手续费，一个卖家对应无数个买家，卖家不可能在每家银行都开通网络银行，当卖家的网银和买家的网银不是一家银行时，网银转账需要支付一定的跨行转账费。最后是在虚拟市场交易，买卖双方互不信任，而网银支付并不能为买卖双方提供信用担保机制，钱付了货没收到或者货到了钱没收到的问题难以解决，卖家不愿意先发货，买家不愿意先付款。这些不足在一定程度上限制了网购平台和网银支付的发展，而第三方支付成功解决了这些难题。

以支付宝为例，假设买家开设的是 A 银行账户，卖家使用的是 E 银行账户。买家购物下单时，下指令将自己在 A 银行的资金划转给支付宝 A 银行账户托管，支付宝通知卖家发货，买家收到商品且确认收货后，支付宝下指令将其在 E 银行账户的资金划转到卖家的 E 银行账户中（支付宝在各家银行均设立了银行账户），交易完成。整个过程中，物流在买家和卖家之间流转，资金流却在支付宝和买卖双方之间流动，买家和卖家不直接接触。支付宝负责监控支付和货物的交割，保证交易双方的资金和货物安全，买家不用担心钱付了卖家不发货的问题，卖家也不用担心货发了买家不愿意付钱的情况。支付宝在其中扮演了信用担保角色，弥补了银联的最大缺陷，而且支付宝与卖家、买家之间的资金流转皆通过同行转账，不产生手续费，也比银联便捷得多。以上种种优点使得支付宝推广起来势如破竹，支付宝模式如图 3-22 所示。

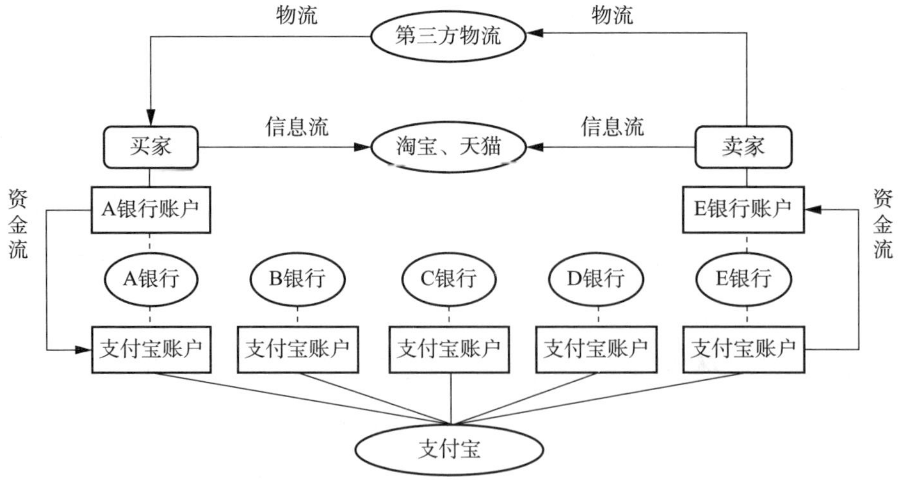

图 3-22　支付宝模式

第三方支付与传统银行模式有较大差异，作为中间交易平台，第三方支付是中间人角色，在双方交易过程中，起到的是信用担保作用，资金的划转仍需要通过银行完成，第三方支付只能作为传统银行支付功能的补充工具，并不能取代传统银行。阿里和腾讯通过“支付宝”与“财付通”两个跨时代产品，联手将支付环节打通，为银行带来新的增长点。2015 年第二季度，全国银行机构共处理移动支付业务 22.86 亿笔，金额达 26.81 万亿元，同比分别增长 141.34%和 445.14%。

互联网介入实体经济与互联网虚拟经济本质上没有太大差别，二者均基于互联网的优势解决了信息不对称问题，并没有实际参与实体企业的运营，均依靠巨大的人口红利快速崛起。互联网虚拟经济依靠的是单一的广告收入和增值服务；而互联网介入实体经济则通过创建虚拟市场，收取佣金开拓业务，充分利用网络平台给用户提供专门的信息服务。虽说向传统产业寻找比较优势，却未运营实体经济，因此资产相对较轻、运营成本较低，盈利模式能够支撑其发展壮大。

3. 互联网企业运营 3.0 版本

随着互联网技术的发展以及互联网思维的普及，互联网已深度渗透经济、社会的方方面面，逐步与传统企业深度融合。传统企业通过互联网渠道和平台，在保持原有运营模式不变的情况下，实现销量和用户的增长；同时可利用移动互联网、云计算、大数据、物联网等先进技术，优化生产要素配置，实现降本增效。互联网企业因为流量见顶，开始横向切入传统实体以寻找新的突破口。2017 年之后，我国网民总数稳定在 10 亿以上，第 49 次《中国互联网络发展状况统计报告》数据显示，截至 2021 年 12 月，我国网民规模为 10.32 亿，增量较少，市场逼近完全饱和。单纯以流量和平台为主的发展模式逐渐失去动力，流量变得十分昂贵，用户拉新和留存成了互联网企业的发展难题，互联网经济已经陷入红海。而传统领域的竞争格局因为新技术的应用出现新的局面，互联网企业开始下沉到实体经济，直接参与实体经济运营。

互联网企业运营 1.0 版本和互联网企业运营 2.0 版本相对都较为成功，两个阶段的确诞生了一些“超级明星”企业，并试图“赋能”传统企业运营，甚至企图“取而代之”。然而这些互联网精英只了解互联网技术，缺乏传统企业运营经验，更没有清晰的盈利模式，仅仅依靠营销和商业故事，构造空中楼阁，目前来看鲜有成功案例。

1 号店便是互联网思维运营实体经济的代表。2008 年成立的 1 号店是 B2C 模式的网上超市，旨在将商超商品搬至线上销售，通过削减渠道层级、降低场地成本、直接物流配送来挑战线下商超体系。但是由于 1 号店并不懂得实体经济运营，一直亏损，后被沃尔玛收购，管理能力有所提升。但高毛利产品于线下商超更有优势，而线上一般都是销售标品，毛利率低、物流成本高，相比于百货线下的高度成功，商超模式注定在线上无法营利。几次易主之后，1 号店最终成为京东的流量入口，名存实亡。1 号店的发展历程如图 3-23 所示。

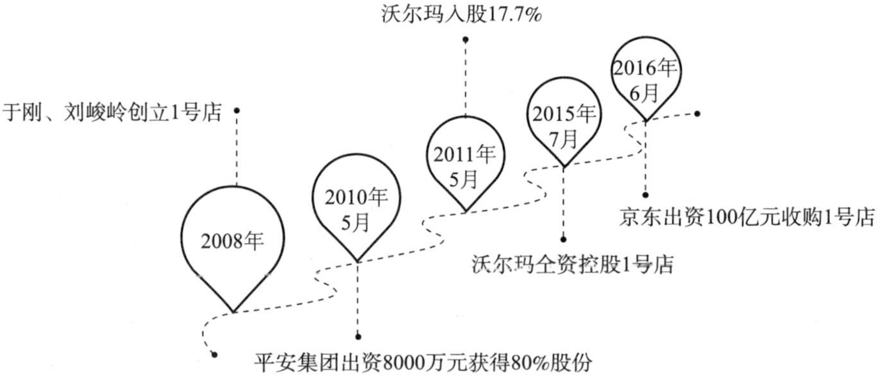

图 3-23　1 号店的发展历程

与 1 号店一样，京东也属于重资产投入。京东拥有自己的仓库及自建物流体系；阿里没有运营中心，物流配送由第三方快递公司完成；亚马逊虽拥有自建仓库，但快递配送基本上交由 USPS、UPS 和 FedEx。比较起来阿里资产最轻，京东资产最重、投入最多。重投入的京东物流以空间换时间，凭借局部最优策略赢得了时效和口碑，属于小而美的存在。当获得市场口碑、俘获用户心智后，京东开始寻求规模化，对内改革、对外开放，不断优化成本结构，提高运营水平和管理效率，其财务状况很快便有所改观。数据显示，2019 年，京东商品交易总额（GMV）突破 2 万亿元，营收 5769 亿元，同比增长 24.9%，归属于普通股股东的净利润达到 122 亿元，首次实现全年净利润扭亏为盈。2012—2021 年京东净利润率如图 3-24 所示。

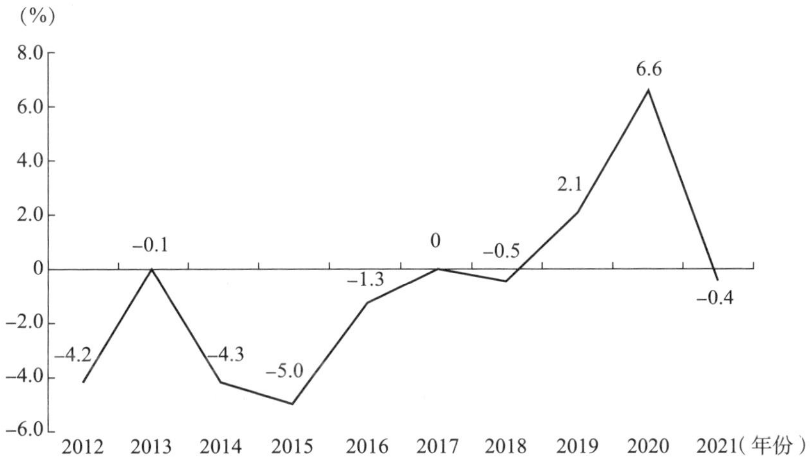

图 3-24　2012—2021 年京东净利润率

资料来源：公司财报。

互联网精英运用互联网思维、使用互联网工具经营实体企业唯一成功的是小米。从营收角度而言，小米是一家硬件制造商，2021 年，小米智能手机、IoT 与生活消费品收入占总营收 93%以上。但是小米是典型的互联网玩法，“羊毛出在牛身上让猪买单”。小米的商业模式是以成本价卖硬件，通过硬件附带的软件、云端、系统等互联网增值服务营利。然而，小米的互联网服务受制于其硬件销售，市场空间和盈利能力还是有限。小米的成功也只是个案，与传统模式的成功案例相比完全缺乏说服力。道阻且长，互联网精英们还需要不断学习，加快自我成长。2021 年小米营收结构如表 3-2 所示。

表 3-2　2021 年小米营收结构

产品/服务	金额（亿元）	占总收入比例（%）
智能手机	2088.7	63.6
IoT 与生活消费品	849.8	25.9
互联网服务	282.1	8.6
其他	62.5	1.9
总收入	3283.1	100.0

资料来源：公司财报。

传统的互联网企业是轻资产运营，只要找对风口，很容易存活壮大；而当互联网企业直接运营实体经济，是为重资产运营，虽然可以带来一定的技术创新，但因为其缺少实体企业的运营经验，落实到具体产品运作上，互联网企业过于依靠互联网思维，缺乏管理经验和实践经验，对经营没有"敬畏之心"，运营实体经济必然"水土不服"。

二、共享经济模式辨析

互联网的本质是开放、协同、共享，在互联网开始商业化运营时，共享经济便已出现。共享经济最开始出现在 2000 年左右，当时的共享经济是互联网虚拟经济，以文件、知识类的内容平台（BBS、论坛、维基百科等）为主，用户在陌生网站上表达观点、分享信息，这个过程并不涉及任何实物的交割，共享双方没有经济往来。随着经济发展和技术进步，资源过剩，大量冗余产生，共享经济开始走向实物共享、产生经济价值的阶段，此时共享经济是互联网介入实体经济的阶段。共享企业在交易双方建立信息匹配平台，不参与实体经济运营，只是作为传统经济的辅助工具存在，爱彼迎（Airbnb）以及滴滴顺风车就是这一阶段的产物。

后期资本大量进入共享经济领域，2010—2013 年，全球共享经济领域的投资额共计 43 亿美元，而 2014 年、2015 年的投资额分别高达 85.00 亿美元和 142.06 亿美元，两年内就增长了 2 倍之多。2016 年，国内资本在共享经济领域的投资热潮达到了顶峰，数据显示，2016 年我国共享交通领域融资规模为 700 亿元，同比增长 124%。在资本追捧下，国内共享经济出现爆发式增长，企业层出不穷，尤其是共享单车领域，2016 年至少有 25 个共享单车新品牌汹涌入局，共享经济火热至极。此时的共享经济是互联网企业直接参与实体经济运营。

然而到了 2017 年、2018 年，我国共享经济领域出现企业倒闭潮。在共享出行领域，2017 年 6 月 13 日悟空单车宣布退出市场，随后小蓝单车、酷骑单车、卡拉等共享单车相继倒下。2018 年 ofo 小黄车挪用用户押金，资金链断裂；摩拜单车被美团收购，不断爆出负面信息。共享金融领域，P2P 平台爆雷不断，而共享生活、共享办公也是举步维艰，共享经济类企业陷入了生存危机。同时，资本也逐渐冷静，2018 年共享出行领域融资出现大幅下降，融资规模从 2017 年的 1072 亿元下降到 419 亿元，降幅高达 61%。2019 年共享出行领域直接融资额同比下降 81. 2%，共享住宿领域同比下降 95. 6%。国内共享经济快速兴起，又在短短两年内迅速陨落，是巧合还是必然？值得深究。已退场的部分共享经济模式企业如表 3-3 所示。

表 3-3　已退场的部分共享经济模式企业

行业	子行业	项目名称	成立时间	融资轮次	状态
共享经济	共享单车	牛拜单车	2017 年 3 月	—	停止运营
		小鸣单车	2016 年 7 月	B 轮	进入破产程序
		Gobee B1ke	2017 年 4 月	A 轮	破产关闭
		悟空单车	2016 年 9 月	—	已关闭
		町町单车	2016 年 11 月	—	已关闭
		ofo	2014 年	E 轮	倒闭
		1 号单车	2016 年 5 月	—	停止运营
	共享汽车	途歌	2015 年 7 月	B+	退押金难
		友友用车	2014 年 3 月	A+	停止运营
		麻瓜出行	2017 年 12 月更名	B 轮	停止运营
		中冠共享汽车	2017 年 7 月	—	停止运营
		EZZY	2014 年	—	停止运营

资料来源：网络公开资料。

1. 真共享

共享经济最早由马科斯·费尔逊和琼·斯潘思提出，是指拥有闲置资源的机构或者个人有偿让渡资源使用权给他人，通过分享闲置资源再次创造社会价值、提高资源利用率的新型商业模式。共享经济涉及三个主体：供给方、需求方和共享经济平台。供给方拥有闲置资源，愿意在共享平台上暂时让出使用权，获取一定的回报。需求方有资源的短时需求，不需要拥有物品所有权，在第三方平台通过租、借共享方式使用物品。共享经济平台以信息技术为基础，建立第三方平台，通过整合闲置资源和需求并合理有效地配置，从而达到促进资源充分利用并获取一定收益的目的。

共享经济的产生需要社会存在冗余资源。共享经济是对社会闲置资源的再利用，通过共享再次创造社会价值的过程，有无闲置资源是判断共享经济的前提条件，人为创造供给的伪共享是互联网租赁，对于提升社会闲置资源的价值无任何意义。共享经济解决了信息不对称问题。共享平台的价值在于通过互联网技术消除信息不对称，解决供需不匹配问题，实现去中心化的点对点信息交互。共享平台是去中介化，实现 C2C 直接对接，但在某种意义上共享平台又是再中介化，通过消除信息不对称，为 C2C 提供交易平台。共享经济不参与实体运营。共享企业作为互联网平台，只是利用信息技术整合线下闲散资源，并不参与产品运营，不作为供给方存在，单纯只提供第三方信息平台，属于轻资产模式，其主要盈利来源于佣金及相关增值服务。

近年来，随着互联网的发展普及，共享经济达到了火爆状态，很多创业者和资本家进入共享经济领域，企图赶上这一波风口。然而目前，共享经济领域鱼龙混杂，很多伪共享企业披着共享经济的外衣招摇撞骗。以真正符合共享定义和条件的滴滴顺风车和爱彼迎为例，共享经济商业模式如图 3-25所示。

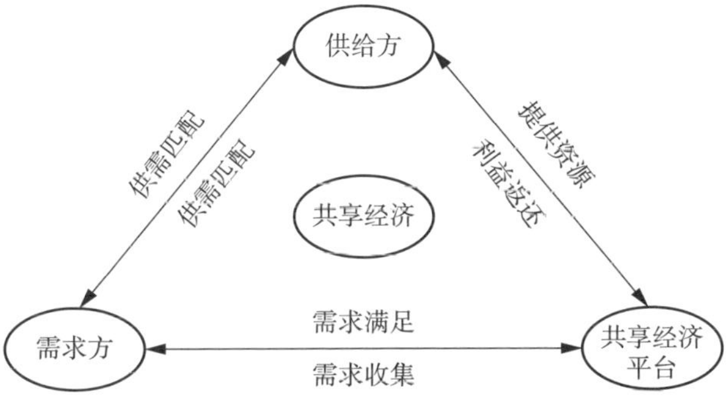

图 3-25　共享经济商业模式

根据滴滴的《顺风车服务协议》，顺风车业务参与者包括合乘乘客、顺风车车主以及顺风车平台，顺风车平台并不提供出租、用车、驾驶或运输服务，只提供平台注册用户之间的信息交互及匹配服务，以向车主收取订单金额 5%的信息服务费作为收入来源。在顺风车业务中，顺风车是闲置资源再利用，平台不需要买车，运营成本较低，5%的信息服务费足以支撑其盈利。有媒体报告，2017 年滴滴出行只有两个部门盈利：一个是顺风车业务，盈利 8 亿元；另一个便是代驾业务，盈利 1 亿元。截至 2017 年底，滴滴顺风车运营数据如图 3-26 所示。

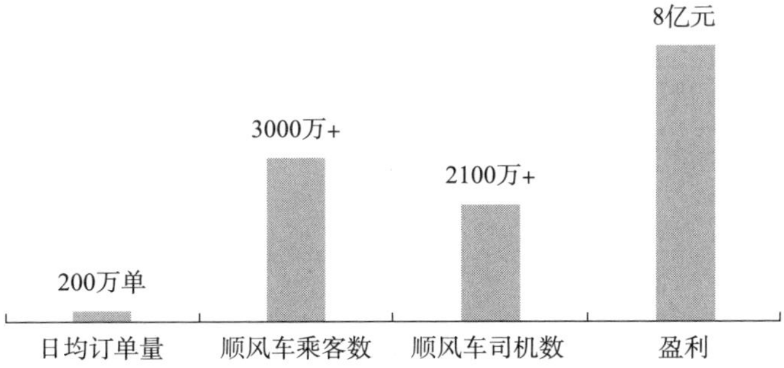

图 3-26　截至 2017 年底，滴滴顺风车运营数据

国内滴滴顺风车成了滴滴盈利最多的部门，国外爱彼迎同样运作良好。爱彼迎成立于 2008 年 8 月，是一家线上短租平台。在该平台上，供给方房主通过出租闲置房屋获取收入；需求方出游人士通过平台获得更多住宿选择，节约旅行成本，获得优质体验。爱彼迎在其中扮演了中介角色，为供需双方提供交流、评价、监督和保障机制等服务，以获取每笔订单的佣金（房东服务费为租金的3%，房客服务费为租金的6%~12%）、广告以及提供相应增值服务盈利。在爱彼迎平台上，房屋均是由房主提供，属于典型的轻资产化，削减了很多传统酒店经营模式中的冗余成本，以较低的固定成本和边际成本实现规模扩张与利润增加。爱彼迎的商业模式如图3-27所示。

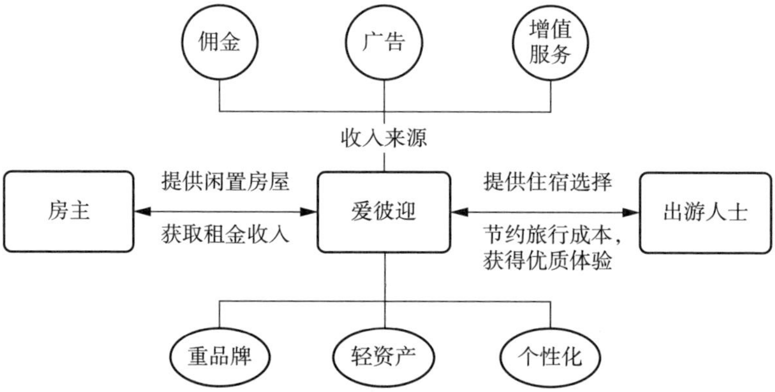

图3-27 爱彼迎商业模式

2. 伪共享

共享经济的初衷是解决社会过剩产能，减少资源浪费，提高资源使用效率。但资本的热潮催生了大量企业，其中很多是穿着互联网租赁马甲的伪共享企业。这类企业有如下三大特点。

一是并不思考社会中是否存在闲置资源。企业直接运营实体经济，主动供给，通过补贴吸引流量，抢占市场，变成了互联网短时租赁①企业。

二是重资产运营，大多陷入亏损泥沼。这类企业虽是互联网企业出身，但其产生的固定成本和边际成本与传统企业无差别；大部分企业没有也不重视实体经济运营经验，用互联网思维拉流量，没有清晰的盈利模

① 租赁是指在约定的期间内，出租人将资产使用权让予承租人以获取租金的行为，伪共享企业属于租赁范畴。

式，收入往往不足以覆盖其运营成本。

三是通常会产生产能过剩的问题。共享的本质是盘活社会闲置资源，创造新的商业价值和社会价值，前提是社会资源再利用；而伪共享企业是重新投入资源生产，在这种情况下，如果运营不当，不但不能提高社会资源使用效率，反而会导致供给过量，造成资源浪费问题。

真共享与伪共享的区别见表 3-4。

表 3-4 真共享与伪共享的区别

区别	真共享	伪共享
本质	基于使用权转移的闲置资源的再次利用	再投入生产制造的短时租赁
参与主体	供给方、需求方、共享平台	伪共享平台、需求方
运营方式	轻资产运营	重资产运营
盈利模式	佣金、广告费、增值服务等	租金、广告费、增值服务等
成效	提高社会生产效率	人为造成社会资源的浪费
供需匹配程度	社会存在冗余供给	社会无冗余供给，企业供给

冗余的再利用逻辑上是正确的，并且实践上也是成功的，如爱彼迎，抑或是直接从事小而美的互联网租赁，如共享充电宝。但是有很多伪共享企业，“挂羊头卖狗肉”，这类企业在失去不对称优势的同时又回到了传统企业运营模式中，过于依赖互联网技术，缺乏并且不重视传统租赁行业运营经验，一味追求规模、流量而不思考供求关系和商业本质，收入难以弥补支出，最终只能陷入亏损的泥沼。

以共享单车为例，自行车厂商将自行车卖给共享单车平台，平台再以单次租用的方式向 C 端用户提供租用服务，按次按时计费，获得租金收入。这种运营模式与传统的租赁模式差别不大，但共享单车平台却没有传统租赁企业的运营经验，不监督车辆的归还过程，导致大量共享单车损毁，维修成本巨大。共享单车平台仍执着于互联网运营思维，只考虑如何吸引流量、抢市占场，而不考察市场供求关系，一味地投放车辆，造成资源浪费。实际上，只要共享单车合理化运营，理性制定价格，提升运营能力，回归商业本质，转化为小而美的互联网租赁企业并非不可能。共享单车商业模式如图3-28所示。

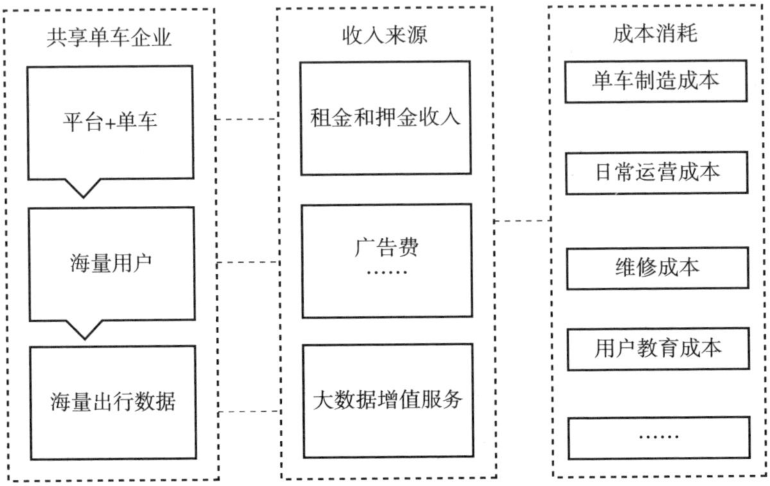

图3-28 共享单车商业模式

互联网企业运营传统实体，即走上了由轻资产向重资产转化的道路，由于缺乏传统企业的运营经验，单纯地以互联网思维运营，只会导致越来越多的问题。2018年，共享单车两大巨头ofo和摩拜单车陷入资金链断裂困境，结果是ofo近乎倒闭，摩拜单车被美团拯救，其他共享系列产品更是一片狼藉。国外的WeWork为了应对资金压力，计划裁员2000人左右，其估值和商业模式遭到投资者质疑，母公司不得不在2019年10月1日正式宣布撤回向美国证券交易委员会提交的招股说明书，终止IPO计划，WeWork估值从470亿美元下跌至100亿美元以下。

3. 真共享走向伪共享

真共享是社会闲置资源的再利用，通过共享减少浪费，既最大化资源的已有价值，也创造了新的价值，供给方和需求方各取所需，社会和供需双方都可获益，但是共享经济之路却并不好走。

首先，社会冗余不足。共享经济是具有典型的网络效应和边际成本优势的商业模式，供给端越多需求端体验越好，更多的需求端反过来刺激了供给端的销售。用户越多，越有价值；越有价值，用户越多。共享经济平台需要大量活跃的供给方和需求方获取佣金收入，供给不足容易产生异化。因此，一批初衷做共享经济的企业，由于社会冗余资源（供给）不足被迫或主动转型为供给方的伪共享企业。其次，面临道德风险。共享经济平台面对的供给方至少是百万级别，面对的需求方甚至达到上亿人次，平台履行监管职责不可避免地面临成本压力，放松监管则会面临因信息不对称而产生的道德风险，这也是滴滴顺风车屡次被叫停的关键因素。最后，资本的盲目扩张。狂热资本涌入后，急于扩大规模，于是就通过价格战、通过补贴抢夺市场份额，以逼死竞争对手。因为不考虑市场供需关系和商业本质，社会冗余资源不足却一味地进行规模扩张，真共享变成“伪共享”也就不足为奇了（见图 3-29）。

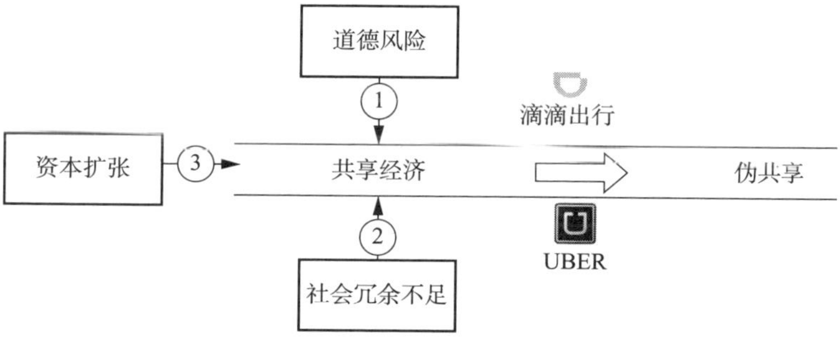

图 3-29　真共享走向伪共享

作为真共享的滴滴顺风车业务，既能给企业带来丰厚的收益也能提高社会闲置资源的再利用价值。但是滴滴顺风车最终还是走向互联网租赁的道路，主要原因便是供给不足。数据显示，我国居民的交通支出占消费支出的比例逐年增加，2016 年交通支出占居民人均总消费的比例达到了 9.4%。出租车由于受限于交通状况和牌照政策，增长往往落后于出行居民人数与交通支出，2016 年我国出租车保有量为 140 万辆，同比只增加 0.8%，仅靠出租车和城市公共交通，很难满足消费者的需求，因此 C2C

网约车发展起来了。

但是C2C网约车业务是对闲置时间和闲置车辆的二次利用，无论是司机供给还是车辆供给都远远不能满足市场需求。于是很多人做起了专职司机，市场上出现越来越多的“黑车”。为了保障运营安全和乘客合法权益，交通运输部等7部委于2016年联合发布了《网络预约出租汽车经营服务管理暂行办法》，要求网约车具备合法营运资质。因此，网约车企业纷纷与第三方租赁企业签订对公协议，由租赁公司为网约车企业提供车辆和专职司机。同时，网约车企业开始办理两证，组建合规运营团队，实行分组式管理，给合规车辆优先派单奖励，发放合规补贴，很多私家车被迫转为合规车辆。就这样，网约车企业慢慢踏上了线上出租之路，成为互联网形式的租车企业。

相比传统的租车企业，虽然互联网租车企业运用顶级算法合理派单，收取的费用和抽成比例相对较高，同时承担的社会责任相对较小，但是这种盈利模式仍旧弥补不了企业的运营成本，最终只能走向亏损或裁员。2018年，Uber亏损30亿美元。最终2019年8月，其营销团队裁员400人；9月，其工程和产品团队裁员435人；10月，其包括外卖服务在内的多个团队裁员约350人。

4. 供给与运营

有没有真实的市场需求以及能不能提供足够的供给一直是创投企业必须思考的两大问题。凯恩斯认为需求能创造出供给，有人需要就会有人生产，当有效需求不足时，政府应该采取措施刺激需求。法国经济学家让·巴蒂斯特·萨伊则认为供给创造需求，生产、分配、交换等都是手段，最终是为了消费。生产者为达到消费目的而生产，生产者的生产又引起了对其他生产者的商品需求。萨伊定律考虑的是多种商品、一个对象，认为消费者的生产最终会成就自身消费。需求决定供给，只盯住一种商品、两个对象，消费者对某种商品的需求决定了厂商对这种商品的供给。萨伊定律与凯恩斯主义如图 3-30 所示。

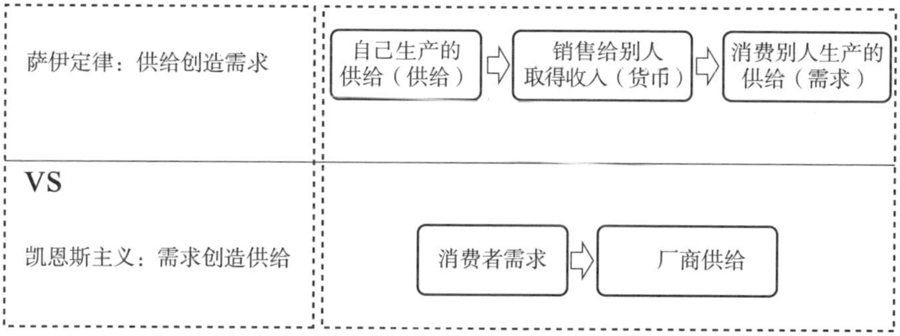

图 3-30　萨伊定律与凯恩斯主义

无论是凯恩斯的需求决定供给还是萨伊的供给创造需求，都有一定的解释力，只是二者的角度不同、侧重点不同。对于真共享，充足的社会冗余供给是其健康发展的必备条件。共享经济是点对点分布，供给是由社会资源提供，如果社会冗余不足，难以匹配需求，市场供需失衡，真共享企业就会主动或者被动走向异化。对于伪共享，虽然企业能提供充足供给，但其走的却是互联网租赁道路，应该专注产品服务及供需平衡。仅依靠补贴吸引流量、抢占市场，过于注重互联网方式，忽视传统实体运营，不考虑供需关系，重资产、高成本、巨额亏损自然就是企业不得不面临的局面。当然如果伪共享企业运营得当，成为像共享充电宝之类小而美的互联网线上租赁企业也并非毫无机会。

区分真共享和伪共享主要看由谁作为供给方，判断真共享企业能否长远发展则需要看社会是否存在冗余供给。没有充足的冗余供给，真共享企业难以长久发展。不注重产品运营，仅凭互联网玩法，伪共享企业则难以生存、盈利。当潮水退去时，才知道谁在裸泳。无论是真共享还是伪共享，在发展阶段都需要市场保证供需匹配以及运营得当，否则将严重影响企业发展。

5. 组织模式与交易成本

不仅根据供给方可以区分真共享和伪共享，依据企业的组织模式也可辨别真假共享，两种共享经济平台组织模式比较如图 3-31 所示。共享经济之父杰里米·里夫金在《零边际成本社会：一个物联网、合作共赢的新经济时代》中提到物联网平台具有分布式、点对点性质，可以把社会、企业和产销者组成的数百万小型参与者聚集在一起，形成全球性协同共享系统，从而淘汰垂直整合价值链中的剩余中间人，构建横向规模经济，使边际成本接近于零。真正的共享经济正是利用物联网点对点的结构特点，构建了去中心化、完全分布式组织模式。每个人既是产品服务的供应者也是使用者，供需双方直接接触，消除中介，打破了传统商业架构中的中间环节，消除了过程中的分销和渠道环节，解决了信息不对称问题，提高了沟通效率。伪共享企业采用传统租赁企业的组织模式，伪共享经济平台直接面向生产者采购产品，作为产品的拥有者向消费者出售产品使用权，提供短时租赁服务，消费者和生产者不直接联系。

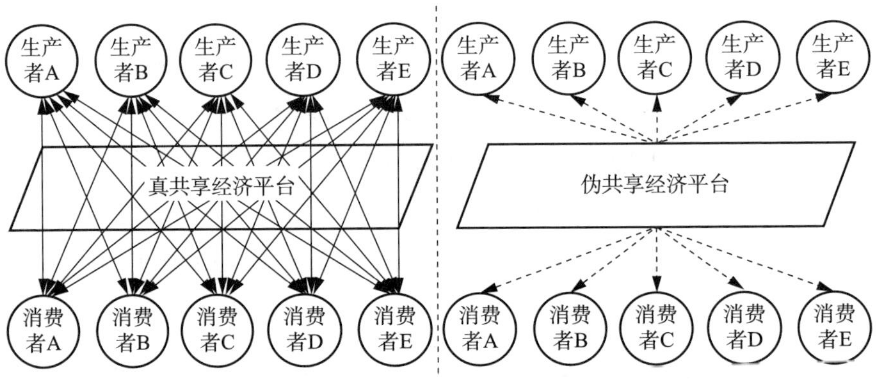

图 3-31　两种共享经济平台组织模式比较

共享经济平台是点对点、分布式、C2C 组织模式，平台只提供信息匹配的工具，起撮合交易的作用，上游和下游直接进行多对多沟通协调。平台减少了不必要的交易成本，且共享经济平台是轻资产模式，前期无须大量投入，后期也不用承担资产维护费用。但共享单车等伪共享企业的组织模式是点对多、B2C，平台直接面对数百万用户，每个用户与平台都是租赁关系。企业需要耗费大量资源去维持与每个用户的租赁关系，如运营成本、后期维护成本等，且伪共享企业是互联网租赁模式的重资产运营，前期投入和后续研发、宣传费用都是很大开销。2018年，Lyft营业成本和销售费用共计20.43亿美元，占营业收入的94%，Uber营业成本（算上折旧）和销售费用共计92亿美元，占营业收入的81%。

以往，由于通信和能源阻碍，组织成本小于市场运营成本，传统组织模式盛行，著名经济学家科斯也认为企业是为了节约市场交易费用或交易成本而产生的。随着企业扩张，组织会变得日益庞大，企业希望消除中间层，提高运行效率。但是对于规模性企业而言，管理人会带来很大的成本压力。没有一个组织能把所有的资源都投入对使命的追求中，组织必定会耗费大量资金维持机构和规则，耗费资源以管理资源。机构越庞大，产生的成本也越大，当组织的运营规模达到一定程度时，因为管理费用而陷入困境，交易成本无法在组织内部得到控制。

科斯认为，当组织过大，达到某个临界点，组织内部的管理成本和沟通成本大于外部的交易成本时，就会出现科斯天花板，无法再继续扩张，需要将内部的事情市场化管理，依靠无组织的组织力量。因此，需要一种新型协调模式（见图3-32），即人人共享、人人协作，通过把内部事务交由外部共享、协作，转移成本，从而达到突破组织规模限制的目的。随着科技发展、技术进步和产能过剩，生产者出现大规模的业余化，人人自产、人人自销不再是遥不可及的事情。因而，当组织面临科斯天花板时，新型协调模式（共享）兴起。

6. *存在道德风险*

虽然新型协调模式是发展趋势，但是新型协调模式（共享经济）并非没有问题，滴滴顺风车和爱彼迎一直以来都因道德风险而面临监管缺失的指责。正常情况下，只要信息不对称，就会产生道德风险，特别是对于大规模的交易双方而言，这是不可避免的。如何解决道德风险一直是全社会头痛的问题，新型协调模式同样必须面对。

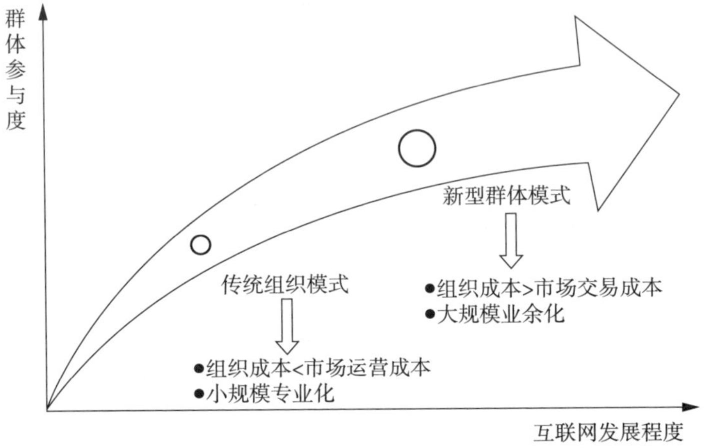

图 3-32　新型协调模式的兴起

克莱·舍基在《人人时代：无组织的组织力量》中提到，新的群体行动（包括共享）可以基于可信的承诺、适合于该任务的工具和易于接受的协议产生，其中承诺是指向参与者保证可达成的效果，工具是指能够帮助承诺达成的平台，协议则是指确立了的规则。以维基百科为例，维基百科的承诺是你有机会使自己对于一篇文章内容的共享历久不变，工具则是为用户提供编辑功能的维基百科平台，协议是你可以编辑其他人的文章，而其他人也可以编辑你的文章。根据克莱·舍基的观点，只要存在信息不对称，就会产生道德风险，但是可以通过协议规避部分道德风险。

彻底消除道德风险不可能，但是企业或政府可以通过设置协议、修订规则，提高道德风险的交易成本。当交易成本大于利用信息不对称获得的收益时，钻漏洞的人便没有了动力。一些西方国家公共交通无须安检，也不用检票。没有人查票，却很少有人逃票，很大一部分原因在于一旦被抓到逃票，不但会面临几百欧元的罚款，而且会留下不好的信用记录，之后找工作、办信用卡等都会受到影响。同样，在日本随意扔垃圾、不进行垃圾分类会面临巨额罚款。政府就是通过协议提高了地铁逃票及随意扔垃圾的交易成本，当处罚远大于利用信息不对称漏洞获得的收益时，道德风险自然而然就会下降。

此外，协议必须得到用户的赞同、拥护，这样人人才能成为监督者。比如，垃圾分类回收已经成为大众共识，人人都会自觉遵守，并相互监督。当有人破坏协议时，便会受到大众的指责。在新型协调模式中，人人自治、人人监管远比组织监管高效。人人监管相当于将组织内部成本外部化，可为组织节省监管成本，这对于新的群体行为模式（见图 3-33）非常重要。

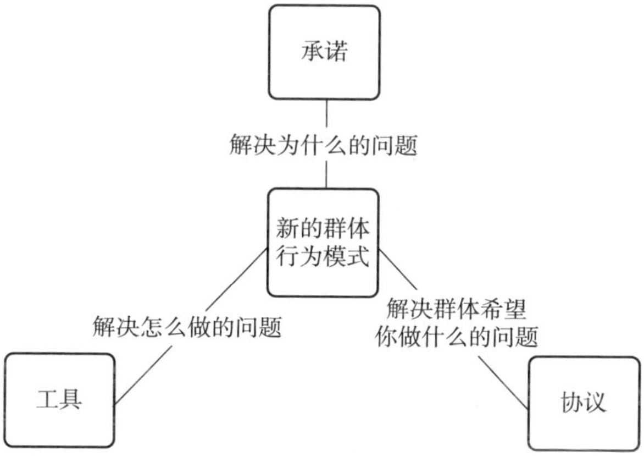

图 3-33　新的群体行为模式

三、共享经济的物流发展与创新

共享经济模式可提高社会冗余资产的使用效率并取得收益，帮助企业和消费者降低资产持有的风险，降低成本并可持续。因此，越来越多的企业和消费者参与到共享、出租资产或服务行列中来，共享经济模式也从出行、住宿等行业扩展到其他领域。

正如 DHL 在其报告《共享经济物流》中所阐述的：共享经济的技术和商业模式可以应用于任何行业，物流行业也不例外。共享经济平台及其巨大的用户数量，正在改变物流行业的游戏规则，主要体现在运力共享、共享云仓以及末端共配等方面。

（1）运力共享

有数据显示，欧盟货车空驶率 20%～25%，而中国货车空驶率 27%～36%，说明我国在提升货车使用效率方面仍有较大空间。运力共享平台一端连着空闲的司机与车辆，另一端连着具有物流需求的货主（包含个体与企业），从中撮合交易，使车辆效能与司机得到更充分的利用，货主的临时、零散需求得到满足。2021 年我国不同车型空驶率见图 3-34。

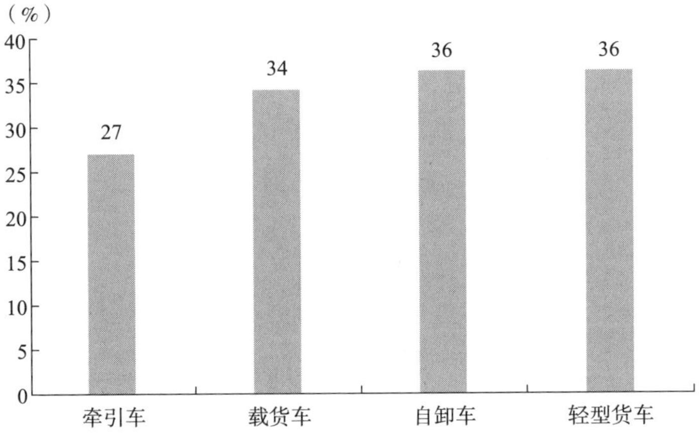

图 3-34　2021 年我国不同车型空驶率

资料来源：中寰卫星。

优步货运（Uber Freight）是国外运力共享平台的佼佼者，是 Uber 在 2017 年推出的货运共享服务平台，其核心理念是无缝匹配托运人与承运人的需求。货车司机入驻 Uber 货运后，可以查看可选择的货运需求订单，订单会体现要运送的货物、运输的路线以及运费水平。司机将货物按要求运送到目的地并完成交货后，自动获得相应的报酬。为了整合更多运力资源，Uber 货运在 2018 年推出车队频道，将拥有 10 辆及以上货车的中小型车队纳入其服务范围，运力资源的充分共享，可更好地匹配托运人的需求。2020 年，由于货运市场变得更加不稳定，中小型企业常常面对计划外的运输挑战。为此，Uber 货运推出企业版，为中小型企业的托运人提供可选择的运力资源、可控的运输价格和可预期的到达时间，从而更好地匹配托运人临时性的货运需求。2021 年，为了进一步提高满载率，Uber 货运增加零担运输选项，整合目的地、交付时间相近的订单，引入零担服务商，并将整车运输的用户体验延伸至零担运输。在 Uber 货运平台，系统会根据商品详细信息、取送货地点以及交货日期提供运输报价，托运人可以在单一平台快速比较整车运输和零担运输的报价，直接从平台列表中选择承运人，安排取件和送货、跟踪货物运输轨迹，并同时管理多个运输订单。经过短短几年的发展，目前 Uber 货运平台已拥有超过 13 万名承运人，每年运输交易额达到 170 亿美元。

在竞争激烈的“最后一公里”交付场景中，共享经济模式下的运力众包表现突出。

近场电商、即时零售等新业态的快速发展，要求零售商或电商平台扩大“最后一公里”配送的覆盖范围，缩短订单交付时间，提高快速满足消费者需求的能力。同城一小时交付正成为消费者选择零售商或电商平台的新标准，“最后一公里”服务被视为差异化的关键因素，管理端到端交付体验变得与品牌管理一样重要。

但是，许多零售商发现有效地为消费者提供快速准时的送货服务具有较大挑战性。自己搭建即时配送网络是一项复杂且高成本工作，即时配送订单通常是非计划性的，高峰期与低峰期的订单量相差非常大，自营方式将使相当多时间和资源被闲置。有调查数据显示，35%的受访者表示，降低物流成本是“最后一公里”交付面临的主要挑战；37.8%的“最后一公里”送货公司表示，寻找合格的司机是其最大的问题。

鉴于“最后一公里”交付物流的复杂性与高成本，越来越多的企业寻求通过众包来完成“最后一公里”交付服务，以保持轻资产运营。根据 Supply Chain Brain 的数据，到 2028 年，预计有 90%的零售商使用众包交付来处理订单履约。

达达快送是本地即时配送平台的代表，社会化同城配送市场份额位居行业第一。截至 2021 年 12 月 31 日，达达快送的同城配送服务覆盖全国约

1800个市县，“最后一公里”配送服务覆盖全国约2600个市县。达达快送业务规模持续扩大，2021年达达快送订单量为11.23亿单，平均每天交付310万个订单，峰值日单量超千万单。

骑手队伍是扩大交付网络和保障交付质量的关键，支撑起达达快送履约能力的是其超63万名活跃骑手。达达快送以众包模式为核心的运力模式，弹性高，通过运力的灵活调度可应对即时配送单量频繁波动的挑战，满足履约确定性要求；即使在大促期间，也能承受并快速消化暴增的订单，平台的整体配送履约率仍超99%。

在众包模式下，骑手与平台间的关系较为松散。为了维系庞大的骑手运力队伍，达达快送平台向骑手提供各种基于履约订单数量的奖励，以吸引和留住更多骑手。2019年、2020年和2021年，达达快送在这方面的支出分别为1.92亿元、1.44亿元和0.89亿元。同时，致力于通过技术和创新提高交付效率，达达快送开发了专有的智能订单推荐和调度系统，依据门店履约时效要求、订单品类、单量变化、峰值时间等特性，实时自动将订单与骑手匹配，并计算出最佳配送路线。对有特殊需求的门店，达达快送还会为门店匹配“众包—驻店”混合运力，提供专属配送服务。在门店因大促、活动等原因出现订单峰值时，“众包—驻店”运力综合承接，响应订单接配需求；而在订单波谷时，则由驻店骑士承接，众包运力释放配送其他类型订单，从而避免运力冗余，最大限度助力门店降本增效。

（2）共享云仓

仓储是重资产、重投入行业，自建和运营仓库需要土建成本、配套设备成本、仓储管理系统、员工工资及水电杂费等各项投入。有人测算，建造一个1000平方米的冷库，前期投入在150万元到300万元。

中小微企业的用仓需求呈现用仓面积小、资金预算少、订单小批量、时间不确定性高等特点，很难独立承担自建仓库或自营仓储的成本；若租用仓库，则面临着“找仓难、仓租成本高、仓配运营质量难保障”等挑战。

仓库所有者则面临仓库空置率偏高、难以找到合适承租方、经营利润难提高等困难。根据物联云仓的数据，2022 年我国通用仓库的平均空置率在 15%左右；根据中国仓协 2021 年对规模以上仓储企业的调查（见图 3-35），业务增长在 0～10%（含）的仓储企业占比最大，为 27.45%；同时有 17.64%的仓储企业收入呈负增长。

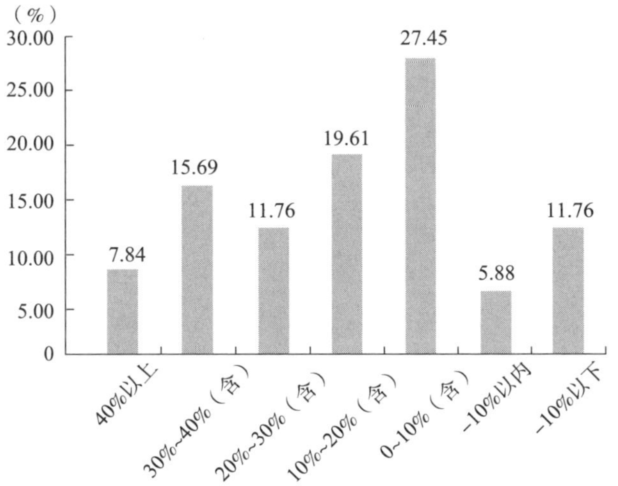

图 3-35　2021 年规模以上仓储企业收入增长情况

资料来源：中国仓储与配送协会。

因此，可以看到，在仓储领域存在着一对矛盾关系：一方面仓储企业无法充分利用其全部库容，营业增长困难；另一方面货主企业无法快速为其临时、小规模存储需求找到合适的仓库。

这时，按需存储的仓储共享模式便有了市场空间，抓住了仓储供需两端的需求。对于货主企业来说，共享仓储是与其他企业共租共享一个仓库，不需要承担整个仓库的费用，更不用投入巨额资金自建仓库，只需要把货物和订单推送至共享仓储，共享仓储企业的工作人员便会根据指令完成分拣、打包、发货等工作。对于仓储企业来说，共享仓储模式集合分散的存储需求，可以帮助其快速导入客户资源，盘活闲置资源，降低仓储闲置率，提高盈利水平。

根据中国仓储与配送协会副会长王继祥的观点，云仓共享才是真正的仓储设施共享创新。云仓模式以仓储为中心，利用互联网、云计算、大数据等先进技术及管理方式，将分布于各地的实体仓库在系统中实现整合、叠加配送功能，形成一个硬件资源共享且具有协同效应的全国型仓配网络。该模式集成了中小型企业的存储与配送需求，同时对物流企业的闲置仓储资源进行赋能，是近几年发展最快的共享模式之一。

目前，国内云仓模式中的标杆企业有菜鸟云仓、京东云仓、顺丰云仓、中通云仓等，这里我们通过京东云仓来进一步说明该模式。

京东物流仓网体系在满足自身需求后，逐步走向社会化，并在2017年推出京东云仓模式，旨在整合共享仓储资源，增加仓配网络密度，向合作伙伴输出京东物流的系统产品、技术能力、运营标准、品牌及商流引入等，提供仓配运一体化服务及多仓协同服务，共同建设物流和商流相融合的云物流基础设施平台。目前，京东物流合作的云仓超1700个，总面积约为250万平方米，覆盖全国七大区域。

京东云仓的合作方式是，由符合京东物流要求的第三方仓储资源商提出合作申请，通过审批后，京东提供包含云仓平台、仓储管理系统、运输管理系统、库内作业标准等在内的整套仓储运营解决方案，第三方仓储资源商负责提供仓库、作业设备及运营团队。京东物流通过合作、赋能的方式，将合作伙伴的低标仓改造成市场需求的更大高标仓，优化资源配置、减少仓库闲置、降低仓运成本。

京东云仓仍在不断发展中，2021年，京东云仓进行了战略、服务、技术和产品四大升级，以京东云仓为中心，打造商家仓、享东东、京腾云仓和县域云仓等四个核心产品，并聚合更多的生态服务，为入库商家提供仓单质押、设备融资、信用贷等“互联网+电商物流金融”服务；为仓库资源方提供“物流培训、低价耗材、微信商机推送、资金担保”等多种服务，形成云仓生态闭环平台。

在四个核心产品中，享东东与候鸟供应链合作，整合了京东云仓中的SKU与商品库存，并向外部企业开放，帮助商家提升选品、采购及物流履约能力；京腾云仓与腾讯智慧零售合作，借助腾讯智慧零售的全域数字化触点、智慧零售技术能力，形成“商流+营销流+物流”一站式解决方案；县域云仓扎根于县镇等下沉市场，采用“上行仓储仓”+“下行前置仓”的双向流通模式，完善县域流通体系，打通农产品上行“第一公里”与工业品下行“最后一公里”。

（3）末端共配

我们已开启了迈向共同富裕之路，高质量发展县域经济、全面推进乡村振兴等是未来经济工作的重点。目前，我国县级行政区有2800多个，县域人口、经济体量分别占到全国的53%和40%；城镇化、农村电商等的进一步发展，可带动下沉市场消费提质扩容，每天有1/3的快递包裹来往农村地区，2021年农村地区收投快递包裹总量达370亿件。

国家邮政局数据显示，我国快递乡镇网点覆盖率高达98%，“快递进村”比例超过80%。但是，由于乡镇居民点分布较为分散，人口密度远低于城市，导致末端物流半径大，大大降低了“最后一公里”的配送效率，增加了履约成本，工业品下行受阻。同时，订单的分散导致各家快递企业在镇、村的站点产能得不到很好的利用，从而造成配送资源的冗余。

为此，近几年国家有关部门多次发文鼓励县、乡、村物流进行共同配送，不少物流企业正在推进末端配送资源的整合。多家物流企业共享同一套基础设施，通过共同配送减少重复投入，提高配送密度和配送效率，完善乡镇地域快递末端网络布局，以规模化运作有效降低乡村“最后一公里”的配送成本。

为了解决县域末端配送资源的松散、不集中、重复建设问题，菜鸟网络参考日本的共同配送联合体，制定了适合中国国情的乡镇共配网络，建设县级共配中心，打通县城、乡镇、农村的多级作业，对多家快递企业的包裹进行混合分拣，使乡村快递产业形成规模化效应。截至2022年3月31日，菜鸟网络已在全国建设了1000多个县级共配中心。菜鸟网络智慧共配项目如图3-36所示。

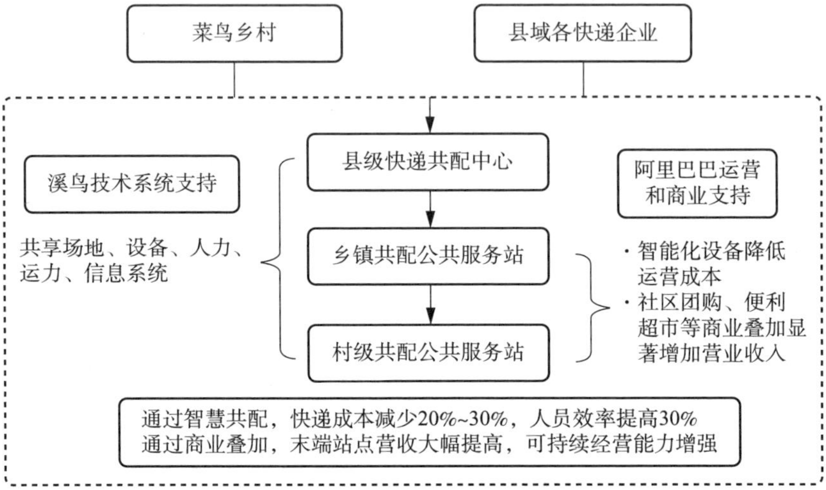

图 3-36 菜鸟网络智慧共配项目

资料来源：劳动经济学会就业促进专业委员会、首创证券。

为了进一步提升共配中心的效率，菜鸟网络逐步对这些县域共配中心进行了智能化改造，在共配中心上线智能分拣环形交叉带设备，其基本运作流程：从包裹卸下来开始，在装卸口安排一位分拣人员对大小件进行分离，小件包裹直接从斜槽处进入环形交叉带，各家快递可以在环形交叉带上进行同步分拣，同一个末端网点或代收点的包裹直接落到对应的格口袋中，集袋打包，交给配送车辆运送至各末端配送点。菜鸟网络通过技术手段将系统打通，把“通达系”企业的快递融到一起，打破各家快递单独分拣操作的局限。据介绍，智能分拣环形交叉带设备的分拣处理效率是纯人工分拣的 3 倍，设计的最大处理量为 10 万票/天，可以满足共配中心未来 5 年的发展需求。

无独有偶，中国供销社近年来也一直在推进“互联网+第四方物流”供销集配体系。由供销社牵头，联合买方（第一方）、卖方（第二方）、物流企业（第三方），共同建设的“互联网+第四方物流”供销集配中心，整合了仓、货、车、路线、网点资源，共享仓配体系，打造“一点多能、一网多用、一体融合”的县域流通服务网络，实现城乡高效配送，实现商流、物流、信息流、资金流“四流合一”。江西省供销合作社的数据显示，供销集配模式使县、乡、村配送效率提升了70%、流通成本降低了20%。

根据《关于推进“互联网+第四方物流”供销集配体系建设实施方案》，我们可以看到，“互联网+第四方物流”供销集配体系的具体建设内容主要有以下四点。

一是组建第四方集配企业。通过增资扩股、合资新设等方式，吸纳多方市场主体参与合资合作，共建供销集配体系。其中，供销合作社出资比例不少于35%，具备条件的要达到51%以上。

二是建设第四方集配中心。优先利用现有场地，通过改造或合作等方式，因地制宜建设集配中心，先行开展集配业务。当需要新建集配中心时，争取地方政府优先落实安排用地指标。

三是发展第四方集配网点。以第四方集配中心为核心，按照“统一形象、分布式布局”的原则，整合改造供销合作社的基层网点及辖区内有合作意愿的商贸流通骨干企业、物流快递企业、大中型超市的基层网点，导入快递取派件、农产品运销、日用消费品配送、生鲜配送、便民服务等业务，打造覆盖乡镇及大部分村组的第四方物流终端集配网络。

四是共享第四方集配信息系统。第四方集配体系以集约化、信息化、标准化方式运作，以线上、线下相融合为切入点，接入统一的“上行揽收+下行集配+信息共享+终端寄递”信息化系统，实现全市第四方集配物流信息的共享与交换。推动智能快件箱（信包箱）进村组和居民社区。

第五节　邮政快递与航空货运融合发展

交通是兴国之要、强国之基。2020年12月22日，国新办发布《中国交通的可持续发展》白皮书，其中有一句话令人印象深刻，即“经济要发展，国家要强大，交通要先强起来”。的确，作为国民经济基础性、先导性、战略性产业和重要的服务性行业，按照新的历史定位，交通运输既是需要先行发展的基础产业，又是保障、改善、服务民生的重要领域，更是经济持续健康发展的重要支撑。

作为大物流、大交通的天然盟友，邮政快递业与航空货运业若能协同发展，积极借力双方的优势，不仅有利于实现习近平总书记提出的“全球123快货物流圈”，还能促进形成以国内循环为主、国内国际循环并重的新发展格局。

一、邮政快递业与航空货运业融合发展面临的瓶颈

1. 安检互信难

安全是航空公司的“生命线”。当前，邮政快递包裹多为电商快件，包括化妆品、3C产品、固体酒精等多种多样的商品。部分商家为了方便寄件，经常隐瞒货物品名，使得快递货物中混进了部分空运违禁品。虽然邮政业已全面施行“3个100%”制度，即100%实名收寄、100%开箱验视、100%安检，但货物在交付机场时仍要二次安检、二次打板。

在航空违禁品中，锂电池占据了“半壁江山”，其在移动电话、笔记本电脑、数码相机、电动汽车等产品中广泛应用。锂电池在高空环境下遇热很容易引起自燃，如果直接放入行李中托运，在狭小的货舱空间中受到挤压或者被碰撞，容易引发自燃，严重威胁飞行安全。

2. 标准不统一

一是信息系统标准不统一。航空货运产业链条长，涉及航空公司、机场、货站、货代、联检单位等多个运营主体，各主体都有一套各自的信息系统，重复录入、各自为政的问题极为突出。快递企业需要与多个主体进行系统对接，难度较大。二是计费、统计口径标准不统一。航空公司按重量计费，而快递按票件计费，造成航空快递产品的成本和价格确定难以标准化。三是收费标准不统一。不同航空公司、机场收费标准不一，且涉及

多个收费科目和环节。四是赔付标准不统一。在赔付方面，虽然各家都有相应的赔偿标准，但由于信息不对称、航空运输环节无法追踪等原因，丢失损毁责任难以界定，快递企业真正获得赔付的少之又少。五是安检标准不统一。目前，邮政业尚未出台相应的安检标准，普货、航空件、公路件等须过同一安检机。此外，不同机场货站的安检标准不一样，快递企业需要对接几百个机场、数十家航空公司、数百家企业，成本过高。

3. 协同不匹配

一是航班时刻需求不协同。快递的流转需要经过“收、转、运、派”四个环节，每个环节都有对应的工作流程和时刻安排。与航空货运相关联的主要为“转”这一环节，一般在夜间或凌晨进行。因此对夜间航班需求较大，而对白天航班基本无需求。基于我国航空货运以客机腹舱为主，白天航班多、夜间航班少，时刻需求难以有效匹配。二是货机利用率有限。就国内而言，在“重客轻货”大背景下，货机起降时刻和货运操作受限于客运，客运优先策略在一定程度上挤压了货机的时刻安排，导致货机待运现象普遍。目前，国内航线全货机利用率仅为18%，不仅利用率低，还受时刻限制。三是腹舱舱位保障难。目前，国内客机腹舱主要按照预配舱位进行销售，即根据旅客的数量，预计每位旅客所携带的最大行李件数来计算剩余舱位，这种计算方式显然不够准确。货物在最终装机时，很容易被落下或富余舱位未被利用。四是货站设施简陋。民航业虽经过20多年的发展，但在设施设备上并没有太大改进。目前，很多货站内设施设备简陋，依然以叉车、人工搬运为主，少有自动化设备，难以满足邮件快进快出的需要。同时，一些老旧小机场空侧场地道路不平整，没有相应的库区分类，生鲜、蔬果等食品得不到相应的保护。

4. 中间快、两头慢，速度优势难以凸显

以北京飞往上海的国内航班为例，通常要提前2小时去候机，飞机空中飞行时间2小时，飞机落地滑行时间大概25分钟，考虑天气、空管等航班延误的影响，至少需要4.5小时。飞行环节节约的大部分时间被两端所耗费的时间抵消，使其丧失了时效优势。相较之下，京沪高铁复兴号全程4.5小时，候车时间仅30分钟，总用时与飞机相当。

在货运方面，航空货运产业链条长、业务主体多，货物从交货到收付要经过6~7个环节。通过调研了解到，目前，某机场货站前端收货时间标准为提前3小时交运，航班落地交付时间标准也为3小时，加上国内航线飞行时间平均2小时起算，整个航空货运交付链条至少需要8小时。对于行驶速度平均80公里/时的重卡来说，8小时已行驶了650~700公里，航空货运的优势难以体现。

5. 中间低、两头贵，航空公司运输价值较低

航空货运可分为3段，即始发段、运输段和到达段。其中，始发段和到达段运营主体是机场货站，运输段则以航空公司为主。航空公司虽然有飞机、航线等资源，但受“重客轻货”及价格竞争等因素影响，其运输价格较低，扮演的仅是“空中搬运工”角色。据统计数据，2019年中国民航运输收入平均水平为4.62元/(吨·公里)，其中，客运收入水平为5.47元/(吨·公里)，货邮运输收入水平仅为1.45元/(吨·公里)，货单价低。

但在两端，收费远高于运输费用。根据民航局发布的《关于印发民用机场收费标准调整方案的通知》，收费标准如下。

- 始发段。货邮服务费基准价：T（最大业载）≤10吨，费用为30元/吨；T>10吨，费用为34元/吨，收费对象为航空公司。
- 到达段。装卸和地面运输服务：T≤10吨，费用为6元/吨；T>10吨，费用为7元/吨，收费对象为航空公司。

机场操作费或出港费方面，地方县、市或省物价部门报备显示，收费标准为400~600元/吨，收费对象为货运代理人或托运人，且始发段和到达段都要收此项费用。可以看到，两端服务价格都远高于航空公司运输费用。

二、加快推动邮政快递业与航空货运业融合发展的举措建议

1. 从国家层面推动成立协同发展工作小组

民航货运业近10年来增速放缓，虽然近几年民航局出台了许多相关文件，如《民航局关于促进航空物流业发展的指导意见》《货邮飞行航班时刻配置政策》等，但距离真正落地还有很多问题亟待解决。

为此，建议从国家层面，如交通运输部或两业主管部门来统筹推进，成立两业协同发展工作小组，设立“短期可实现、中期待解决、长期可协商”目标，逐步推进两业协同发展工作。

同时，应充分发挥航协、快递协会的桥梁纽带作用，充分整合旗下各会员单位的优势资源，积极开展两业之间的培训和交流，做好行业诚信和自律，如建立两业协同发展公约，各方自愿签约并遵守相应的条款，便于两业之间的业务合作。

2. 探索安检互认标准

香港民航处2018年印发《管制空运货物安检设施计划》，提出空运货物可以在机场以外安检。内地是否可以出台类似相应的文件，针对邮政快递货品违禁品较多问题，通过机场安检员驻点、共享员工、共同搭建安检设施等，实现安检前置？

建议国家邮政局加快编制邮政快递业安检标准，如危险品标准等，与民航业进行对接。

对于经常发生违禁品事件的邮政快递企业，民航局可采纳目前企业管理的普遍做法，如“供应商评价”方法，对邮政快递企业进行定期评价，优先选择违禁品少、口碑较好的合作方，以此倒逼其他邮政快递企业诚信经营。

3. 探索快递标准航空集装容器建设

针对目前航空货物处理效率不高的问题，建议航协、快递协会与旗下

各会员单位等就航空容器进行互商，探讨由邮政快递企业主导或第三方企业建设航空集装容器，可通过各快递企业的名称、Logo、颜色等进行区分。这样做的好处是：一方面航空公司、机场货站等可以第一时间了解货物是普货还是快件；另一方面可及时获知货物的归属，如有安检问题可以第一时间与快递企业取得联系。

4. 探索建立统一的信息系统

2019年全国民航工作会议明确提出，要推进中性电子运单等项目实施。建议航协加快推进中性电子运单建设，实现统一信息系统、统一运单规则、集中清结算等。具体可分“三步走”：第一步，近期优先解决部分中小机场、中小货运代理人信息化问题。第二步，中期加快实现连接功能，开放相关协议端口，与各相关主体进行对接，包括邮政快递企业。各主体共享舱位、货量、起飞时刻、落地时刻等相关需求信息，实现可追踪功能。第三步，远期通过可视化技术、北斗导航、5G技术、RFID技术等，实现货物可视化功能。

5. 破除“机场到机场”发展模式

航空货运发展一定要破除“机场到机场”发展模式，向全链路延伸。近几年随着高速公路、高铁货运的发展，以及快递下乡、农产品上行等政策的不断推进，三、四线城市及农村必将成为未来货物集散的蓝海。但目前航空货运主要还是“机场到机场”的发展模式，航空货物市场还处于“等、靠、要”的发展局面，长此以往，航空货运业务必将遭遇进一步的“侵蚀”。数据显示，目前，国内货邮50%以上都集中在北京、上海、广州的机场中，国际航线货物90%都集中在北京、上海、广州、深圳、郑州的机场，很多支线机场处于“吃不饱”状态，靠政府补贴维持运营。

为此，建议航空公司加快推动支线航班开放，并延伸地面服务，向全链路发展。充分发挥邮政快递企业强大的地面配送和调拨能力，提升支线机场周边货源集聚能力，争取支线航班往返载运平衡。

6. 探索一费制标准，实施差异化产品服务

鉴于航空收费链条长、科目多且复杂，不同主体收费标准不一，为此建议探索整合地面操作费、运输费、燃油费、提货费、短驳费等费用，实现航空货运一费制，以实现一次缴费及集中清算与结算。

同时，鉴于以价格定义服务难以量化等原因，建议航空公司制定差异化产品定价策略，即形成一个产品服务体系。参照客运分经济舱、公务舱、头等舱等不同产品，货运也可探索按服务产品类别、赔付标准、交付时效等维度，划分不同价格、不同服务内容的具体产品，一一罗列，解决“价格—服务”模糊化问题。

7. 科学谋划航空网络布局，提升双方需求匹配度

建议加快培育京津冀、珠三角、长三角三大机场群的专业化货运枢纽，加快建设如医药、生鲜、冷链、跨境电商、危险品、空空中转、多式联运等库区，满足不同货品快进快出的需求。通过调研了解到，目前，北京大兴机场货站建设已充分考虑到这方面的需求，很多库区由快递企业投资和合作运营。

在需求匹配方面，建议邮政快递企业与航空货运企业签署战略协议时，无须货代的参与，双方通过资本合作、设施联通、功能联合、平台对接、资源共享等方式，形成合作共同体。

快递企业主要解决的是“保运量”——提供货量、始发地和到达地机场及航线需求表；航空公司主要解决“保运力”——提供航线和舱位数；机场货站主要解决“保收费和保效率”——提供进出港优惠价格，尽可能压缩货物处理时间。

第四章

技术：新技术赋能新物流

第一节　PI：物流竞争的新武器、新方法、新战场

Physical Internet（PI）可以直译为物理/实物互联网，但这样就和物联网（Internet of Things）无法区分了。实际上，2011 年，班旺·蒙特尔（Benoit Montreuil）教授指出，PI 是指物流应该像互联网一样进行组织和运作的新的物流操作形态。PI 到底有什么价值，能给我们带来什么呢？

一、PI 的定义

Physical Internet 一词最早出现在 2006 年 6 月 17 日英国《经济学人》上的一篇文章《智联物流网：物流研究综述》（*The Physical Internet：A Survey of Logistics*）。该文以联邦快递的业务为大背景，讲述了全球供应链所面临的挑战和风险，指出全球化不仅仅需要加强公路、铁路、海运、空运的协调，还需要一条全新的实践途径：互联网。受这篇文章和这一词条的启发，班旺·蒙特尔教授在 2011 年 3 月发表了阐述 PI 理论的论文《迈向智联物流网：迎接全球物流可持续性的重大挑战》（*Towards a Physical Internet：Meeting the Global Logistics Sustainability Grand Challenge*）。

班旺·蒙特尔教授从“全球物流不可持续的论断”出发，分析了“当前”物流运作方式不可持续的现象特征，进而提出 PI 的愿景构想。他建议物流操作参考互联网的运作体系，因为在互联网中，数据的传输在全球已经形成了一套统一的协议规范和接口，使得信息数据可以在庞大的互联

网中无缝、高效地传输，推动了各种信息应用的革命性变革。PI 理论将互联网的原则和规范体系引用到全球物流运作当中，建立一个全球开放、互联的物流网络，使用一组协议和标准化的智能接口，以发送和接收可被标准模块承载工具承载的实体商品。班旺·蒙特尔教授认为这是一种可实现全球物流持续发展的新路径，可以有效地提升物流运作效率、节能减排等。期待未来能有机构、组织以及不同专业的人才，运用不同的知识和技能，共同推动 PI 在全球的发展和应用。在理论上，PI 有可能为全球带来一个开放共享的物流体系，使物流转移操作的成本更低、更流畅、更安全，为现代物流业带来更大的价值，提高资源利用率和附加值。

班旺·蒙特尔教授提出 PI 理论以后，受到了各方高度关注。班旺·蒙特尔教授创建并任职的 Physical Internet 研究中心获得美国国家科学基金会（NSF）资助。从 2014 年开始，每年在全球不同城市召开一年一度的国际智能物流网大会（IPIC）。其中 2020 年第六届 IPIC 会议在中国深圳召开，旨在全球推广 PI 理念，并探讨应用于现实的物流体系。在第六届 IPIC 会议上，PI 在中国被翻译为“智联物流网”。巧合的是，中通研究院罗辉林在 2011 年出版了《物流智联网》一书，于 2011 年 1 月 30 日就其中的核心内容提交了专利申请，并于 2016 年获得了中国发明专利。物流智联网内容与 Physical Internet 基本相同，都致力于将互联网的 TCP/IP 数据传输协议体系引用到物流运作当中，以推动建立类似于互联网、可以进行资源热插拔的物流业务运作体系。“物流智联网”的提出和班旺·蒙特尔教授所创建的“Physical Internet”在时间上完全平行。

二、互联网模式对物流运作有借鉴作用

我们在介绍数据传输原理时，免不了以货物的配送，尤其是邮政系统对信件的配送为例来说明。互联网经历了半个世纪有了突飞猛进的发展，路由体系结构从核心路由体系结构演变为对等骨干路由体系结构。但是物

流配送体系基本没有什么大的变化。为什么物流配送体系不能参照网络数据传输，实现物流配送的快速发展？我们可以借鉴 IP 数据包（IP packet）的传输原理，结合互联网和信息技术构造一个全新、开放、可扩展的智能物流运作体系，从而实现全球物流配送，同时实现物流的规模化与成本最优化。

1. IP 数据包数据传输原理

TCP/IP 协议（Transfer Control Protocol/Internet Protocol）即“传输控制/网际协议”，又叫“网络通信协议”，是互联网数据传输的基础。

TCP/IP 协议的基本传输单位是 IP 数据包，IP 数据包报文格式及首部中的各字段如表 4-1 所示。TCP 协议负责把数据分成若干个数据包，IP 协议在每个数据包上再加上接收端主机地址，这样数据就可以找到其要去的地方。IP 协议保证了数据的传输，TCP 协议保证了数据的传输质量。

表 4-1　IP 数据包报文格式及首部中的各字段

<table>
<tr><td>4 位版本</td><td>4 位首部长度</td><td>8 位服务类型（TOS）</td><td colspan="2">16 位总长度（字节数）</td></tr>
<tr><td colspan="3">16 位标识</td><td>3 位标志</td><td>13 位偏移</td></tr>
<tr><td colspan="2">8 位生存时间（TTL）</td><td>8 位协议</td><td colspan="2">16 位首部检验</td></tr>
<tr><td colspan="5">32 位源 IP 地址</td></tr>
<tr><td colspan="5">32 位目的 IP 地址</td></tr>
<tr><td colspan="5">可选（如果有）</td></tr>
<tr><td colspan="5">数据</td></tr>
</table>

路由是 IP 的一项重要功能，主要用来确定到目标主机的最佳路径。在网络中，每台连入网络的设备都有自己的 IP 地址。这使得 IP 数据包的目的地址和网络设备地址之间形成一一对应的关系，路由器就是通过这些能唯一确定目的地的 IP 地址进行寻径和转发。

寻径即判定到达目的地的最佳路径，通过路由选择算法来实现。路由选择算法维护包含路由信息的路由表。路由选择算法将收集到的不同信息填入路由表中，根据路由表将目的网络与下一站（next hop）的关系告诉路由器。路由器间互通信息进行路由更新，更新维护路由表使之正确反映网络的拓扑变化，并由路由器根据度量决定最佳路径。

转发即沿着已寻径好的最佳路径传送信息分组。路由器首先在路由表中查找，判明是否知道如何将分组发送到下一个站点（路由器或主机）。如果目的网络直接与路由器相连，路由器就把分组直接发送到相应的端口。

典型的路由选择协议方式有两种：静态路由和动态路由。静态路由是在路由器中设置固定的路由表。动态路由是网络中的路由器之间相互通信，传递路由信息，可实时地适应网络结构的变化。如果路由更新信息表明发生了网络变化，路由选择软件就会重新计算路由，并发出新的路由更新信息。这些信息通过各个网络，引起各路由器重新启动其路由选择算法，并更新各自的路由表以动态反映网络拓扑变化。

路由选择算法在路由协议中起着至关重要的作用，采用何种算法往往决定了最终的寻径结果。路由选择算法使用许多种不同的度量标准去决定最佳路径。通常使用的度量标准有：路径长度、可靠性、时延、带宽、负载、通信成本等。

2. 物流配送

物流配送是通过物流配送节点将货物送达收货人。其具体过程是：将正确的货物从正确的地点取出，在客户要求的时间送达客户要求的地点，交到正确的客户手中。因此我们可以看出，发起物流配送需要具备以下条件。

（1）地址，包括起始发货地址（源地址）和最终收货地址（目的地址）；

（2）取货时间、送货时间；

（3）相关的联系人员；

（4）货物的基本属性，如质量、体积、相关物理和化学性质等。

货物配送指令基本信息如表 4-2 所示。

表 4-2　货物配送指令基本信息

<table>
<tr><td colspan="2">起始地址</td><td colspan="2">目的地址</td></tr>
<tr><td colspan="2">要求发运时间</td><td colspan="2">要求送达时间</td></tr>
<tr><td colspan="2">发货人</td><td colspan="2">收货人</td></tr>
<tr><td colspan="4">货物本身的属性项</td></tr>
<tr><td>质量</td><td>体积</td><td>形状</td><td>易碎</td></tr>
<tr><td>易腐蚀</td><td>有毒</td><td>……</td><td></td></tr>
<tr><td colspan="4">其他信息</td></tr>
</table>

作为物流配送的承担方需要结合以上信息，按照成本最优的原则，选择合适的方式完成物流配送作业。

3. 二者的相似性

根据对 IP 数据包的传输原理及物流配送的分析，可以发现二者之间高度相似，具体体现在以下方面。

（1）都是位置的转移，无论是数据还是货物，IP 数据包从网络一个节点转移到另一个节点；在实际中，货物是从一个具体空间位置转移到另一个具体空间位置，要求能准确无误地到达目标位置。

（2）都面临着传输方式、路线的选择，IP 数据包传输方式选择是由路由器根据线路情况来完成；实际中由物流配送公司根据货物的要求以及运输方式和路线来做出判断。

（3）路由器和物流配送都是按照“接收—转发”方式工作，路由器是对 IP 数据包进行“接收—转发”；物流配送是对货物进行“接收—转发”。

根据对比，对物流配送进行类似于 IP 数据包传输的抽象。

（1）将货物或包裹抽象为 IP 数据包，将发货地址抽象为源地址、收货地址抽象为目的地地址。

（2）将物流配送网络抽象为互联网，将节点间的运输路线抽象为网络中的物理连接介质。

（3）将货物传输路线抽象为路由链路。无论是货物还是 IP 数据包都要建立一条从发货人到收货人、从源地址到目的地址的可联通路径。

基于二者的相似性，物流配送可以参照 IP 数据包的传输进行货物配送。可以将各物流网点进行网络串联，形成物流配送网络，选择优化的路径进行物流配送。

三、当前快递网络类似于早期互联网

快递物流网络的运作结构类似于互联网的架构，尤其是需要结网的物流运营体系。这种覆盖全国乃至全球的网络结构，在运营周转过程中必然存在“集”“转”“分”“派”等基础运作环节。这些环节只有通过接力才能使每票快递高效地流转。在“集”的环节，必然存在同向的多票业务包裹，要通过“集包袋”或者“笼车”等标准化承载设备进行打包合并，类似于数据包的组装；在“转”的环节，无论是基于公路货车还是铁路火车或是航空飞机的转运等，都类似于数据在光纤、铜缆上的传输；在“分”的环节，就是在分拨枢纽或者物流站点进行拆包分拣，或再次打包合并，再次转运；在“派”的环节，将包裹最终交付给收货方，类似于数据的末端转发与接收。

另外，快递面单上有明晰的发货方和收货方地址与联系信息，配合快递物流公司的网络路由路径，可以完成每个包裹的操作环节；类似于数据的源地址和目的地地址确定后，在网络上就可以通过静态的路由路径完成数据的转发。当前的快递物流在路由路径上采用的基本是静态路由模式，并且是各自定义和设计的。这一点类似于早期的互联网结构体系，由工程师定义固定的路由结构，实现“点对点”的数据传输。随着网络接入设备的增多，以及网络工程师的聪慧设计，诞生了多种网络结构体系及多种协议规范。1973 年，罗伯特 · 卡恩和文顿 · 瑟夫开发出了 TCP/IP 协议族中最核心的两个协议：TCP 协议和 IP 协议。1983 年，美国国防部高级研究计划局决定淘汰 NCP 协议，以 TCP/IP 取而代之，TCP/IP 正式成为共同遵守的互联网规则。从此，各种企业局域网、政府网、教育学术网开始具备数据交互联通的能力，慢慢形成了更为广域的网际互联。1989 年，蒂姆・伯纳斯・李在 TCP/IP 协议之上开发出了 HTTP 协议，URL、HTML 技术，从此敲开了万维网大门，人类彻底走向万物互联的时代。

当前的快递、物流网络类似于早期的局域网。每个企业虽然基本上基于相同的逻辑，即使是自营或加盟，物流操作的结构逻辑也基本相似，但它们都是基于企业自身的运营协议在建构和完善网络体系，无法实现跨企业的业务操作。就像早期的 NCP 协议，跨越操作系统无法实现数据的互通互联。那么能否构建出快递、物流 TCP/IP 协议体系，让各个快递企业，甚至物流企业以及众多社会物流资源，在一套协议下基于彼此资源共享、操作协同实现互联互通？如果有这样的协议体系，实现企业之间的互联和互通，不要说“末端共配”了，就是干线互补以及公路、铁路、水运、航空互济都没有问题。如此一来，整个物流行业的运营和需求就能在更大的业务规模上协同与调配。自然，这个算法和路由不可能是静态的，而应该是基于超大业务规模的动态互联体系，类似于 TCP/IP 协议中的动态路由表以实现运作货物的即时管控和调整。

四、PI 理论有待解决的问题

无论是物流智联网还是 PI，初始都规避了一个重要的问题：如果未来能构建一个开放共享的物流应用体系，那么这个体系的所有权、经营权以及分红权如何定义和归属？对于物流资源汇聚所产生的溢价，应如何分配？

当然，根据运单消息，我们可以基于“运费”进行合理分配。但是，通过 PI 理论所聚合的业务产生的资本溢价，如何合理公平地分配给各参与企业？与此同时，运费在不同承运商和操作服务节点之间，如何定义，是对等的，还是建立在上游对下游的委派模式下？凡此种种，传统的“零和博弈”如果无法通过PI得到解决，那么PI最终只能是理想化的原型构想。对此，班旺·蒙特尔教授没有给出物流运作具体的实现细节和操作规范。

就这个问题，我们可以参考星际文件系统（Inter Planetary File System，IPFS）。IPFS旨在创建持久且分布式存储与共享文件的网络传输系统。在IPFS网络中，各个计算和存储节点，构成一个分布式文件系统。IPFS的目的，是在现实中构建一个“多对多”的共享、分布式网络存储结构，将各个可以提供存储设备资源的互联网数据中心（IDC）接入一个共享网络结构中，以供全球存储用户使用和数据访问，其目标甚至是替代HTTP。相对于企业建立“云存储”体系供全球用户使用，IPFS的野心更大。但是要实现这样的野心，除了技术实现协议和方法之外，现实中还面临两个问题：①全球支付货币的结算；②体系溢价增值的激励。因此，IPFS定义了它的价值贡献通证：FileCoin。对于提供计算算力和存储资源的储存节点“矿工”，可以按照存储和分发的数据来获得FileCoin，即根据用户提供的存储资源和使用的存储资源，进行通证分配。用户如果需要存储或访问资源，则需要用FileCoin购买。如此一来，在数据存储领域，就形成一个面向全球的“多对多”存储与访问网络体系，其中的共同资源开放，由全球用户共同付费使用。如蓝光的阿凡达影片，理论上只需要3份拷贝，就能确保数据永不丢失（以互联网存在为前提）；全球数字图书馆，也只需要存储少数几份拷贝，就能实现永久保存和全球用户的搜索、浏览与学习。如此，将大大减少全球存储资源的浪费（当前，是同一份数字文件，每个图书馆都有存储备份）。

这完美地解决了在同一个业务单元体系中的结算问题，将所有存储资源的价值兑换和交易，统一到一个协议通证——FileCoin。当用户规模越来越大，FileCoin的价值就会不断提升，体现为FileCoin价格的上涨。全球不同国家用户，通过供应和使用IPFS资源，带来价值增长溢价，并获得公平合理的贡献分配。如此，就可吸引更多的资源和存储能力以及更多的用户。

是否可以模拟 IPFS 的技术原理和逻辑，构建一个面向全球“多对多”的物流基础设施网络，把全球的物流资源，无论是储存还是配送服务资源，都作为“资源节点”，热插拔到一个网络结构中，并基于业务使用来付费？当然，其他业务资源贡献（如客户、业务订单的导入等），也要进行合理的价值分配激励；基于各种用户和角色为基础网络与业务体系所做的价值贡献，进行同步即时记录分配。如此，就能基于当前的物流资源，构建一个相关各方愿意参与的公共物流基础网络。公共物流基础网络结构如图 4-1 所示。

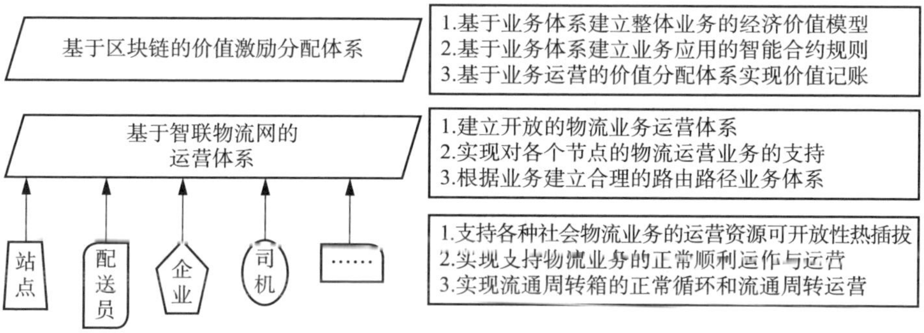

图 4-1　公共物流基础网络结构

理论上，也可以设计一套类似于 IPFS 系统体系内的流转通证。将每个环节、每个节点、每个用户、每个角色、每个行为对体系的价值贡献，用通证进行计价分配；使用物流节点资源时，用通证进行交易支付。不同的是，物流网络系统的资源价值度量和行为价值贡献，要比 IPFS 复杂。在现实的物流网络中，实体物品在操作、搬运与储存上的多样性和复杂度，远大于数据网络中的比特流。所以，设计物流网络结构的智能合约，是相当困难和复杂的。

另外，结合当前的现实，我们无法为这个新的网络结构直接定义流通和交易的通证。但是可以将各自的价值贡献，通过数字化方式，锚定到承载企业的数字股权上，从而使网络体系的价值贡献与生态的繁荣昌盛实现统一。全球用户的货币结算，依然依据现实世界的货币体系，解决“生态的资本溢价分配”和“全球的货币结算问题”。当然，如果这个网络结构局限在一国一隅之内，内部结算问题也就简化了。总之，PI 和物流智联网还有诸多问题有待研究与解决。

五、坚持研究 PI 理论的原因

诚然，站在现实运营和企业所有权的角度来看，以上构想似乎不具备可行性。

但组织科学和自然科学一样，需要通过研究和实践来完成制度的创新、组织的创新。人类从摩擦起电、雷电放电开始探讨和研究，直至发现电磁效应进而开发利用电能，推动了人类的第二次工业革命。现在，我们依然需对新能源进行孜孜不倦的探讨和研究，以期实现更高效率的能源利用；而在市场和企业的供应链组织管理上，人们从基本的供需对接开始，已经发展出了 JIT 理论、快速反应补货（QR）、供应商管理库存（VMI）、SCOR 模型以及 CPFR 理论体系等。那么针对物流的组织管理，我们能否在循环取货（Milk-Run）、交叉运输等组织模式上进行深度创新？显然是需要的，也是必需的。

当前，中国快递物流在业务规模及运营体系和能力上，已经是全球最大体量，但还不是全球最强未来，我们不能“一条经验用几十年”，需要逐步累积经验，谋求创新。为此，我们需要积极寻找理论上的突破和创新，为构建下一代物流网络体系打下坚实的基础，助力中国物流做大、做强。

第二节　基于“数字孪生”技术的物流场景应用

在互联网、大数据、人工智能技术的推动下，快递业与其他行业的深度融合对加速快递企业发展起到了决定性作用。未来，快递业的渗透性将变得更强，服务领域也将更加泛化。

一、“数字孪生”的定义

“孪生”一词很好理解，即双胞胎的意思。“数字孪生”（Digital Twin）简单来说，即一个是存在于现实世界的实体，另一个是存在于数字世界的虚拟模型，是 1∶1 的完美镜像复刻。

“数字孪生”，也称为“数字双胞胎”和“数字化映射”，其充分利用物理模型、传感器、运行历史等数据，集成多学科、多尺度的仿真过程，作为虚拟空间对实体产品的镜像，反映了相对应物理实体产品的全生命周期。将现有或将有的物理实体对象的数字模型，通过实测、仿真和数据分析技术，实时感知、诊断、预测物理实体对象的状态，从而对生产运行起到决策性作用。

该思想由美国密歇根大学 Michael Grieves 教授于 2002 年提出，命名为“信息镜像模型”（Information Mirroring Model），后演变为“数字孪生”。

“数字孪生”的应用场景有哪些呢？

“数字孪生”技术在很多领域有着深入的应用，包括工业或智慧城市领域，借助于该项技术可完成模拟、实验与预测等功能。如智慧城市，“数字孪生”技术通过渗透到城市的规划、建设以及应用等场景中，基于高性能的协同计算、对现实中海量数据的处理等，为孪生城市的高效运行及城市治理等提供智能化决策。在 2018 年雄安新区规划纲要中就提出，要定位于绿色、智能的“数字孪生”城市。

二、建构“数字孪生”的重要意义

作为建筑史上的经典、最知名的世界文化遗产之一，巴黎圣母院的大火堪称人类文明史上的一次巨大“灾难”。不过好在巴黎圣母院的各种平面图像、3D 图像等均保留得比较完整，为其恢复原形提供了操作的可行性。

可以看到，新技术正引领我们走向一个“数字孪生”的新世界。伴随着新技术、新方法、新模式，物理世界与数字世界的交互将从静态、动态向实时不断演进，基于“数字孪生”的资源优化配置将成为数字经济的终极版图。

当下，“新基建”是一个热频词。未来十年，将是新型基础设施的重要发展期，全球数字经济最重要的主题之一是数字基础设施的重构、切换与迁徙，以及基于新型数字基础设施的商业生态再造。以物联网、云计算、边缘计算、人工智能、移动化、“数字孪生”等为代表的智能技术群落，在不断融合、叠加和迭代升级，为未来的经济发展提供了高经济性、高可用性、高可靠性的技术底座。新一代信息技术将推动人类社会进入一个全面感知、可靠传输、智能处理、精准决策的万物智联(Intelligence of Everything)时代。

三、中通基于“数字孪生”的智慧物流园区需求分析

随着生产设备的小型化和智能化，快递企业将很快进入空间地理信息数据生产领域，只要有小包裹流动的地方，就会有时空数据服务的需求。“数字孪生”技术就是通过在网络空间构建一个与物理世界相匹配的孪生城市（园区），以数字为基础，对孪生城市（园区）治理进行运营、决策。

1. 海量快递业务处理的需要

随着经济社会的飞速发展，人们对快递物流的需求越来越强烈。2021年，我国快递业务量达 1083 亿件，快递业务收入 10332. 3 亿元，首次突破万亿元。2022 年 12 月 1 日，我国当年快递业务量便突破1000 亿件，破千亿件的日期比 2021 年提前 7 天。快速增长的快递包裹量给快递物流企业带来了前所未有的机遇和挑战。

中通快递2022年第三季度财报的数据显示，中通快递2022年第三季度的包裹量为63.68亿件，市场占有率达22.1%，连续多年处于行业领先地位。截至2022年9月30日，中通快递在全国拥有97个分拣中心，全国营业网点超过31000个，自有干线车辆约11000辆，从业人数超过40万。如何把员工从劳动密集型工作中解放出来，进而投向技术密集型工作？采用自动化、智能化、可视化的园区管理方式势在必行。

2. 智慧园区管理的需要

如何实现分拣中心园区内资源的最优配置，实现园区内车辆、人员、资产自知自愈的智慧调度运行？如何对园区内设备进行预测性维护？如何实现自动化、智能化、可视化的园区管理？这些问题是当今建设园区智慧系统、推进物流互联网变革所面临的主要挑战。

“数字孪生”技术提供了重要的资源管理及能效优化的决策依据，要基于“数字孪生”技术在智慧园区管理平台内建立各子系统算法模型，并通过各种复杂场景的沙盘推演实现最优化的能源配置方案，有效帮助园区实现用能效率的最大提升，为智慧物流建设开启面向未来智慧管理的创新模式。

3. 业务模块集成的需要

业务模块集成是“数字孪生”技术创新的纽带，能够打通产品全生命周期、生产全过程、商业全流程的价值链条。如今，中通快递已不是一个单纯的“寄存取”快递公司，而是一家集快递、快运、跨境、商业、云仓、航空、金融、智能、传媒等生态板块于一体的综合物流服务企业。“数字孪生”技术可通过设计适当接口，连接不同的系统，如后端的业务应用，可以很容易地与各模块进行交互，并对模块设计询问假设条件，来模拟现实中无法创建的各种问题。

四、中通基于“数字孪生”的智慧物流园区应用

目前，中通快递已完成了上海总部园区的三维实景模型，通过接入园

区内在线传感器，根据现有园区各功能区的区位布局，基于三维模型开展园区内生产规划、调度运行和维护管理的全过程应用，从而实现园区内人、车、物在精准运行、资源优化和配置服务中的全过程精益化管理。

1. 基于三维实景的可视化仿真管理

通过对中通上海总部园区进行三维实景模型创建，可以从宏观角度查看基于三维场景下的园区地图，进行生产布局设计、区位规划和资源统筹。同时，通过接入园区内摄像头等传感器，实现对出入车辆、生产区、服务区、生活区的无死角监控，了解当前区域资源利用情况，分拣区仓库、分拣设备还剩下多少空间可利用，是否有货件积压或空间空置等情况，从而实现资源的充分利用，提升设备利用效率。

另外，三维实景模型导航比二维电子地图导航多出其他高阶属性，如楼层高度、楼层层数、每层楼层部门分布等。在大型场景、复杂户型情况下，需要更加全面、精细的信息和直观的画面才能快速导航，使用户准确无误到达目的地。中通上海总部园区主要划分为操作区、生活区、办公区。其中，办公区域分布较为零散，主要分布在东西两侧，每栋楼每层楼又分布着不同职能部门，三维实景模型导航为园区人员和车辆提供导航指引作用。园区三维扫描见图 4-2。

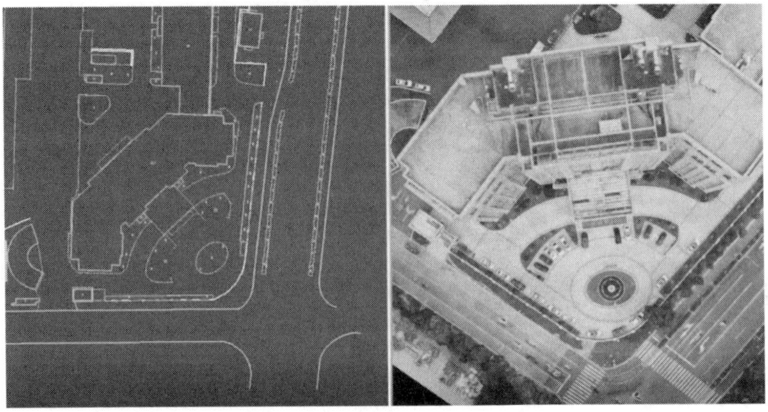

图 4-2　园区三维扫描

2. 总部园区空间区位布局优化

总部园区的区域空间是有限的，如何最大限度利用园区的空间资源，需要在三维实景模型基础上开展量算，从而根据分拣设备的大小、物流车辆的长度、仓库的大小进行设备的布局和规划设计。准确标识园区内的道路、运转、分拣场地的位置和容量，为货运车辆在运转、分拣时提供调度优化服务，更精细化地节能降耗，全面提升货运效率。园区三维量算见图4-3。

图 4-3　园区三维量算

3. 生产作业区无死角监控

基于三维实景模型、地理信息系统、各类传感器，将包括园区内建（构）筑物（如分拣中心、中转站）、机动目标、管线设施等园区基础信息，全方位汇集呈现于系统之上。

例如，通过包括总部园区门卫、医疗、道路、车辆、人员等方面数据融合呈现，园区分拣中心、办公中心等的地标点数据展现，机动目标实时位置数据展现等，将一个完整、鲜活的园区全景呈现于系统之上。其有利于对园区内的人、车、物的作业活动和资源配置进行合理化分配。园区无死角监控见图 4-4。

图 4-4　园区无死角监控

4. 基于三维实景模型的资产管理

随着物流企业规模的不断扩大，企业的资产管理必须提升至基于地图的动态管理模式上来。现有的很多企业，尤其是规模体量庞大的企业，大到厂房、分拣设备，小到计算机、桌椅板凳等固定资产，仍处于登记阶段，对于设备的流动性等缺乏追溯系统。

基于地图的物流快递企业资产管理是实现三维空间管理的基础，能帮助企业强化对固定资产的利用状态、流转状态、所在位置等方面全生命周期的追溯和管理。

5. 基于三维实景模型的园区盲区预警

基于物流园区的三维实景模型，结合道路实况，为货运车辆进行运转、分拣提供盲区预警、安全提醒等。全面提升货运安全等级，确保物流车辆在运转、分拣时的安全性，防止因存在盲区导致安全事故发生。3D 可视域分析如图 4-5 所示。

图 4-5　3D 可视域分析

6. 无人机飞行器安全电子围栏

2020 年 6 月，中通快递在上海总部已开展基于无人机的产、学、研一体化创业基地建设，目前已取得了民航颁发的无人机运营许可证，正逐步扩大物流无人机运营许可资质地域范围（见图 4-6）。对于无人机的飞行来说，安全问题一直以来备受关注，是制约无人机广泛应用的因素之一。

基于训练场地的三维实景模型，考虑飞行高度、训练场的建筑物高度、飞行区域范围，设置安全电子围栏，确保了学员的飞行和人身安全。

7. 多源数据互联互通

基于三维实景模型的地图可视化呈现，开展“数字孪生”的应用还远远不够。为此通过深入了解业务需求，我们将不同平台数据、不同业务数据融合贯通、综合汇集于三维实景模型之上，以全方位掌控园区态势，包括道路信息、物流车辆信息、调度月台数据、分拣设备数据等多领域数

图 4-6　中通无人机应用

据，集成融合地理信息、GNSS 数据、统计数据、园区视频数据多类型数据，实现互联互通。

五、中通快递跨界与地理信息产业融合发展

1. 物流与地理信息融合

目前，中通快递集团已陆续与测绘地理信息产业上游、中游、下游企业建立联系，加快推进测绘地理信息数据从获取到应用的产业融合，探索研究泛在测绘业务发展新模式，形成涵盖测绘地理信息获取、处理、分析和应用的完整产业链，为推动物流快递业务的快速发展构建基础设施，为国家“新基建”战略思路下的时空信息建设做好保障，为“实景三维中国”“自动驾驶”“数字城市”等应用体系提供基础服务支撑（见图 4-7）。

2. 基于“数字孪生”时空信息的全产业链发展

依托中通快递集团的资本实力和先进的物流快递全产业链技术优势，积极把握“智慧物流”“大数据”“人工智能”“无人驾驶”等产业爆发期的市场机会，运用新科技、投入新装备、发展新业务，致力于以无人机、无人车、物流末端配送为主体，构建无人机、测绘地理信息、人工智能、

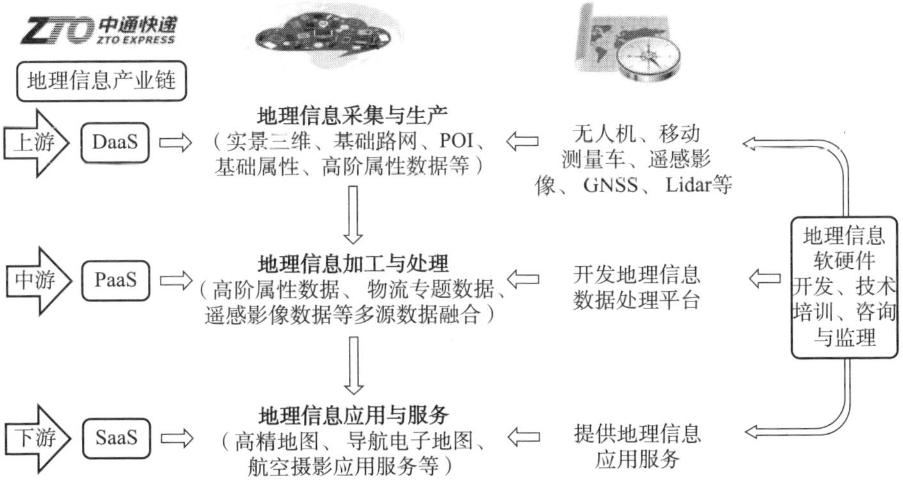

图 4-7 地理信息产业链

无人驾驶等产业链，挖掘科技引领、行业领先的商业价值，为推动中通快递集团从“大”向“大而强”高质量发展，成为行业系统解决方案提供商而努力奋斗。

第五章

绿色：快递包装路径选择

第一节 电商绿色包装及循环体系

现今，社会公众存在这样的认知：网购由快递企业提供运力配送到家的电商产品包装物被习惯称为“快递包装”，而消费者取出产品丢弃的外包装被统称为“快递包装垃圾”。

进而，基于这一认知便得出以下逻辑推论：在“双碳”与绿色可持续发展的双重要求下，以几何倍数肆意滋长的快递包装垃圾不仅造成视觉污染、资源浪费、环境危害，还给社会公共形象平添污点；由此，必须严加整治，溯源追责刻不容缓。据此得出以下结论：①秉持“谁包装谁买单”的原则，既然是“快递包装”，所以理应由快递企业全权负责。②由快递企业负责实现包装物采购、使用的狭义绿色化。③由快递企业构筑包装物循环到用体系，实现资源最大化利用。

这套看似顺理成章、环环相扣的逻辑链有没有漏洞呢？有，但错不在逻辑环节，而错在逻辑起点——认知偏差、推导谬论。

以下就责任方，狭义、广义绿色包装，循环体系加以论述。

一、关于绿色包装的认知错误

1. 快递包装实为电商包装

其一，从理论角度来看，包装分为销售包装与运输包装，而运输包装又分为单件、集合两类，并可按照材料、造型等口径再细分，不知这朗朗上口的“快递包装”从何而来？此种表述是否仅限公众习惯称呼，抑或已有定义基准？若无官方、学界基于事实的理论定义，那么仅凭口头习惯性称谓产生联想，继而认定快递企业是第一且唯一责任方，恐怕有待商榷。

其二，针对网购途径而言，其产生的电商产品包装垃圾并不全是运输包装垃圾。最直观的佐证：一般产品是被放置于销售包装物内的，而并非“赤身裸体”地放置于运输包装物内。诚然，双肩包、白电等少数产品是直接包裹于运输包装物内的，但此类情况在包裹总量中的占比极低。事实是，绝大部分常温液态、固态电商普货产品以及冷链生鲜食品均自带有销售包装。因此，依照上述逻辑推论“谁包装谁买单”，电商产品包装垃圾中的销售包装垃圾若也追责于快递企业，不仅与事实现状不符，更有牵强附会之嫌。

其三，抛开网购途径下产生的销售包装垃圾，狭义且不合理地认定电商产品的运输包装物是“快递包装”，电商产品的运输包装垃圾是“快递包装垃圾”。那么，假定以上述推论中“谁包装谁买单”的原则作为“快递包装”“快递包装垃圾”的定义基准，从实操角度来看：于前端，快递小哥获取的包裹基本由商家自行完成产品的包装工序，快递企业不主动提供包装物，且极少进行二次包装，快递企业在商家与消费者的交易过程中承担的只是包裹的空间转移及末端配送。换言之，定义基准（“谁包装谁买单”）与两个名词（“快递包装”“快递包装垃圾”）可谓互不相关、相去甚远。纵使存在个别快递企业参与电商产品包装的个例情况，但个别不能代表整体，更不能代表行业。即使需要探讨，也应分类讨论，不宜以偏概全。况且，目前国内尚无商家自行包装量、快递企业完成包装量分别于每年包裹总量的占比统计资料，在无数据支撑的情况下，大谈快递企业之责实不可取，有待斟酌。

其四，为贯彻落实低碳可持续发展，快递企业按照市场监管总局、国家邮政局发布的《快递包装绿色产品认证目录（第一批）》《快递包装绿色产品认证规则》等相关文件严格制定绿色采购章程，以备商家的不时之需。但供应数量仍屈指可数，事实现状仍是以商家自行完成产品包装为主。

为修正错误认知，建议重新构建科学合理的定义：秉持“谁包装谁买单”的原则，将完成产品包装的实操方作为判定口径。基于产品几乎全由电商卖家完成包装的事实，建议将通过网购途径配以快递企业运力配送的电商产品包装物统一命名为“电商包装”；而使用后遭丢弃电商产品包装物统一命名为“电商包装垃圾”，以求名副其实。

2. 被特克斯勒消逝效应局限的电商绿色包装

其一，从理论角度来看，绿色包装的本质是一套系统体系。以电商包装中使用频率最高的瓦楞纸箱为例（见图 5-1），其整个循环流程为：采集初始原料，制成原材料，再加工为包装材料；基于前期设计与打样试验验证，经过无污染生产工序产出成品，继而于市场流通；使用（包括单次与多次）后被废弃回收，再由相应绿色技术处理，重归自然或者回炉重造再构产品，从而构成整体闭环，满足“4R+1D”原则。其中，除了材料及产成品均带有绿色属性，使用过程采用绿色化操作不损害人体健康外，制作、加工、生产、回收处理等过程同样不造成环境污染，方可视包装产品基于生命周期评估（LCA）而实现绿色包装。

图 5-1　瓦楞纸箱全生命周期示意

其二，从实际现状来看，根据消费体验，电商包装的不足主要集中于过度包装、电商包装破损、循环体系缺乏等方面，即社会公众的焦点汇聚使用环节的非绿，即狭义的绿色需求。那么，依据上述定义，其他环节表现如何？数据显示：2010 年，电商包装共产生 61. 15 万吨碳排放；2018 年，已激增至 1303. 10 万吨，若以树木光合作用降碳，则需要种植 7. 1 亿棵树。按照比例换算，2018 年电商包装于原材料制作环节碳排放占比达 71. 56%，于生产环节（包括加工包装材料、生产成品）碳排放占比达 11. 97%，于回收技术处理环节碳排放达 16. 47%（包括焚烧 9. 79%、填埋 6. 68%）（见图 5-2）。随着包裹总量逐年升高，电商包装材料的需求量日渐扩大，于包装材料的生产制造、焚烧填埋环节产生的碳排放量可想而知。

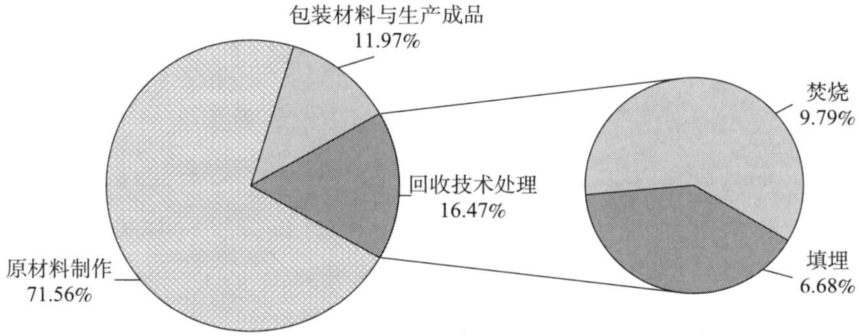

图 5-2　电商包装各环节碳排放比例

综上所述，基于定义、数据及事实，如果商家仅在包装使用环节完美实现狭义绿色化，仍不可称为“电商绿色包装”。人们的错误认知充分印证了特克斯勒消逝效应：当人的目光聚焦于某个固定点达到或超过 20 秒，则该点周围即余光中的其他视觉刺激源将于视野中逐渐淡化直至消逝。电商包装亦是如此，被无限放大的是如何绿色使用、循环使用，却逐渐淡化或忽视其他环节存在的更严重问题。

诚然，从供需关系的角度分析，网购订单量上升以及商家过度包装等自然会拉动供应端与回收处理环节碳排放量持续攀升；但是，于“双碳”政策下，生产、回收处理等环节相关企业造成的负外部性环境问题仍需要直视，而非转嫁推诿。

基于以上，提出以下两点建议。

其一，加以环节定义，社会公众聚焦的电商包装使用环节的狭义绿色化应命名为“环节趋绿”，即单个或若干环节，存在趋向绿色低碳的事实及具有可持续发展的趋势（事实是已有的绿色化举措和成果，趋势是在现有基础上有长期绿色规划与部署，两者兼备）。换言之，从单个、多个环节趋绿，发展至各个环节泛绿，最终实现基于LCA的电商绿色包装（见图5-3）。

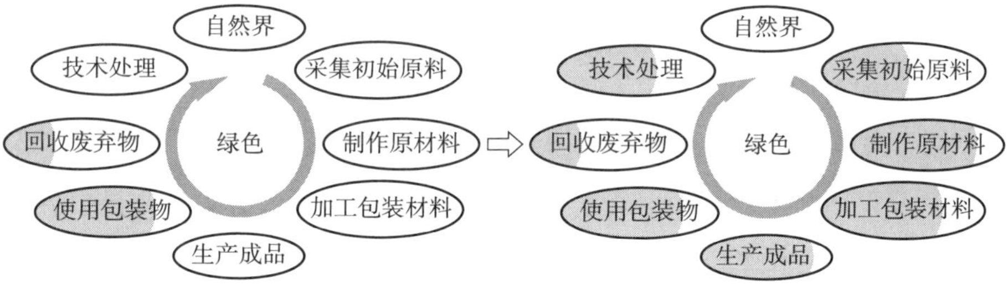

图5-3　推动电商包装各环节趋绿发展

其二，定义是理论层面，最终理论定义是否可悉数转化为物理层面的实操才是关键。对各环节的相关企业而言，绿色溢价始终是其权衡的关键因素。因此，“双碳”机制为电商绿色包装提供了两条具有实操性的净零排放路径。

碳排放权交易市场，是以二氧化碳当量为交易单位的金融交易系统，可精准对接减排任务控制碳排总量。碳排放权即权利主体基于生存发展需要，由法律赋予其向大气中排放温室气体的权利，实质是权利主体获取一定数量的气候环境资源使用权，即排放额度。与传统行政管理手段相比，其能发挥市场的价格发现功能，形成碳定价机制，将温室气体控排责任压实至企业，倒逼其完成低碳绿色转型，并淘汰高能耗、高污染的碳密集型企业，将负外部性内部化。典型案例便是已被纳入部分试点碳市场的若干家包装、造纸企业。

未被纳入碳市场的相关企业则可尝试电商包装的碳中和路径，经国家发展改革委备案批准并运行8年多的广州碳排放权交易所于2021年3月发布的《碳中和2021》提出，实现产品碳中和包含三大要素：边界与周期、碳排放核算标准、碳抵消产品和项目；并于边界与周期要素中指出“边界通常采用全生命周期评价（LCA）进行碳足迹核算，包括从原料提取、制造、运输、销售、使用、废弃等全过程”。此内容及其列举案例不仅印证了绿色包装理论定义的可行性，同时可供生产制造电商包装的相关企业参照，尝试在电商包装对应环节基于排放边界的年度碳中和。

二、电商包装箱循环体系与碳普惠机制的结合

对于电商包装箱循环体系的构建方案，中通研究院已在微信公众号发布《三部委揭榜挂帅——中通方案》以供参考借鉴。该方案核心是以社会多方协同、各司其职为前提，以“一对一”打造典型样板为起点，以畅通循环路径为目的，以信息化技术为支撑，以消费者激励机制为手段，以“一对一”扩充至“一对多”再反推至“多对多”为体系设计思路，此处不再赘述。

以下针对电商包装箱循环体系与碳普惠机制的结合进行初步探讨。

1. 结合依据

其一，电商包装箱循环体系的目的与碳普惠机制的理念不谋而合。碳普惠机制是我国基于“双碳”发展目标下的四大现行机制之一，其低碳权益属性亦是环境权益之一。其本质是将中小微企业、社区家庭和个人的节能减碳行为产生的碳减排量进行具体量化并赋予一定价值，是促进生活领域降低碳排放，建立以商业激励、政策鼓励和核证减排量交易相结合，并辅以数字化技术、市场化手段、外加政策推动的综合性绿色减碳行为的正向引导激励机制，具有绿色金融属性。其有利于调动全社会践行绿色低碳行为的积极性，树立低碳、节能、环保的消费观念和生活理念，扩大低碳

产品生产和消费，拉动低碳经济和产业发展，可加快形成政府引导、市场主导、全社会共同参与的低碳社会建设新格局。

其二，电商包装箱循环体系与碳普惠机制下深圳的典型做法相仿，差异在于不同的绿色低碳行为。为积极倡导绿色低碳生活，着力打造人人可参与的碳普惠体系，深圳市人民政府办公厅印发《深圳碳普惠体系建设工作方案》。后于第九届深圳国际低碳城论坛上，发布“低碳星球”微信小程序，鼓励用户通过绿色出行等行为减少碳排放量，正向引导公众养成低碳生活、低碳消费的习惯，并于深圳市内试点试行。其旨在核算出用户通过乘车码参与的公共出行行为二氧化碳减排量，将其转换成相应的碳积分，并与兑换商店联通，实现积分礼品兑换。据《深圳市低碳公共出行碳普惠方法学（试行）》，与深圳市内一般交通出行相比，市民选乘纯电动公共汽车，每人每公里可减少 26.9 克二氧化碳排放；选乘地铁出行，每人每公里可减少 46.8 克二氧化碳排放。

其三，电商包装箱循环体系与政策导向相符。上海颁布的《上海市国民经济和社会发展第十四个五年规划和二〇三五年远景目标纲要》明确，“要大力培育全社会绿色生活方式，减少一次性用品的使用，引导消费者优先选用可循环、易回收、可再生的替代产品”。上海市生态环境局已于 2022 年发布《上海市碳普惠机制建设工作方案》公开征求意见，其落地实施指日可待。

综上所述，电商包装箱循环体系的构建运营不是终点。在“双碳”背景下，应构思探索如何与碳普惠机制相结合，充分融入“双碳”发展，于大环境下讲小故事。

2. 结合途径

其一，研发企业可参照循环电商包装箱方法学，其本质与碳排放权交易市场中的国家核证自愿减排量（CCER）的顶层方法学相同。基于电商包装箱循环体系这个项目，与第三方咨询机构合作，综合考虑项目及行为的额外性、真实性、普惠性、代表性、数据可获得性等因素，完成方法学研发。

其二，基于方法学可计算出消费者使用循环箱可减少多少碳排放量，并通过构建数学模型将碳减排量与给予消费者的积分进行挂钩核算。进而，消费者可使用核算后的碳积分兑换部分权益产品，以增加消费者于循环体系、绿色低碳的参与感及责任感，即对循环充分赋能。

其三，将“双碳”、减排量的理念融入微信小程序或 App，体现绿色减碳的可视化效果。交互软件除了可实现基本功能外，还可增添有关“双碳”领域的趣味知识与养成活动，充分调动消费者的积极性，以促进减碳降排意识的形成。

其四，与实施碳普惠机制的当地政府机构协同，将企业可循环电商包装箱方法学改造成地方性碳普惠方法学。此法可行的依据在于以下两点：①从政策导向来说，《上海市碳普惠机制建设工作方案》已明确，“将有序推进碳普惠方法学开发备案，引导、逐批开发备案项目类和个人类碳普惠减排方法学。并在企业方法学基础上向碳普惠方法学发展，引导和鼓励企业及社会力量自主开发、申报方法学，建立方法学开发、申报、评审、备案的动态管理机制”。②从践行实操来说，除深圳的典型做法外，广碳所已将碳普惠试点区域内的相关企业及个人低碳行为所产生的核证自愿减排量（PHCER）加入交易标的中，并鼓励广州碳市场内的控排企业通过市场交易机制购买并使用 PHCER 进行年度碳配额的清缴履约。即建立碳普惠机制与碳市场机制的衔接通道，并被其他省份效仿采纳。据广碳所发布的《2021 年广州碳排放权交易所市场报告》数据，2021 年 PHCER 成交 106.86 万吨，截至 2021 年末，PHCER 累计成交 534.26 万吨。

换言之，电商包装箱循环体系项目一旦实现与碳普惠机制的协同，于未来，使用电商循环箱而产生的减排量就有被纳入碳市场进行交易的可能，关键仍在于项目的实施及方法学如何与逐步完善的碳普惠机制有机结合。

第二节　以“碳中和”为导向的快递绿色包装

2020年9月22日，习近平主席在第七十五届联合国大会上向国际社会承诺：中国力争二氧化碳排放量在2030年前达到峰值，2060年前实现碳中和。同年12月18日，在中央经济工作会议上，“做好碳达峰、碳中和工作”被列为2021年度国家八大重点任务之一，并将于“十四五”期间加快推动绿色低碳发展。这或将成为实现快递绿色包装的机遇。

一、快递包装绿色化现状

1. 理论上

根据GB/T 4122. 1—2008可知：

- 包装——是为在流通过程中保护产品，方便储运，促进销售，按一定技术方法而采用的容器、材料及辅助物等的总体名称。也指为在流通过程中保护产品，方便储运，促进销售，而采用容器、材料和辅助物的过程中施加一定技术方法等的操作活动。
- 绿色——是对生态环境不造成污染，对人体健康不造成危害，能循环与再生利用，促进可持续发展的环保代表色（代名词）。

结合快递应用场景可知：

- 快递绿色包装——是对使用寄递方式的产品采用环保包装物。也指对使用寄递方式的产品所选用的包装物，需采取环保操作活动。

换言之，仅从上述术语的解释与应用场景的结合，无疑是将包装材料的指标选评以及操作使用的规范合理性作为判别是否绿色的关键。

2. 实际中

快递包装的不足主要集中于材料及含量指标非绿、过度包装、包装物受损、包装废弃物回收体系缺乏等方面。为了治理存在的相关问题，交通运输部发布了《邮件快件包装管理办法》；国家邮政局印发了《邮件快件绿色包装规范》，并于2019年起，连续三年分别提出并实施了“9571”“9792”“2582”三项工程，涉及电子面单使用率、不再二次包装率、循环中转袋使用率、于网点设置包装废弃物回收装置数、使用瘦身胶带（指宽度为45毫米以下的窄胶带）封装占比、重金属和特定物质超标包装袋与过度包装专项整治、可循环快递箱（盒）使用量等。各大快递企业积极响应号召，制定优化方案与具体举措。

这些规范及工程项目既含有包材物质含量指标又含有不同包装物的操作要求。即不仅涵盖“理论”，还涉及快递包装废弃物的前端回收，这不正是常说的快递绿色包装吗?

是，但仅是其中一部分。

二、快递包装绿色化重点在使用与回收环节

1. 绿色包装实质是绿色化使用与前端回收环节——趋绿

绿色包装本质是一项工程，一个系统，一门体系。从整体来看，快递企业于绿色包装系统中承担的是对包装产成品的选择与合理使用，以及于逆向物流的前端建立废弃物回收站点，即对应于使用与回收环节。若向前延伸，就是包装物生产；向后延展，就是回收处理技术。当然，不乏参与产品研发或者自建自营包装实验室的快递。

据此可确认两点：一是不能仅通过包装的定义附以快递应用场景得出的“环保包装物、环保操作活动”，与绿色包装画等号，继而局限绿色包装；二是使用与前端回收环节优化后虽不能称为实现了绿色包装，但两个环节的绿色化操作是“趋绿”的具象化体现。

此处，引入“趋绿”概念，即在局部或单个环节，已具有并存在趋向绿色环保的事实与趋势（事实是已有绿色化举措和成果，趋势是在现有基础上有绿色发展规划，两者需要兼备）。因此，于使用环节而言，快递企

业逐年完成既定项目指标并有参与或自主研发包装物的实践，已于其可操控的有限区间内将绿色化使用逐步向无限化扩展；另外，国家邮政局已规划推行实施“2582”工程，即此环节已逐步趋绿。同理，回收环节亦然。快递包装的使用与回收环节正逐步趋绿如图 5-4 所示。

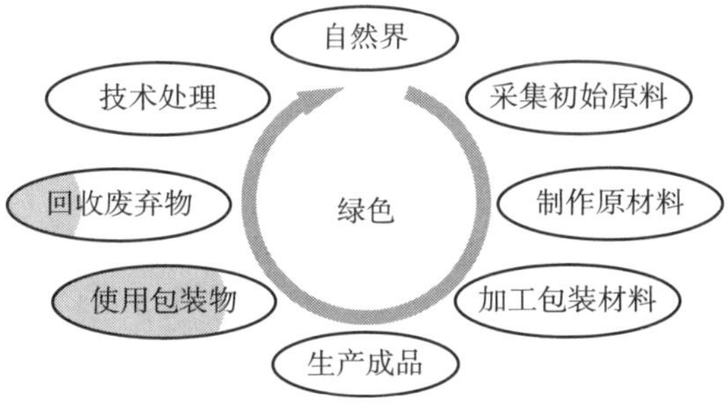

图 5-4　快递包装的使用与回收环节正逐步趋绿

这里对快递包装物使用环节的过度包装，以及产品或包装物破损稍做补充。

（1）导致过度包装的主要因素

- 包装操作由谁完成。一是由电商自行完成，快递企业负责电子面单与寄递；二是由快递企业提供并完成。因此，责任方应按实际占比分类探讨，不可一概而论。

- 由于此类包装物不附带增值服务或促销功能，目的单一明确，故而，仅是操作规范性匮乏。

- 成本问题。此类包装物的购置成本相较更为亲民，所以在使用量的控制上相对薄弱或容易被忽视。

- 基于习惯性举动与心理作用。“既然目的就是为保护商品且成本亲民，多放缓冲衬垫保护效果更好，更结实。另外，多用胶带，产品质量偏大，以防途中散落。”此时，习惯性动作配合心理作用，用胶带反复缠绕运输包装，主要为获取心理安慰与肯定。

- 尺寸适配性。产品与运输包装两者的间隙率是否合适，过大则势必需要大量缓冲衬垫以避免产品晃动；过小则无法完全吸收能量而作用于产品。

（2）导致产品或包装物破损的主要因素

- 人为参与。如暴力分拣、搬运、装卸、堆码等，企业应加大规范与监管力度。
- 前期的产品包装操作不当，选用的包装方案无法于寄递流程中对产品起到充分的保护作用，此处涉及由谁完成运输包装。
- 点到点的路面运输环节，以生鲜农产品中易损类水果（如猕猴桃、番茄、柿子等）尤为突出。其与运输路线对应的路面状况、载具种类、载具速度、振动加速度、产品共振频率峰值有关。最佳举措是优化缓冲包装方案。

2. 快递包装非绿之关键系铃人

常言道：解铃还须系铃人。随着快递包裹量屡创新高，其消耗的各类包装物呈几何式增长，而社会公众聚焦于寄递包裹的快递企业，将其误认为系铃人。

对此，我们应使用 LCA 对快递包装物从“摇篮”至“坟墓”全过程是否造成环境污染、多大污染加以评测，将碳排放进行量化，并以百分比形式呈现。

毋庸置疑，由国家邮政局与快递企业共同推动优化使用和前端回收环节正是为逆向物流的后期技术处理环节服务，通过包装物减量降低焚烧和填埋垃圾产生的碳排放量与土壤污染。但是，基于绿色包装定义与数据占比，当前期加工制造环节（包装生产企业）尚未趋绿之前，何谈实现快递绿色包装？

三、“碳中和”背景下快递绿色包装的曙光

上文已述，使用与前端回收环节由于曝光度高，其趋绿的改良方案与

试点举措尤为密集，此处不再赘述。反观绿色包装系统中的高碳环节（包装生产企业），在“碳中和”大背景下，当如何趋绿？

我们倡导“内主外促”：在行业内部，包装生产企业应主动革新；在行业外部，政府机构要加强督促。通过“内服外敷”，从高碳向中、低碳逐步过渡转换，实现快递绿色包装系统生产环节的趋绿目标，即清洁生产。

1. 生产企业主动革新

（1）构建低碳理念

生产企业不应局限于法律法规与舆论牵制，主动从内部职业素养的扩充与提升切入，对从业人员进行理念灌输与培训，在传统包装工程的基础上构筑环保低碳的理论框架，确立可执行的规范制度，并基于赏罚措施加以约束。于外部可从下游快递企业获取终端使用方对包装物绿色化的实际需求，经过建议整合与内部宣贯，有针对性地改进非绿现状，将低碳理念落于实处。

（2）技术升级

快递包装物的低碳设计。在满足基本使用需求的前提下，必须着眼于生态平衡关系，以环境、资源、人为核心思想架构设计策略，以耗材减量化（Reduce）、可重复使用性（Reuse）、可回收再生性（Recycle）、能量/源可再生性（Recover）、可降解腐化性（Degradable）为方案设计原则。实操时，要选材有据、耗材有度、结构合理、尺寸适配、性能可靠、重复可行，真正从源头减少碳足迹。下游快递企业要结合自身所需，同样依照“4R+1D”原则进行采购，形成倒逼之势。

原材料的低碳制作技术。推广使用生物质原材料与可降解材料。譬如，对生物质材料而言，若通过焚烧的方式将该类资源化作肥料使用则会产生大量的二氧化碳。纸制品（如瓦楞纸箱、缓冲衬垫、间壁结构）在快递包装物中占据重要地位，若大量选用非木材浆的生物质资源作为原材料，通过技术加工为纸浆产出包装材料，则可以减少一半以上的碳排放。

包装材料与快递包装物的低碳生产技术。可通过能源和资源减量化，实现碳、硫减排。如在造纸工艺中，采用蒸汽冷凝水回收系统、热管换热器热能回收系统、燃油锅炉代替燃煤锅炉、水循环工艺等，以提高能源利用率减少能源消耗。

快递包装物的环保印刷技术。依据包装物的装潢设计，对承印物进行印刷时（通常印刷表层），应推广使用现代化、数字化的印刷设备与数字化印刷工艺流程，并鼓励生产企业采用通过中国环境标志产品认证的环保型油墨、胶黏剂、清洗剂。同时，加大无溶剂复合、无胶复合、冷 UV 固化、UV LED 固化、冷烫印等节能环保技术的应用。

（3）制作快递包装物绿色评价报告

由生产企业确立评价准则，可分为基本要求与评价指标体系要求。

基本要求包括生产企业要求和包装产品要求。生产企业要求：是否按国标建立、实施、保持并持续改进质量管理体系；废水、废气等污染物排放是否满足相关标准规定；是否采用环保技术与生产工艺；是否尚存明令禁止的技术、工艺、装备与相关物质。包装产品要求：是否满足基本使用需求；选用的包装材料中铅、镉、汞等物质的含量是否符合相关指标要求。判别结果为符合或不符合。

评价指标体系要求包括资源属性、能源属性、环境属性、产品属性四类一级指标，并于其下另设二级指标。譬如，针对快递运输包装瓦楞纸箱的生产，于能源属性下设立综合能耗、使用清洁能源或可再生能源，并规定对应指标基准值；同理，于环境属性下设立温室气体排放、环境有害物质等硬性指标。对每项指标设立对应的基准分值，再依据实情打分。实操时，先对基本要求进行评价，当结果均符合时再对指标体系要求逐一打分、统计总分、评定结论。

（4）合作、培养、引进

联合相关高校与科研机构共同开展低碳技术、工艺、设备等各支线的研发，驱动形成产学研合作体系，为低碳生产提供保障。一是鼓励院校在前端设计、生产流程、市场使用、后端回收、技术处理等环节将绿色包装理论知识与生产企业的实践实习紧密结合，实现认知过程的两次飞跃。二是鼓励从业人员接受生产环节绿色化的在职培训与继续教育，建立内部员工长周期培养与短周期强化机制。三是生产企业应加强与国外科研机构、先进包装生产商的交流及合作，引进国际先进低碳生产方案与工艺技术。

2. 政府机构加强监管

（1）健全法律法规

建议加快推进包装工业清洁生产环节的立法与标准制定工作，对现存不利于节能降碳的相关法规与标准加以清理、复核、修订。譬如，《国务院办公厅关于印发生产者责任延伸制度推行方案的通知》中要求生产者对产品（快递包装物）的整个生命周期负责，但于包装物全生命周期而言，其责任承担范围过于宽泛且不具体。例如，在使用环节采用胶带对瓦楞纸箱进行封箱，而后期的回收技术处理环节则难以将两者分离，通常选择焚烧并产生大量碳排放，对此责任不应归于生产企业。此外，清洁生产环节的具体责任内容有待细化；生产环节的绿色化标准制度有待补充等。

（2）政策扶持

建议研究制定快递包装物绿色化生产扶持政策，并将绿色包装产业列为重点鼓励发展的产业目录，加大对低碳创新型生产企业及低能耗、近零排污包装工艺与设备研发的政策扶持、资金支持、税收优惠力度。以奖励、补助等方式，鼓励更多的包装生产企业逐步低碳转型。同时引导投资，支持创新快递包装物研发及成果产业化，促进低碳生产技术构建与成果孵化；开展多类型、多形式的规范融资活动，助力发展。

综上所述，只有当上游生产企业、下游快递企业、后期处理环节在政府机构的监管与引导下协同合作时，即各环节均呈现趋绿态势后，于系统而言整体泛绿，才有望实现快递绿色包装。